DROEMER

Über das Buch:
Können wir es uns leisten, Teile der Bevölkerung auszugrenzen? Können wir einen Bruch mit dem Gesellschaftsvertrag begehen, der soziale Teilhabe und Chancengerechtigkeit für alle Menschen unabhängig von ihrer Herkunft verspricht? Und welche Konsequenzen hat die wachsende soziale Ungleichheit für unsere Demokratie?
Als Geschäftsführerin der Tafel Deutschland erzählt Sirkka Jendis, wie Armut im Alltag ausgrenzt, einschränkt, stigmatisiert und beschämt. Sie zeigt auch, was wir tun können – und müssen. Aus ihren Analysen und Gesprächen leitet sie konkrete Forderungen an die Politik ab, mit denen die systemischen Ursachen von struktureller Armut bekämpft werden können.
Und sie spricht uns alle an: Es braucht Menschen, die hinschauen, sich verbünden und gemeinsam dafür sorgen, dass niemand ausgeschlossen, übergangen und benachteiligt wird. Ihr Buch ist deshalb ein eindrückliches Plädoyer: für ein neues Menschenbild, eine wirksame Armutsbekämpfung und eine mutige Zivilgesellschaft.

Über die Autorin:
Sirkka Jendis ist Geschäftsführerin der Tafel Deutschland, dem Dachverband von über 970 Tafeln in Deutschland. Zuvor war die studierte Kommunikationswissenschaftlerin Vorständin des Deutschen Evangelischen Kirchentages, Dozentin und in leitender Funktion in der ZEIT-Verlagsgruppe tätig. Sie lebt mit ihrem Mann und ihren drei Kindern in Berlin.

Sirkka Jendis

Armut hat System

Warum wir in Deutschland eine soziale Zeitenwende brauchen

DROEMER

Besuchen Sie uns im Internet:
www.droemer-knaur.de

MIX
Papier | Fördert gute Waldnutzung
FSC® C014496

Originalausgabe September 2024

Ein Imprint der Verlagsgruppe
Droemer Knaur GmbH & Co. KG, München

Unter Mitarbeit von Steffen Geier
Covergestaltung: Verlagsgruppe Droemer Knaur
Coverabbildung: © JANKO | Jan Kopetzky
Grafiken im Innenteil von le-tex publishing GmbH
nach Vorlagen der Autorin;
S.44 nach www.buerger-geld.org – Verein Für soziales Leben e.V.,
S. 57 unter Verwendung von Shutterstock.com
Satz und Layout: Adobe InDesign im Verlag
Druck und Bindung: GGP Media GmbH, Pößneck
ISBN 978-3-426-44696-6

2 4 5 3 1

Für die Menschen der Tafel-Bewegung –
weil die Welt mit ihnen
jeden Tag ein Stück besser wird

Reicher Mann und armer Mann
standen da und sah'n sich an.
Und der Arme sagte bleich:
Wär' ich nicht arm, wärst du nicht reich.

– aus: »Alfabet«,
Bertolt Brecht (1934)[1]

Inhalt

»Der Populismus der Armutsdebatte«

Vorwort von Prof. Marcel Fratzscher, Präsident des Deutschen Instituts für Wirtschaftsforschung (DIW Berlin)

In welcher Gesellschaft wollen wir leben? Die soziale Marktwirtschaft ist seit Langem der Kern unseres Gesellschaftsvertrags. Sie ist die Grundlage für den Erfolg und den großen Wohlstand, den wir heute genießen. Und sie beruht auf drei Grundpfeilern: der Chancengleichheit, bei der alle Menschen von Geburt an die gleichen Möglichkeiten haben sollen, ihre Talente und Fähigkeiten zu entwickeln und zu nutzen; der sozialen Teilhabe, durch die der Mensch als soziales Wesen im Mittelpunkt steht; und der Solidarität, bei der die Gesellschaft den Auftrag hat, die verletzlichsten Gruppen zu schützen, jedem ein menschenwürdiges Dasein zu gewähren, und bei der die stärksten Schultern mehr Verantwortung tragen.

Die Armut in Deutschland ist ein frappierender Bruch dieses Gesellschaftsvertrags. Die Armut widerspricht jedem einzelnen dieser drei Grundpfeiler der sozialen Marktwirtschaft. Armut raubt den betroffenen Menschen ihre Würde und die Chancen auf ein selbstbestimmtes Leben. Sie verwehrt die Möglichkeit, Teil der Gesellschaft zu sein und sich einbringen zu können. Und sie bedeutet für viele ein Trauma, weniger Lebenszufriedenheit und Glück, eine schlechtere Gesundheit, Ausgrenzung und Abhängigkeit vom Sozialstaat.

Armut ist nicht nur ein Bruch mit Moral und Rechten, der einen erheblichen Schaden für die Betroffenen bedeutet.

Sondern Armut schadet der Gesellschaft, sie spaltet die Gemeinschaft und entzieht ihr viele Menschen, die sich engagieren wollen, aber nicht können. Es beraubt Unternehmen und Wirtschaft potenzieller Fachkräfte, die heute dringender denn je benötigt werden und die einen wichtigen Beitrag für den Erfolg eines Unternehmens, die ökologische Transformation oder in der Pflege und im Gesundheitssektor bedeuten.

Armut belastet die Sozialsysteme und bindet finanzielle und personelle Ressourcen, anstelle diese für ein leistungsfähiges Bildungssystem, für sozialen Frieden oder ein effektives Gesundheitssystem zu nutzen. Und Armut schwächt die Demokratie, weil fehlende soziale Teilhabe auch immer eine Erosion dieser politischen Teilhabe bedeutet und Menschen ihre demokratische Stimme verwehrt.

Armut hat nur Verlierer, nie Gewinner. Trotzdem spaltet das Thema Politik und Gesellschaft wie nie zuvor. Der Streit um Kindergrundsicherung oder Bürgergeld zeigt die Perversität der Debatte und die Falschheit des Verständnisses von Armut und deren Ursachen und Konsequenzen. Es setzt sich zunehmend ein Narrativ im öffentlichen Diskurs durch, das Armut als ein von den Betroffenen selbst verursachtes Phänomen darstellt: Menschen seien faul und wollten nicht arbeiten, sie wollten sich in die soziale Hängematte legen und auf Kosten anderer leben. Das Lohnabstandsgebot sei nicht groß genug, sodass Menschen mit Bürgergeld schlichtweg eine rationale und richtige Entscheidung für sich treffen, indem sie wählen, nicht zu arbeiten, sondern Leistungen zu beziehen.

Bei der Bekämpfung der Kinderarmut durch die Kindergrundsicherung hieß es von mancher Seite, Armut hätte etwas mit Migration zu tun, und daher sei dessen Bekämpfung weniger dringlich. Der einzige Weg aus der Armut, so manche in diesem Diskurs, sei, Eltern zur Arbeit zu zwingen, indem soziale Leistungen gekürzt und harte Sanktionen auferlegt werden.

Diese Beispiele zeigen, dass der Diskurs zur Armut in Deutschland stark auf Populismus und Narrativen mit falschen Fakten beruht. Er zeichnet ein Menschenbild, das dem Ideal der sozialen Marktwirtschaft nicht stärker widersprechen könnte. Von Armut bedrohte Menschen werden als unsoziale Wesen dargestellt, die nicht zu unserer Gesellschaft gehören oder gehören sollten. Dabei hat Armut weder Hautfarbe noch Religion noch Herkunft. Der Populismus liegt darin, dass einige wenige Menschen, die die Sozialsysteme missbrauchen, als repräsentativ für alle von Armut betroffenen Menschen dargestellt werden. Die überwältigende Mehrheit derer, die von Armut betroffen sind und ihr Möglichstes versuchen, um wieder Fuß zu fassen, wird in Kollektivhaftung genommen. Fakt ist, dass die Mehrheit der Menschen ein Leben in Armut nicht wählt und sich häufig nichts mehr für sich selbst und ihre Kinder wünscht, als ein selbstbestimmtes, verantwortungsvolles Leben führen zu können.

Das Perfide des Populismus der Armutsdebatte ist, dass die Populisten verletzliche Gruppen gegeneinander ausspielen. Der Staat gebe zu viel Geld für die Sozialsysteme aus, daher müssten soziale Leistungen gekürzt werden. Die Armut der einen sei verantwortlich für die Probleme der anderen, so ein gängiges Narrativ. Solche Narrative sind mächtig und effektiv, weil sie bei vulnerablen Gruppen Ängste schüren und ihnen suggerieren, die Verantwortung für ihre schwierige Lage liege bei den Menschen, denen es noch schlechter geht. Die AfD hat dieses Narrativ zu ihrem Geschäftsmodell gemacht – mit beachtlichem politischen Erfolg an der Wahlurne. Zahlreiche Politiker*innen auch demokratischer Parteien folgen diesem Beispiel, um auf Stimmenfang zu gehen.

Wir brauchen dringend einen ehrlichen, unbeeinflussten Diskurs zu Armut und zur Armutsbekämpfung in Deutschland. Ein solcher Diskurs muss versachlichen, mit harten Zahlen und Fakten, um die perfiden und falschen Argumente der Populisten zu entlarven. Politik, Zivilgesellschaft und Wissenschaft sind gemeinsam in der Pflicht, den Diskurs dieser Debatte zu korrigieren, mit falschen Narrativen aufzuräumen und konkrete Lösungen anzubieten.

Dieses Buch tut genau dies: Es leistet einen enorm wertvollen Beitrag zu dieser Debatte. Es räumt mit falschen, manipulativen Narrativen auf, es zeigt mit Zahlen und Fakten das Ausmaß der Armut, dessen Ursachen und Konsequenzen.

Das Buch beschreibt, wie die Lebensrealität der von Armut betroffenen Menschen aussieht und wie schwierig es in der Wirklichkeit ist, den Teufelskreis der Armut zu durchbrechen.

Eine der großen Stärken unserer Zivilgesellschaft wird deutlich: die vielen Organisationen und Menschen, die durch ihre (zumeist ehrenamtliche) Arbeit Solidarität vorleben und ohne die unsere Gesellschaft sehr viel ärmer wäre. Dazu gehören die Tafeln in Deutschland, fast tausend selbstständige oder in Trägerschaft befindliche Einrichtungen, die für so viele von Armut bedrohte Menschen in Deutschland ein wichtiger Anker sind.

Die Lösungen, wie Politik und Gesellschaft ihrer Verantwortung wieder gerechter werden und Armut deutlich reduziert werden kann, liegen auf der Hand. Die Effektivität dieser Lösungen wurde durch viele wissenschaftliche Studien belegt. Es kostet nicht die Welt, Armut zu besiegen. Ganz im Gegenteil: Unsere Gesellschaft kann es sich schlichtweg nicht leisten, moralisch wie wirtschaftlich und sozial, der Bekämpfung der Armut nicht die höchste Priorität zu geben.

»Einladung zur Empathie«

Geleitwort von Andreas Steppuhn, Vorsitzender Tafel Deutschland

Tafeln machen Armut sichtbar, das ist seit jeher genauso unsere Aufgabe, wie die Folgen von Armut zu lindern. Und sie sind zugleich ein Seismograf unserer Gesellschaft.

Tafeln gibt es inzwischen überall, in jeder größeren Stadt und in ländlichen Gegenden. Vorbehalte gegen Tafeln gibt es immer wieder. Entweder weil es keine Armut gäbe oder weil man sie bitte nicht auf der Straße sehen möchte. In der Schlange warten, wie entwürdigend. Bitte nicht mitten in der Stadt, lieber etwas abseits. So sehen es viele Menschen, die nicht von Armut betroffen sind – und so wünschen es sich häufig auch die Menschen, die zu uns kommen. Sie schämen sich und wollen von den anderen nicht gesehen werden, wenn sie sich ihre Lebensmittel bei einer der aktuell 975 Tafeln im Land holen. Wer zur Tafel geht, ist unten angekommen, hat endgültig verloren – so werden Tafeln sinnbildlich von vielen gesehen, und so fühlt es sich für manche Menschen an, die zu uns kommen.

Das Narrativ, dass man für seine Armut selbst verantwortlich ist, dass man sie verschuldet hat – man hätte sich mehr anstrengen müssen, man sollte keine so große Familie haben, man kann wohl nicht mit Geld umgehen –, und damit einhergehend die unausgesprochene Wertvorstellung, dass man weniger bedeutend ist, wenn man wenig Geld hat, wird uns als Gesellschaft mit so viel Nachdruck erzählt, dass es im schlechtesten Sinne wirkt. Und es scheint ein sehr deutsches

Phänomen zu sein. Wir bemerken, dass Menschen aus anderen Ländern nicht so häufig diese traurige Scham in sich tragen. Dass sie Unterstützung eher annehmen können.

Eine der häufigsten Fragen, die wir gestellt bekommen, wenn wir nicht armutsbetroffenen Menschen über unsere Arbeit berichten oder eine Tafel besuchen: Kommen da nicht auch Menschen, die Ihre Hilfe gar nicht brauchen?

Ich weiß nicht, ob jede und jeder Fragenstellende bemerkt, was dadurch passiert. Statt hier hinzusehen, nachzufragen, die Menschen und ihre Lebensverläufe zu betrachten, lenken wir ab von den Menschen und ihren Leben und stellen ihre Berechtigung, zur Tafel zu kommen, infrage. Ganz sicher gibt es Menschen, die unser Sozialsystem und die Hilfssysteme ausnutzen. Ich sage Ihnen aber: Das ist nun wirklich nicht das vorherrschende und dringend zu diskutierende Thema, wenn wir über Armut sprechen.

Etwa 1,6 bis 2 Millionen Menschen kommen regelmäßig zu den Tafeln. Das Interesse an genauen Zahlen ist groß, zu Recht. Es macht für uns allerdings keinen relevanten Unterschied, ob 1,5 oder 2 Millionen Menschen zu uns kommen. Jedenfalls nicht im Sinne der Bewertung von Armut für jeden einzelnen Betroffenen. Es sagt vielleicht etwas über die Leistungsfähigkeit der Tafeln aus, aber eben nur bedingt etwas über das Ausmaß der Armut in unserem Land. In unseren Ausgabestellen sehen wir einen zermürbenden Alltag, wir sehen Menschen, für die wir zunehmend existenzsichernd sind, anstatt nur ihren schweren Alltag ein wenig zu lindern. Ich besuche viele Tafeln in Deutschland, spreche mit unseren Ehrenamtlichen und Kund*innen; lasse mir von ihren Sorgen und Nöten berichten und frage nach, was die Tafeln auch von uns als Dachverband erwarten, um ihre Aufgabe und die so einfache wie großartige Tafel-Idee – Lebensmittel zu retten und Menschen zu helfen – bestmöglich erfüllen zu können. Und doch sind wir ein freiwilliges Angebot und nicht Teil des staatlichen Sozialsystems. Dies ist so und wird so bleiben.

In der Pandemie riefen uns Menschen an, die unsere Angebote nicht nutzten, oft aus Scham, uns jedoch baten: Bitte sprecht auch für uns. Bitte wisst, dass es uns gibt. Bei den Tafeln sehen wir nur die Spitze des Eisbergs Armut. Dass Millionen weiterer armutsbetroffener Menschen nicht zu den Tafeln kommen, bedeutet in ihrer Lebenswirklichkeit häufig, einen zermürbenden Alltag zu führen, in dem sie versuchen, die eigene Armut vor Nachbarn, Freunden, manchmal der eigenen Familie zu vertuschen, und dies ist die schlechteste Wirkung dieses Narrativs.

Bei meinen Tafelbesuchen vor Ort bekomme ich mit, dass die Nachfrage bei den Tafeln steigt. Und immer häufiger betrifft es Rentnerinnen und Rentner. Rund ein Drittel der Tafeln haben temporäre Aufnahmestopps und Wartelisten. Es tut weh zu sehen, dass Tafeln es teilweise nicht mehr schaffen, der Nachfrage gerecht zu werden. Tafeln sind am Limit angekommen.

Sirkka Jendis möchte mit ihrem Buch einen Beitrag dazu leisten, dieses Menschenbild zu korrigieren und aufzuzeigen, welche strukturellen und systemischen Ursachen Armut zugrunde liegen. Tafeln gibt es mittlerweile seit 31 Jahren. Wir haben an Bedeutung gewonnen. Einige werfen uns das vor. Doch wir wollen unsere Bekanntheit und Stimme nutzen, um politische und gesellschaftliche Debatten anzustoßen – auch mit diesem Buch. Denn Armut, insbesondere Altersarmut, wird weiter zunehmen, und wir brauchen nicht nur politische Maßnahmen, um die Ursachen von Armut zu bekämpfen, sondern auch einen veränderten Blick und empathischeren Umgang mit Menschen, die in Armut leben.

Einleitung

Die Tragödie der Armut

Oft sind es die großen Katastrophen, die sich in unser Gedächtnis einschreiben, seien es Naturkatastrophen wie das Erdbeben in der Türkei 2023, das Hochwasser im Ahrtal im Sommer 2022 oder die Unwetterkatastrophen im Frühsommer 2024, Unglücksfälle wie die Kernschmelzen von Tschernobyl oder Fukushima oder Akte des Terrors. Wer sich an die Anschläge vom 11. September 2001 zurückerinnert, weiß noch genau, wo und wie er davon erfahren hat. Manchmal bleibt sogar die Nachricht an sich beziehungsweise der Moment, in dem sie einen erreichte, am stärksten in Erinnerung, obwohl sie vielleicht nur der Vorbote einer Tragödie war. Für viele Menschen war das der Morgen des 9. November 2016, als die Nachricht von Donald Trumps Wahlsieg bekannt wurde. Zu diesem Zeitpunkt konnte noch kein Mensch ahnen, welche langfristigen und weltweiten Konsequenzen diese Wahl haben würde, es ging einfach nur eine böse Vorahnung damit einher.

Gleichzeitig stellte sich ein Gefühl der Ohnmacht ein und der Wunsch nach genaueren Informationen sowie der unbedingte Drang, etwas tun zu wollen.

Auch wenn die Situationen nicht vergleichbar sind, überkam mich am 24. Februar 2022 ein ähnliches Gefühl. Und waren diese drei Empfindungen wieder da. Mit dem Überfall der russischen Armee auf die Ukraine ließ der russische Präsident Wladimir Putin einen bereits seit 2014 schwelenden Konflikt eskalieren. Ohne Genaueres vorhersehen zu können, war uns in der Geschäftsstelle der Tafel Deutschland in Berlin – und sicher ebenso in den Tafeln vor Ort – sofort klar, dass dieser Angriffskrieg auf einen souveränen europäischen Staat, der direkt an unser Nachbarland Polen und weitere EU-Mitglieder wie die Slowakei, Ungarn und Rumänien grenzt, auch uns sehr schnell betreffen würde. Wir wussten nicht, wann genau, wir wussten nicht, wie, wir wussten nur, dass wir helfen wollten, so gut es ging.

Ich selbst war zu diesem Zeitpunkt eigentlich noch in der Kennenlernphase, hatte ich meine Stelle als Geschäftsführerin der Tafel Deutschland doch erst einige Wochen zuvor angetreten, dreizehn, um genau zu sein. Seit Dezember 2021 bilde ich zusammen mit Marco Koppe unter dem Vorstand die Doppelspitze des Tafel-Dachverbands in Berlin, von wo aus wir nicht nur Ansprechpartner*innen für unsere Landesverbände und die deutschlandweit 975 Tafeln mit ihren rund 2000 Ausgabestellen und 60 000 Helfer*innen sind, sondern eben auch mit unserem europäischen Netzwerk, mit Fach- und Interessenverbänden sowie mit Politiker*innen auf kommunaler, Landes- und Bundesebene kommunizieren, Förderprogramme für die Tafeln und Landesverbände kreieren und umsetzen, Geld- und Sachspenden akquirieren, Großspenden verteilen und digitale Portale für eine optimierte Lebensmittelverteilung entwickeln, Seminare für Tafel-Aktive organisieren und kommunikativ die Themen Armut, soziale Teilhabe, Lebensmittelverschwendung und Ehrenamt in die Öffentlichkeit rücken.

Erinnern wir uns zurück: Februar 2022; vorläufiges Ende des zweiten Corona-Winters. Anders als noch in den ersten Lockdowns 2020 waren die Tafeln auf Abstand und die Verteilung von Masken an ihre Kund*innen eingestellt, und dass einzelne Ausgabestellen coronabedingt schließen mussten, kam nur noch in wenigen Ausnahmefällen vor. Doch zwei

Jahre Pandemie hatten Spuren hinterlassen, viele Ehren- und Hauptamtliche waren an ihrer Belastungsgrenze, etliche auch darüber hinweg. In dieser erschöpften Lage zeichnete sich in einer atemberaubenden Geschwindigkeit eine Fluchtbewegung aus der Ukraine ab, die nach Schätzungen der Vereinten Nationen zur weltweit größten seit dem Zweiten Weltkrieg anwachsen sollte.

Die Tafeln wuchsen über sich hinaus und versuchten, den Geflüchteten schnell und unbürokratisch zu helfen. Aber die Menge der Geflüchteten, die die Hilfe der Tafeln brauchten, wurde einfach zu groß. Der Moment, den ich auch rückblickend als auslaugend und bitter in Erinnerung habe, war, als in unserer Taskforce, die wir bereits wenige Tage nach Beginn des Krieges gegründet hatten, davon berichtet wurde, dass die ersten Ausgabestellen aufgrund des großen Andrangs Menschen abweisen beziehungsweise einen Aufnahmestopp verkünden mussten. Nicht nur wegen der geflüchteten Menschen aus der Ukraine, sondern auch wegen der massiven Preissteigerungen, die auch in Deutschland diejenigen am heftigsten trafen, die schon zu wenig haben. Nichts ist deprimierender und psychisch belastender für Ehrenamtliche, die helfen wollen, als vor einer akuten Anforderung kapitulieren zu müssen, und sei es auch nur kurzfristig. Und noch schlimmer ist es natürlich für all die Menschen, die aus den unterschiedlichsten Gründen auf Unterstützung angewiesen sind. Jede dritte Tafel verhängte 2022 und 2023 zwischenzeitlich Aufnahmestopps oder führte lange Wartelisten, weil die Nachfrage schlicht zu groß wurde.

Im Verlauf des Buches werde ich noch detaillierter auf diese konkrete Situation eingehen, die in den letzten zweieinhalb Jahren prägend für die Tafel, aber auch für mich persönlich war. An dieser Stelle möchte ich aber zunächst einmal mit zwei Vorstellungen aufräumen, denen ich in Gesprächen (auf den unterschiedlichsten Ebenen übrigens) immer wieder begegne und die unter Menschen, die weder selbst armutsbetroffen sind noch den Tafel-Alltag kennen, weit verbreitet sind. Zum einen haben viele Menschen ein Bild von der Tafel, in dem viel Wahres steckt, das die Situation aber auch romantisiert.

Richtig ist: In den Ausgabestellen treffen hilfsbereite Menschen, die wertvolle Lebensmittel vor der sinnlosen Verschwendung retten, auf Menschen, die dankbar sind für diese Unterstützung in ihrem Alltag. Es geht dabei um sehr viel mehr als einen vollen Teller, es geht um soziale Teilhabe, um ein Gesehen- und Wahrgenommen-Werden. Es werden persönliche Worte getauscht, zum Teil kennen sich die Menschen seit Jahren, und nicht selten wird auch gemeinsam gelacht. Trotzdem ist der Tafel-Alltag nicht immer harmonisch und konfliktfrei. Unsere Kund*innen plagen Sorgen, sie sind häufig erschöpft, krank und gestresst. Sie führen ein Leben, das sie sich in dieser Form nicht ausgesucht haben. Scham und Einsamkeit belasten viele, es kommt zu Missverständnissen, falschen oder nicht erfüllbaren Hoffnungen und Erwartungen, und es fallen in der Anspannung auch einmal harte Worte. Es ist nicht richtig, sich ein Leben in Armut – darum geht es hier im Kern – dank der Tafeln oder anderer gemeinnütziger Organisationen in irgendeiner Weise als leicht und sorgenfrei vorzustellen (»Es muss bei uns ja niemand hungern«) oder es gar mit einer sozialen Hängematte, in der es sich die Menschen bequem machen können, zu assoziieren. Dies ist realitätsfern und fast schon zynisch angesichts der Anstrengungen, die in den Ausgabestellen in allen Teilen Deutschlands jeden Tag in den Gesichtern der Betroffenen zu lesen sind.

Zum anderen existiert noch eine zweite Vorstellung, die sich hartnäckig hält und daher immer wieder richtiggestellt werden muss: Nichtregierungsorganisationen (NGOs) wie die Tafeln sind keine Grundversorger. Wir gehören, genauso wie Charityläden oder Sozialkaufhäuser, nicht zu den staatlichen Versorgungseinrichtungen. Wir sind eine gemeinnützige, spendenfinanzierte Ehrenamtsorganisation, ein eingetragener Verein. Wir sind der größte soziale Lebensmittelretter Deutschlands und genießen einen flächendeckenden Bekanntheitsgrad.

Gerade deshalb ist jedoch vielen Menschen nicht bewusst, dass es keinen rechtlichen Anspruch auf Hilfe durch die Tafeln gibt. Für die Grundversorgung seiner Bürger*innen ist der Staat zuständig, nicht wir. Die Tafeln sind nicht Teil des deutschen Sozialsystems.

Das ist gerade für Menschen, die vor Krieg und Elend geflohen sind, oft zunächst nicht verständlich. Zumal Geflüchtete aus der Ukraine von teilweise komplett überforderten Behörden an uns Tafeln verwiesen wurden, wodurch der Eindruck entstand, dass wir eben doch eine staatliche Einrichtung wären, deren Unterstützung einforderbar ist. Um es mit den Worten der Gründerin der Tafeln in Deutschland Sabine Werth zu sagen: Wir können nur das verteilen, was wir zuvor bekommen. Und doch unterscheiden wir uns von den meisten Foodbanks in Europa, die in der Regel Lebensmittel einsammeln und an bestehende soziale Organisationen und nicht in eigenen Ausgabestellen verteilen. Selbst innerhalb Deutschlands gibt es aber große Unterschiede zwischen den einzelnen Tafeln. So sind zum Beispiel vorrangig in Baden-Württemberg viele Tafeln als Läden organisiert, in denen Kund*innen teilweise täglich einkaufen können, während es im Rest des Landes mehrheitlich Ausgabestellen sind, die einmal oder auch mehrmals in der Woche vorgepackte Lebensmittelkisten beziehungsweise -tüten gegen einen kleinen Betrag verteilen.

Und die Tafelarbeit wird immer professioneller – nicht im Sinne eines kommerziellen Unternehmens, denn das sind wir genauso wenig wie eine staatliche Einrichtung, sondern hinsichtlich unserer Organisation, unserer Abläufe und auch unseres Angebots. Und das geht vielerorts weit über die reine Ausgabe geretteter Lebensmittel hinaus. Manchen Tafeln ist eine Kleiderstube angegliedert, andere bieten zusätzlich Nachhilfe oder Kochkurse an. Deshalb gibt es auch Menschen wie mich, die hauptamtlich für die Tafel arbeiten, um das Ehrenamt zu stärken. Und dennoch bleibt unser Grundsatz gleich: Wir sammeln Lebensmittel, unterstützen Menschen, die es brauchen, und versuchen, ihnen den oft so anstrengenden Alltag ein wenig zu erleichtern. Für die Versorgung der Menschen ist der Sozialstaat zuständig, die er nicht auf den Rücken von sozialen Organisationen auslagern darf.

Vielleicht spüren Sie auf diesen ersten Seiten bereits, wie sehr mich das Thema Armut und Armutsbekämpfung bewegt. Auch wenn ich persönlich das große Privileg habe, noch nie selbst von Armut betroffen gewesen zu sein, geht mir das Schicksal unserer vielen Tafel-Kund*innen sehr nahe. Andererseits möchte ich die Debatten zu Armut, Chancengerechtigkeit und sozialer Teilhabe – gerade weil sie mir am Herzen liegen – versachlichen und den so häufig emotionalisierten und teilweise populistisch geführten Diskussionen einen lösungsorientierten und handlungsbezogenen Diskurs entgegensetzen.

Mir geht es darum, die Armutsbekämpfung in Deutschland wirksam anzugehen. Ein Mammutprojekt, das nur gelingen wird, wenn viele Menschen mit anpacken und die Politik die richtigen Rahmenbedingungen schafft, kurz: Es geht nur gemeinsam. Seit einigen Jahren ist zu beobachten, dass Themen, seien sie privat oder öffentlich, politisch oder anderweitig motiviert, immer stärker emotionalisiert werden. Das hat sicherlich damit zu tun, dass viel mehr Meinungen produziert werden und sich eine regelrechte Aufmerksamkeitsökonomie entwickelt hat. All das wird bestimmt durch Algorithmen vieler Medienkanäle, die Zuspitzungen und Radikalisierungen belohnen und der sich Menschen aufgrund ihrer psychischen und evolutionären Veranlagung nur schwer entziehen können. Dennoch möchte ich mit meinem Buch hier einen Kontrapunkt setzen und die Emotionalisierungsschraube nicht weiterdrehen. Denn das wird den Menschen, um die es geht, nicht gerecht. Urteilen Sie selbst, ob mir das gelingt. Und urteilen Sie selbst, ob die Argumente, die ich anführe, und die Fragen, die ich stelle, Sie überzeugen und zum Mitmachen anregen können.

Vielleicht fragen Sie sich nun, ob der Aufruf zu einer sozialen Zeitenwende, wie ich ihn im Untertitel des Buches formuliere, nicht auch nach Aufmerksamkeit schreit und übertrieben ist. Meine kurze Antwort lautet: Leider nein. Meine lange Antwort gebe ich in den folgenden Kapiteln, indem ich die unterschiedlichsten Facetten und Gründe von Armut schildere. Armut ist ein sehr komplexes Thema und hat viele, beinahe ausschließlich traurige Gesichter. Und bereits hier ist die Aussage des ehemaligen Regierenden Bürgermeisters von Berlin Klaus Wowereit widerlegt (wie sie es eigentlich von Anfang an war), der 2003 über Berlin sagte: »Arm, aber sexy.« Sicher muss man bei Wowereits Aussage den Kontext beachten, in dem er sie getätigt hat. Aber nach meinen nun beinahe drei Jahren als Geschäftsführerin der Tafel Deutschland und den Jahren meiner Beschäftigung mit diesen Themen zuvor kann ich sagen: Nichts an Armut ist sexy. Nichts. Armut kann als soziales Konstrukt betrachtet werden, sie kann quantifiziert und statistisch erfasst werden. Hinter allen diesen Zahlen jedoch stecken Menschen, die Armut im Alltag erfahren, ganz real und individuell. Armut bedeutet Ausgrenzung,

Stigmatisierung und Scham. Armut kann offen sichtbar oder versteckt sein, wobei sie sich in Deutschland natürlich ganz anders äußert als zum Beispiel in Subsahara-Afrika. Armut ist nicht gleich Armut, sie ist oft nur schwer vergleichbar, und dennoch kommen die unterschiedlich von Armut Betroffenen zur selben Ausgabestelle der Tafel. Armut wird bereits seit der Antike beschrieben und wurde allen Fortschritten zum Trotz noch nie überwunden. Das ist vermutlich auch nicht möglich, aber sie lässt sich reduzieren und minimieren. Nicht umsonst sind ihr gleich zwei der siebzehn Ziele für nachhaltige Entwicklung der Vereinten Nationen (Sustainable Development Goals, SDGs) gewidmet, nämlich Ziel 1 (»Keine Armut: Armut in all ihren Formen und überall beenden«) und Ziel 10 (»Weniger Ungleichheiten: Ungleichheit in und zwischen Ländern verringern«).[1]

Armut ist so komplex und vielfältig in ihren Ursachen, Einflussfaktoren und Auswirkungen, dass es mit einer kleinen Reform hier und einer Anpassung dort nicht getan sein wird. Wir müssen das große Bild zeichnen, um zu den Wurzeln des Problems zu gelangen. Und grundsätzlicher herangehen, um zwischen Symptomen, Einflüssen und Ursachen unterscheiden zu können und zu verstehen, weshalb manche Maßnahmen sinnvoll sind, obwohl sie klein und eher nebensächlich erscheinen, und andere wiederum in die falsche Richtung gehen, auch wenn sie einfach und auf den ersten Blick einleuchtend wirken.

Ist das nicht ein Widerspruch, einerseits grundsätzlicher anpacken zu wollen, gar eine soziale Zeitenwende einzufordern und andererseits ein differenzierteres Bild zeichnen zu wollen und als Dachverband mit den Tafeln täglich Projekte zu unterstützen, die im ganz Kleinen ansetzen? Nein, im Gegenteil, in meinen Augen geht es gar nicht anders. Ich bin vielmehr der Überzeugung, dass darin ein Teil der Antwort steckt, weshalb wir in Deutschland schon so lange in der Armutsbekämpfung versagen. Viel zu oft versucht die Politik, Lösungen nach dem Gießkannenprinzip umzusetzen, und erhöht damit gleichzeitig den bürokratischen Aufwand. Diese Beobachtung – an den falschen Stellen wird vereinfacht, an anderen Stellen wird unnötig verkompliziert – lässt sich gerade in der Armutsdebatte viel zu häufig machen. Deshalb möchte ich Sie schon jetzt zu Beginn bitten, einen Schritt zurückzutreten und erst einmal nicht an die Zahlen und Fakten der Armut zu denken, sondern sich zunächst bewusst zu machen, dass Armut immer jemanden betrifft: einen Menschen, eine Familie mit oder ohne Kinder.

Das mag im ersten Moment banal klingen und manchen Leser*innen naiv erscheinen. Aber wir werden nur wenig an der Armut in unserem Land ändern können, wenn wir uns nicht auf ein gemeinsames Menschenbild verständigen. Und deshalb werde ich immer wieder auf unterschiedliche Menschenbilder zurückkommen: Menschenbilder, die wir predigen, Menschenbilder, die wir zu leben meinen, und Menschenbilder, die wir tatsächlich leben, ganz konkret und jeden Tag. Und Letzteres ist der entscheidende Punkt. Natürlich möchte ich mit meinem Buch eine Debatte anstoßen und für einen Perspektivwechsel werben. Die Debatte führen wir in regelmäßigen Abständen immer wieder, zum Beispiel wenn der nächste Armuts- und Reichtumsbericht der Bundesregierung veröffentlicht wird, wenn der Paritätische Wohlfahrtsverband (dessen Mitglied auch die Tafel Deutschland ist) seinen jährlichen Armutsbericht vorlegt oder wenn eine Forschungseinrichtung wie das Wirtschafts- und Sozialwissenschaftliche Institut (WSI) der Hans-Böckler-Stiftung aktuelle Zahlen zu Fragen der Verteilung und sozialen Sicherung präsentiert. All diese Erhebungen, Berichte und Statistiken sind sehr wichtig, sie bilden ein aussagekräftiges Fundament, auf das sich auch unsere tägliche Arbeit bei den Tafeln stützt. Doch die Frage ist: Wieso kriegen wir es, ganz gleich, wer die Regierung bildet, einfach nicht in den Griff, den Perspektivwechsel einzuleiten, unser Menschenbild zu verändern und den Blick zu weiten, obwohl seit so vielen Jahren mit immer neuen Belegen auf ein wachsendes Problem hingewiesen wird? Im Gegenteil. In der aktuellen politischen Debatte scheint sich ein aufgeklärtes und soziales Menschenbild eher zurückzuentwickeln.

Das ist übrigens noch ein weiterer Grund, weshalb ich den Begriff der sozialen Zeitenwende verwende: Die Tafel Deutschland fordert sie im selben Wortlaut schon seit über zwei Jahren.[2] Und natürlich gibt es diese oder ähnliche Forderungen noch sehr viel länger. Fast noch schlimmer als die Tatsache, dass sowohl Armutsrisiko als auch konkrete Armut in Deutschland in den letzten anderthalb Jahrzehnten zugenommen haben, ist aber doch, dass wir uns scheinbar daran gewöhnt haben. Oder erinnern Sie sich an einen lauten Aufschrei, an irgendeine große Demonstration gegen Armut, an Straßenblockaden und Streiks? Mehr als jedes fünfte Kind in Deutschland war 2022 armutsbetroffen oder armutsgefährdet. Solange es nicht die eigene Familie betrifft, beunruhigt das offenbar kaum jemanden.

Ich habe eingangs von Katastrophen gesprochen und davon, wie sie sich in unser Gedächtnis einschreiben. Anders als ein Erdbeben, das uns womöglich ohne jedes Vorzeichen innerhalb kürzester Zeit erschüttert, ist Armut in Deutschland eine Tragödie mit Ansage. Natürlich gibt es Einzelschicksale – Unfälle, Krankheiten, Schicksalsschläge, die zu Armut führen –, das stellt niemand in Abrede. Aber wenn 16,9 Prozent aller Einwohner*innen, also mehr als jede*r sechste, und sogar 21,3 Prozent aller Kinder von Armut bedroht oder betroffen sind,[3] dann geht es in erster Linie um strukturelle Probleme: Armut hat System. Um im Bild mit dem Erdbeben zu bleiben: Die Seismografen schlagen bereits seit Langem aus – aber aus irgendeinem Grund überschreiten sie nur selten die Wahrnehmungsschwelle. Dabei müssen wir uns doch ganz grundsätzlich fragen: Ist unsere Marktwirtschaft heute noch so sozial, wie wir uns das seit den Wirtschaftswunderjahren zugutehalten? Oder noch zugespitzter: Ist unsere Marktwirtschaft heute noch sozial, noch human genug?

Was wir bei der Tafel beinahe täglich feststellen: Da hat sich etwas verschoben. Wir bemerken, dass mehr Menschen zu den Tafeln kommen, die es noch vor Kurzem selbst nicht für möglich gehalten haben, dass sie einmal auf Unterstützung durch uns angewiesen sein würden: Zwischen 1,6 und 2 Millionen armutsbetroffene Menschen waren es im Jahr 2023. So viele wie nie zuvor, und die Rekordwerte gelten für so gut wie jede einzelne Tafel in Deutschland.[4] Außerdem darf man bei diesen Schätzungen nie vergessen: Das sind lediglich diejenigen, die tatsächlich zu uns kommen. Berechtigt wären noch sehr viel mehr.

Ich nehme außerdem eine zunehmende soziale Kälte wahr – allerdings weniger bei den Menschen selbst als vielmehr in der politischen und medial ausgetragenen Debatte. Populistische Parolen, die auf einen Knalleffekt getrimmt sind, übertönen dabei ernst gemeinte, sachliche Beiträge, die sich auf langfristige Ziele richten. Der Ton ist spürbar ruppiger geworden, seit wir mit immer mehr Krisen und Herausforderungen konfrontiert sind. Corona, Ukraine, Energie, Inflation … Das weckt bei vielen Menschen Ängste und Sorgen, zum Teil vielleicht übertriebene, zum Teil berechtigte, zumindest aber nachvollziehbare.

In meinen Gesprächen auf allen Ebenen unseres Verbandes, mit unseren Partnern und anderen sozialen Organisationen entdecke ich immer mehr Anzeichen dafür, dass das Vertrauen bröckelt. Insbesondere das Vertrauen in die Regierung.[5] Aber auch andere Institutionen, von den öffentlich-rechtlichen Medien über die Polizei bis zur Justiz, haben schon einmal mehr Zuspruch erhalten. Dabei sind sie die Pfeiler, auf denen unsere freiheitlich-demokratische Grundordnung aufbaut. Kein Mensch weiß, ob beziehungsweise wann da ein Kipppunkt erreicht wird, der unsere Demokratie nachhaltig schädigt oder gar gefährden wird, und welche Implikationen das für die wachsende soziale Ungleichheit und die von Armut betroffenen Menschen hat.

Armut hat System – das ist einerseits eine besorgniserregende Diagnose, andererseits bedeutet sie aber auch: Wir können das ändern. Es liegt in unserer Hand. Aber es geht nur gemeinsam. Zivilgesellschaftliche Organisationen wie die Tafel fungieren als Seismograf, aber auch als Sprachrohr in Richtung Politik für die, die zumeist kein Sprachrohr haben. Bisher werden wir dort jedoch auch nach über dreißig Jahren immer noch viel zu wenig gehört. Armut und Armutsbekämpfung haben mit uns zwar eine Lobby, aber andere Lobbys sind mächtiger, spielen oft in ganz anderen Ligen. Es bestürzt mich, wenn diese wertvolle Ressource – ähnlich wie tonnenweise Lebensmittel – so leichtfertig verschwendet wird. Aber dann denke ich an die 60 000 Menschen, die allein bei den Tafeln nicht nur gerne, sondern aus tiefster Überzeugung und mit Leidenschaft mit anpacken. Wir sind wahrscheinlich die größte sozialökologische Bewegung in Deutschland, und es gibt noch viel mehr Menschen in unserem Land, die mit ihrem Engagement Tag für Tag zeigen, dass ihnen unsere Gesellschaft am Herzen liegt. Das macht Mut.

Ich kann nicht für jede*n Einzelne*n sprechen, sondern möchte vielmehr versuchen, das große Thema der Armut in

Deutschland als Ganzes zu betrachten. Dennoch möchte ich Ihnen auch Einblicke in die Arbeit bei den Tafeln gewähren. Denn dort nehmen die Zahlen und Fakten menschliche Gestalt an. Hier wird ein Teil des gängigen, des von uns allen als Gesellschaft gelebten Menschenbilds mit echtem Leben gefüllt. Und darum geht es.

Kapitel 1

Arm in einem (immer noch) reichen Land – immer mehr mit immer weniger

Das Jahr 2022 hat gerade erst begonnen, und der Winter an der Mecklenburgischen Seenplatte zeigt sich in der ersten Januarwoche von seiner ungemütlichsten Seite. Es ist eiskalt und windig, der Himmel grau; es wird den ganzen Tag über nicht richtig hell, und es fängt auch noch an zu schneien, als wir die Lagerhalle in der Warliner Straße im Osten Neubrandenburgs erreichen. Hier befindet sich das Zentrallager für Mecklenburg-Vorpommern, und etwa drei Kilometer entfernt, in der Neubrandenburger Oststadt, liegt die Ausgabestelle der örtlichen Tafel. Beides, vor allem aber die Menschen, die hier arbeiten und mithelfen, möchte ich bei meinem ersten Tafel- und Lager-Besuch als Geschäftsführerin des Dachverbands kennenlernen.

Meinen Kollegen und mich empfängt der Landeslogistiker für Mecklenburg-Vorpommern. Er kennt sich hier bestens aus, zeigt uns die Lagerhalle, die Fahrzeuge, die Laderampe und die vielen Paletten mit Lebensmitteln, die hier für die abholenden Tafeln zusammengepackt werden.

Die Logistik hinter der Tafelarbeit ist in der öffentlichen Wahrnehmung oft ein unterschätzter Faktor, dabei ist sie entscheidend, denn um es ganz vereinfacht auszudrücken: Bei der Linderung von Armut geht es in der Tafelarbeit auch darum, etwas von hier nach dort zu transportieren – von Orten des Überflusses und der Verschwendung hin zu Orten des

Mangels und der Armut. Es geht darum, die Verteilungsungerechtigkeit in der Lebensmittelrettung möglichst gerecht und pragmatisch zu korrigieren. Eine funktionierende Logistik ist dabei der Motor im Hintergrund, der den Tafeln eine gerechtere Verteilung und ihren Beitrag zur Armutslinderung ermöglicht; auch in Neubrandenburg.

Besonders in Erinnerung bleibt mir der junge Mann, der uns auf unserer Besichtigungsrunde durch das Lager begleitet. Er hilft hier als einer von vielen Geflüchteten als eine Art Assistent des Landeslogistikers aus, und das, obwohl er zu diesem Zeitpunkt damit rechnen musste, schon bald abgeschoben zu werden.

Anschließend fahren wir zur Tafel, wo gerade etliche Lkws eintreffen und frisch eingesammelte Lebensmittel ausgeladen werden. Das Team der Tafel Neubrandenburg ist bunt und divers zusammengewürfelt. Fast alle haben eine Migrationsgeschichte und kommen aus den verschiedensten Ländern. Vielen ist anzusehen, dass die Arbeit zu dieser kalten Jahreszeit anstrengend ist. Gleichzeitig ist die Motivation und Freude an der Arbeit geradezu spürbar. Weil viele von ihnen selbst armutsbetroffen sind oder waren, wissen sie, wie wichtig ihre Hilfe ist. Auch die Helfer*innen beim Sortieren, Zusammenstellen und Ausgeben der gespendeten Lebensmittel bilden ein internationales Team. Ich kann es nicht anders ausdrücken: Wie die Tafel hier vor Ort arbeitet, hat mich tief berührt. Denn hier ist – wie in vielen Tafeln – lediglich eine Mitarbeiterin im Büro hauptamtlich tätig – der Rest der Arbeit hängt von ehrenamtlichen Helfer*innen und Ein-Euro-Jobber*innen (offiziell: Arbeitsgelegenheiten mit Mehraufwandsentschädigung) ab. Besonders die junge Frau aus Syrien, die noch wenig Deutsch sprach, uns für unser Gespräch mit der Geschäftsführerin jedoch fröhlich und engagiert Kaffee und (gespendete) Kekse brachte, war ein hoffnungsvolles

Bild, das mich bis heute begleitet. Diese Eindrücke zeigen, dass Armsein mehr als der Mangel an gesunder Ernährung ist und Tafeln auch mehr als Lebensmittelausgaben sind, nämlich Orte der Begegnung und sozialen Teilhabe.

Ich werde in diesem Buch weniger stark auf regionale Besonderheiten beziehungsweise Unterschiede eingehen. Diese Unterschiede sind vorhanden, doch wenn ich im Laufe des Buches von Tafel-Besuchen, -Gesprächen und -Einblicken berichte, dann können viele der geschilderten Erlebnisse auch als exemplarische Beispiele für ganze Regionen oder Bundesländer gelten. In der Einleitung habe ich auf die unterschiedlichen Organisationsformen der Tafeln in Baden-Württemberg hingewiesen, wo es überwiegend Tafel-Läden gibt, während es im Rest des Landes meistens Ausgabestellen sind, die einmal oder auch mehrmals in der Woche öffnen und vorsortierte Lebensmittel verteilen. So wie in Neubrandenburg, wo es jeden Montag, Mittwoch und Freitag zwischen 13 und 15 Uhr für die Menschen, die sich angemeldet haben und kommen können, eine große Tüte mit geretteten Lebensmitteln für einen symbolischen Betrag von 3 Euro gibt.

Die Tafeln sind auch rechtlich unterschiedlich organisiert. Über 60 Prozent befinden sich in Trägerschaft der Diakonie, Caritas, Arbeiterwohlfahrt oder anderen sozialen Organisationen. Der andere Teil der 975 Tafeln ist rechtlich selbstständig.

Auch bei den Helfer*innen selbst gibt es regionale Unterschiede. So stehen in strukturschwachen Regionen oftmals armutsbetroffene Menschen oder Menschen in Qualifizierungsmaßnahmen des Arbeitsamtes auf beiden Seiten der Ausgabestelle, während es in wohlhabenderen Gegenden häufiger Rentner*innen sind, die selbst keine Unterstützung brauchen und vielmehr nach dem aktiven Berufsleben eine sinnstiftende Beschäftigung suchen, um der Gesellschaft etwas zurückzugeben. Die mehr oder weniger starke Ehrenamtskultur in den unterschiedlichen Regionen Deutschlands spielt hier ebenfalls eine Rolle. Auch wenn die Tafel-Aktiven das konkrete Bild vor Ort prägen, für das große Anliegen dieses Buches, strukturelle Armut aufzuzeigen und Ideen und Forderungen zu ihrer Bekämpfung zu formulieren, fallen diese Unterschiede am Ende nicht so sehr ins Gewicht.

Das lässt sich vielleicht am besten mit einem einfachen Beispiel im Hinblick auf die regionale Verteilung der Tafeln veranschaulichen: Auch auf Sylt und am Starnberger See, zwei Synonyme für Wohlstand in Deutschland, gibt es jeweils eine Tafel. Nur weil es einer Region, einer Stadt, einer Insel alles in allem vergleichsweise gut oder gar herausragend gut geht – zumindest in der öffentlichen Wahrnehmung –, bedeutet das nicht, dass es dort keine Armut gibt. Um es mit den Worten der Vorsitzenden der Tafel Starnberg zu sagen, die ich auf der Mitgliederversammlung in Bayern traf: »Auch bei uns gibt es schwere Leben, die eher im Zickzack verlaufen, und Geflüchtete, die unsere Unterstützung brauchen.«

Wer sich eingehender mit regionalen Unterschieden befassen möchte, der sei an dieser Stelle an den Disparitätenbericht »Ungleiches Deutschland«[1] der Friedrich-Ebert-Stiftung verwiesen, und auch im Armutsbericht »Zwischen Pandemie und Inflation«[2] des Paritätischen werden Zahlen für jedes Bundesland, für Ost- und Westdeutschland aufgelistet. Dabei wird deutlich, dass es Regionen gibt, in denen größere Teile der Gesellschaft von Armut betroffen sind als in anderen. Vor allem im in Hamburg und Bremen (dort insbesondere in Bremerhaven) sowie den strukturschwachen Regionen im Nordosten, wobei gerade in Mecklenburg-Vorpommern und Sachsen-Anhalt in der Gesamtbetrachtung zuletzt positive Entwicklungen bei der Armutsrisikoquote zu verzeichnen waren. Berlin hingegen entwickelte sich zuletzt positiv.[3]

Wir nehmen einen Zuwachs an Kund*innen wahr, gleichzeitig bekommen wir aber laut Tafeln auch teilweise weniger Lebensmittelspenden. Bei unserer deutschlandweiten Umfrage gaben 76 beziehungsweise 68 Prozent aller Tafeln an, dass diese beiden Themen die größten aktuellen Herausforderungen darstellten. Das war im Jahr 2022, und eine Blitzumfrage im Sommer 2023 bestätigte diese Tendenzen. Die Zunahme der Kund*innen ließ sich überwiegend mit der großen Zahl der Geflüchteten aus der Ukraine erklären, aber auch die massiv gestiegenen Energiepreise und die Inflation, die vor allem Lebensmittel und Dinge des täglichen Bedarfs traf, führte zu einem Anstieg. Es kommen also nicht nur mehr Menschen aus der Ukraine, es kommen insgesamt mehr Menschen zu den Ausgabestellen der Tafeln. Dass im ähnlichen Zeitraum die Lebensmittelspenden teilweise zurückgingen, hat mehrere Gründe. Einerseits disponiert der Handel durch den Einsatz digitaler Systeme besser und nachhaltiger. Andererseits kamen mit dem Krieg in der Ukraine Lieferengpässe hinzu, wodurch der Handel selbst weniger zur Verfügung hatte. Darüber hinaus werden Supermärkte und Handelsketten bei der Lebensmittelrettung immer kreativer und bieten ihren Kund*innen vermehrt preisreduzierte Ware oder Kauf-1-mehr-Aktionen an. Das sind Maßnahmen, die von der Tafel begrüßt werden, da sie helfen, Lebensmittelverschwendung einzudämmen, beziehungsweise Armutsbetroffenen zugutekommen. Die Folge ist jedoch – in Kombination mit dem erhöhten Andrang –, dass rund 63 Prozent aller Tafeln die Lebensmittelmenge pro Haushalt reduzieren mussten, 17 Prozent der Tafeln reduzierten aus demselben Grund die Abholhäufigkeit pro Haushalt, und etwa ein Drittel aller Tafeln musste auch noch in 2023 eine Warteliste führen oder einen temporären Aufnahmestopp verhängen, konkret also Menschen, die Unterstützung benötigen, wegschicken.

Wovon wir reden, wenn wir von Armut reden

Lange Zeit herrschte in Deutschland die verbreitete Meinung vor, es gäbe bei uns keine oder nur sehr wenig Armut. Noch Helmut Schmidt und Helmut Kohl vertraten diese Meinung mit dem Argument, dass mit der Existenz von Sozialhilfe sämtliche Armut beseitigt sei. Das erinnert ein bisschen an die hartnäckige Weigerung vieler Politiker*innen, Deutschland als Einwanderungsland anzuerkennen. Mittlerweile ist beides weitgehend Konsens: Sowohl Einwanderung als auch Armut existieren auch in Deutschland (mehr dazu, wie beide zusammenhängen, in Kapitel 5). Was der Einsicht bezüglich der Armut im Weg stand, war ein sehr eingeschränktes Verständnis des Phänomens, in der Regel ausschließlich tituliert als absolute Armut. Diese wird definiert als mangelnde Befriedigung der Grundbedürfnisse, der untersten Stufe der Maslowschen Bedürfnispyramide, also in erster Linie Nahrung, Trinkwasser, Kleidung, Wohnen, Gesundheit, aber nicht unbedingt als ein Mangel an Geld, sofern die Grundbedürfnisse materiell abgedeckt sind. Zugespitzt könnten so aber auch Gefängnisse als Orte der Armutsvermeidung betrachtet werden. Die Definition der absoluten Armut bringt uns für viele Länder, insbesondere reiche Staaten wie Deutschland, nicht weiter.

Was der kurze historische Rückblick zeigt: Unser Verständnis von Armut wird immer auch durch die Umstände bestimmt. Man mag den Staatsmännern des 20. Jahrhunderts aufgrund ihrer Prägung durch den Zweiten Weltkrieg und die Trümmerlandschaften der Nachkriegszeit aus heutiger Perspektive nachsehen, dass womöglich Bilder von Mangel, Hunger und Elend für größere Bevölkerungsteile ihre Vorstellungen von Armut hervorgerufen haben. Doch obwohl diese Zeiten längst vergangen sind, werden Berichte und Nachrichtenmeldungen über Armut in Deutschland auch heute noch regelmäßig mit Obdachlosen bebildert, die mit selbst gemalten Schildern in Einkaufsstraßen sitzen und Passant*innen um Unterstützung bitten. Dabei wird zumindest ein Teil dieser Mitmenschen, die der Definition von absoluter Armut am ehesten entsprechen, die am äußersten Rand der Existenz, fern von Menschenwürde und teils unter Verwahrlosung leben, in den meisten unserer Armutsstatistiken gar nicht erfasst.

Was mit dem Verweis auf Artikel 1, Absatz 1 des Grundgesetzes – »Die Würde des Menschen ist unantastbar« – bereits anklingt, ist mit dem Begriff der relativen Armut gemeint. Relative Armut beschreibt Armut im Verhältnis zum jeweiligen Umfeld eines Menschen. Es geht bei Armut, so, wie sie für Deutschland definiert werden muss, also um wesentlich mehr als das zur Verfügung stehende Einkommen beziehungsweise den persönlichen Besitz. Der Vergleich mit dem jeweiligen sozialen Umfeld einer Person – also das, was ihr an Ressourcen in Relation zu anderen zur Verfügung steht – ist ausschlaggebend, insbesondere die Frage, ob soziale Integration oder Partizipation grundsätzlich gewährleistet sind. Damit sind die unterschiedlichsten Facetten des Lebens und Zusammenlebens gemeint, die vom Zugang zu Bildung und Kultur über die Gesundheitsversorgung bis hin zur Teilhabe am politischen Leben reichen. Wenn für manche Kinder die Teilnahme an einem Schwimmbadbesuch in den Sommerferien nicht möglich ist, dann ist das ein Zeichen von relativer Armut. Wenn die Fahrkarte zur Demonstration gegen

Rechtsextremismus in die nächste Großstadt das Budget sprengt, genauso. Armut ist mehr als die Abwesenheit von Geld oder Nahrungsmitteln, und sie ist nicht ohne den gesellschaftlichen und nationalen oder regionalen Kontext zu definieren, in dem sie betrachtet wird. Es geht um soziale Teilhabe, wie sie das Grundgesetz vorsieht. Dieser Punkt spiegelt exakt das Selbstverständnis der Tafeln wider: Wir verstehen uns als kleine, aber wichtige Entlastung im Alltag armutsbetroffener Menschen, damit eben Dinge wie ein Kino- oder Theaterbesuch möglich werden oder bleiben. Eine Entlastung, wie bereits eingangs betont, jedoch keine staatliche Versorgungsleistung.

Das Hauptmerkmal von Armut in Deutschland ist also soziokulturelle Ausgrenzung oder anders formuliert: der Mangel an Verwirklichungschancen, wie es der Nobelpreisträger Amartya Sen mit seinem Befähigungsansatz beschreibt. Sen nimmt dabei eher eine globale Perspektive ein, die sich je nach Weltregion, Land und sozialem Umfeld entsprechend anders ausdrückt, aber er betont, dass neben dem Einkommen auch die soziale Teilhabe und der Zugang zu weiteren Ressourcen zwingend mitberücksichtigt werden müssen. All diese Parameter ändern sich, wenn sich die Gesellschaft als Ganzes ändert, sie müssen mitgedacht, berücksichtigt und gegebenenfalls angepasst werden. Ein absolut fortschrittlicher und irgendwie auch selbstverständlicher Fakt. Und doch machen sich vielleicht viele Menschen nicht klar, wie umfangreich ihre Privilegien sind, die ihre Chancen auf Wohlstand erhöhen. Sen hat diesen Ansatz bereits 1979 entwickelt und seither weiter ausgebaut und adaptiert. Zu einer Zeit also, als führende Politiker hierzulande die Existenz von Armut noch generell kleinredeten.

Heute gibt es im Entwicklungsprogramm der Vereinten Nationen den sogenannten Index der mehrdimensionalen

Armut, der insgesamt zehn Indikatoren in den drei Kategorien Bildung (Anzahl der Schuljahre und Anwesenheit in der Schule), Gesundheit (Kindersterblichkeit und Ernährung) und Lebensstandard (Brennmaterial zum Kochen, Sanitäreinrichtungen, Wasser, Elektrizität, Boden und Besitz) miteinander verknüpft.

Armut in Entwicklungsländern wird aber zumeist nur durch zwei Zahlen beschrieben: die absolute Armutsgrenze und den Anteil der Menschen, die unterhalb dieses Grenzwerts leben. Laut Weltbank lag die absolute Armutsgrenze im Jahr 2022 kaufkraftbereinigt bei 2,15 US-Dollar, also beim Gegenwert dessen, was für diesen Betrag in den USA täglich zu kaufen war. Im Südsudan lebten im selben Jahr schätzungsweise rund 85 Prozent der Bevölkerung sogar von weniger als 1,90 US-Dollar pro Tag. Ob nun etwas mehr oder weniger als 2 US-Dollar: Diese Definition setzt Armut mit purem Überleben gleich und betrifft dennoch immer noch rund 10 Prozent der Weltbevölkerung.

Das erste der siebzehn Ziele für nachhaltige Entwicklung (Sustainable Development Goals) der Vereinten Nationen – Armut in allen ihren Formen und überall zu beenden – ist nicht umsonst der weltweiten Bekämpfung von Armut gewidmet. Ziel zwei – den Hunger zu beenden, Ernährungssicherheit und eine bessere Ernährung zu erreichen sowie eine nachhaltige Landwirtschaft zu fördern – bezieht sich ebenfalls konkret auf die Armutsbekämpfung.

Armut ist mehrdimensional und sehr viel komplexer als einfach nur fehlendes Geld. Dennoch hieß es im 2. Armuts- und Reichtumsbericht der Bundesregierung im Jahr 2005 kurz und knapp: »Auch wenn Armut eine mehrdimensionale, also nicht nur finanzielle Benachteiligung darstellt, kann von den verfügbaren finanziellen Mitteln indirekt darauf geschlossen werden, welches Maß an gesellschaftlicher Teilhabe gelingt.«[4] Wenn wir von Armutsmessung in Deutschland reden, meinen wir also einen einkommensbasierten Ansatz. Diesen Fakt sollte man sich zum Beispiel immer dann ins Gedächtnis rufen, wenn in Debatten rund um das Thema Armut den Sozialverbänden oder gemeinnützigen Organisationen vorgeworfen wird, sie würden immer nur mehr Geld für die von Armut betroffenen Menschen fordern. Das suggeriert einen völlig falschen Eindruck, es scheint vielmehr aller Erkenntnis zum Trotz der kaum noch hinterfragte Konsens zu herrschen, dass sich Armut am Ende doch wesentlich über das zur Verfügung stehende Einkommen definiert.

An die Definition und Einordnung von absoluter und relativer Armut schließt sich nun direkt die Frage an: Welche Datenquellen zur Armutsbestimmung stehen überhaupt zur Verfügung und was erfassen sie?

Da ist zunächst der Mikrozensus zu nennen, der vielen Forschenden und Politiker*innen als umfangreichste und aussagekräftigste Quelle gilt und seit 1957 jedes Jahr bei einem Prozent der Bevölkerung bundesweit durchgeführt wird. Diese »kleine Volkszählung« bietet einige Vorteile, die andere Erhebungen nicht aufweisen können. Sie ist gesetzlich angeordnet, und es besteht für die meisten der abgefragten Daten eine Auskunftspflicht, die zu einer hohen Rücklaufquote und Genauigkeit führt und damit, bei etwa 400 000 zufällig ausgewählten Haushalten mit über 800 000 Personen, zu verlässlichen Aussagen zur wirtschaftlichen und sozialen Struktur der Gesellschaft.

Den Kern der vom Statistischen Bundesamt vorbereiteten und ständig weiterentwickelten repräsentativen Stichprobe stellen Fragen zu Einkommen, Bildung und Erwerbstätigkeit sowie zu Haushaltsgröße und Wohnsituation dar. Einige der Haushalte werden tiefergehend zur Erwerbstätigkeit, zum Einkommen oder der Wohnsituation befragt. Aufgrund methodischer Anpassungen sind manche Ergebnisse mit den Vorjahreswerten nur eingeschränkt vergleichbar, so zum Beispiel die Armutsrisikoquote ab dem Jahr 2020 – also ausgerechnet die am meisten diskutierte Zahl der Armutsdebatte. Aber Einschränkung bedeutet nicht Wertlosigkeit, der Mikrozensus liefert insbesondere zur Einkommensverteilung ein aussagekräftiges Fundament, auf das wir uns bei politischen, wirtschaftlichen und sozialen Entscheidungen stützen können.

Die wichtigste Datenquelle zur Vermögensverteilung bildet seit 1962/63 die Einkommens- und Verbrauchsstichprobe (EVS), ebenfalls von den Statistischen Landesämtern und dem Statistischen Bundesamt durchgeführt. Die Teilnahme ist jedoch freiwillig, der Turnus beläuft sich auf fünf Jahre, und der Umfang der Erhebung ist geringer. Er umfasst etwa 80 000 private Haushalte. Abgefragt werden Informationen zu Einnahmen und Ausgaben, zu Geld- und Immobilienvermögen, zu Wohnverhältnissen und Gebrauchsgütern wie Haushaltselektronik oder Unterhaltungs- und Kommunikationstechnik. Einfach ausgedrückt erforscht die EVS, wie viel Geld den Haushalten zur Verfügung steht und wofür sie es – dokumentiert über einen Zeitraum von drei Monaten – ausgeben. Ein zufällig ausgewähltes Fünftel der Haushalte erfasst zudem über einen Zeitraum von zwei Wochen detailliert die Mengen von Nahrungsmitteln, Getränken und Tabakwaren sowie die dazugehörigen Ausgaben. Damit können bei Preisveränderungen die Auswirkungen auf die Konsumausgaben und den Anteil unterschiedlicher Nahrungsmittel bestimmt werden. Die Ergebnisse bilden die Grundlage für die Festsetzung elementarer Unterstützungsleistungen in der Armutsdebatte, zum Beispiel der Höhe des Bürger- oder Kindergelds, sowie für die Berechnung der Inflationsrate. Um eine repräsentative Grundlage zu erhalten, werden bei dieser Quoten-

Regelbedarf Bürgergeld 2024

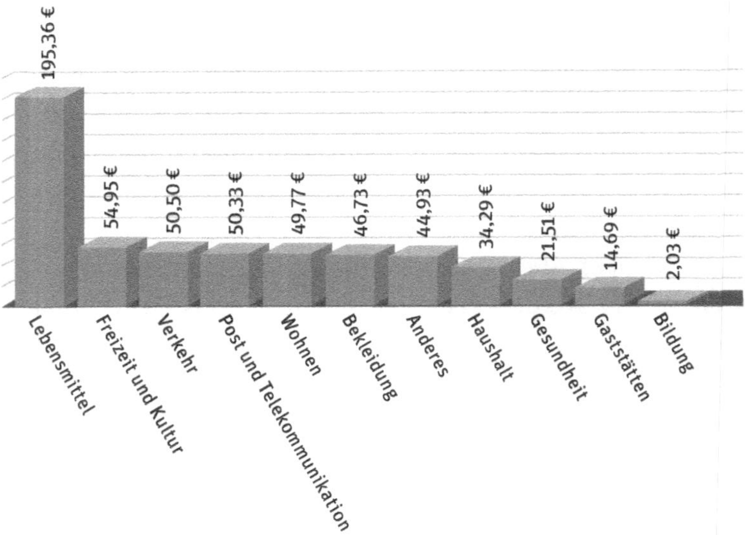

Quelle: Bürgergeld, Verein für soziales Leben e.V.

stichprobe Haushalte aus jeder Bevölkerungsgruppe, also von Gering- bis Gutverdienenden und von Singles bis Großfamilien, befragt und entsprechend ihres Anteils an der Gesamtbevölkerung berücksichtigt.

Die dritte bedeutende Datenquelle für eine sachliche, aufgrund von Fakten zu führende Armutsdebatte ist das Soziooekonomische Panel (SOEP). Seit 1984 werden jährlich in knapp 15000 Haushalten rund 30000 Personen befragt, und zwar stets dieselben Personen und Familien, wodurch Einblicke in die Entwicklung von Lebenslagen und Teilhabemöglichkeiten gewährt werden. Auch der Fragebogen der Längsschnitt- oder Verlaufsstudie, der Angaben zu Einkommen, Vermögen und Wohnsituation, aber auch subjektive Merkmale wie Lebenszufriedenheit, Sorgen und Ängste erfasst, ist seit Beginn der Erhebung weitgehend unverändert. Zudem liefert das SOEP wichtige Informationen zur Zuwanderung und zu in Deutschland lebenden Menschen ohne deutsche Staatsangehörigkeit, was für die zunehmenden Fragen der Migrationspolitik (siehe auch Kapitel 5) und der demografischen Entwicklung (siehe auch Kapitel 4) von großer Bedeutung ist. Das Sozio-oekonomische Panel wird von der gleichnamigen Forschungseinrichtung am Deutschen Institut für Wirtschaftsforschung (DIW) durchgeführt, das die gewonnenen Daten für Forschung und Politik bereitstellt.

Diese drei Erhebungen – Mikrozensus, Einkommens- und Verbrauchsstichprobe und Sozio-oekonomisches Panel – bilden die wichtigsten Datenquellen für die Zahlen und Prozentwerte, die im Zentrum der Armutsdebatte stehen, vorrangig die Armutsrisikoschwelle oder Armutsgefährdungsquote. Die Armutsquote beschreibt den Anteil der Menschen, die unterhalb der Armutsrisikogrenze leben, gemessen an dem nach Anzahl und Alter der Haushaltsmitglieder bedarfsgewichteten Haushaltsnettoeinkommen, konkret den Anteil der Bevölkerung mit einem Nettoäquivalenzeinkommen unter 60 Prozent des Medians.

Der Reihe nach: Wie bereits erwähnt, ist für die Festsetzung der Definition von Armut oder Armutsgefährdung die entscheidende beziehungsweise einzig relevante Größe das Einkommen, genauer das Haushaltseinkommen. Sämtliche Einkommen eines Haushaltes aus selbstständiger und unselbstständiger Erwerbstätigkeit, aus Vermögen, Renten und Pensionen sowie empfangenen Sozialtransfers, wie beispielsweise Kindergeld, werden aufaddiert. Ein konkretes Beispiel aus dem Jahr 2021: In einer vierköpfigen Familie verdient ein in Vollzeit berufstätiger Elternteil im Monat 1700 Euro netto und ein in Teilzeit tätiger Elternteil monatlich 622 Euro. Zusätzlich zu ihren Gehältern erhält die Familie 438 Euro Kindergeld (bis 2022 lag das Kindergeld für die ersten beiden Kinder bei je 219 Euro, seit 2023 liegt es für jedes Kind bei 250 Euro). Betrachtet wird jeweils der Nettobetrag, der sich später mit weiteren Transferleistungen vergleichen lässt. Zusammengerechnet sind das 2760 Euro monatlich oder 33 120 Euro im Jahr. Um der Tatsache gerecht zu werden, dass größere Haushalte durch die gemeinsame Nutzung von Räumlichkeiten und Haushaltsgegenständen relative Kostenvorteile haben, wird in der Berechnung im nächsten Schritt zur Ermittlung möglicher Leistungen eine Gewichtung der Haushaltsmitglieder vorgenommen. Der erste Erwachsene des Haushaltes wird mit einem Wert von 1 gewichtet, jede weitere Person über vierzehn Jahren mit 0,5 und alle Haushaltsmitglieder bis einschließlich vierzehn Jahren mit 0,3. Unsere fiktive vierköpfige Familie hat ein Kind über und eines unter vierzehn Jahren und kommt somit auf eine Gesamtgewichtung von 1 + 0,5 + 0,5 + 0,3 = 2,3. Das Nettohaushaltseinkommen wird nun nicht durch 2 (Anzahl der Einkommensverdiener), 1,5 (Vollzeit + Teilzeit) oder durch 4 (Anzahl der Haushaltsmitglieder), sondern durch 2,3 (die gewichtete Summe der Haushaltsmitglieder) geteilt. In unserem Beispiel liegt das Nettoäquivalenzeinkommen aller Familienmitglieder demnach bei 2760 : 2,3 = 1200 Euro. Dieses Nettoäquivalenzeinkommen wird nun in Relation zu anderen Haushaltsnettoeinkommen gesetzt.

Im Gegensatz zum arithmetischen Mittel, bei dem alle Haushaltseinkommen einer Stadt, einer Region oder eines ganzen Landes aufaddiert und durch die Anzahl der Personen geteilt werden, stellt der Median das mittlere Einkommen dar. Genau in der Mitte einer Aufstellung aller Personen nach der Höhe ihres Nettoäquivalenzeinkommens geordnet – die eine Hälfte der Bevölkerung mit einem höheren gewichteten Einkommen, die andere Hälfte mit einem niedrigeren – ist das mittlere Einkommen. Der Vorteil des Medians gegenüber dem arithmetischen Mittel liegt in der Nicht-Verzerrung durch extreme Ausschläge an den Rändern. Der Nachteil liegt in der Nichtbeachtung dieser Ausschläge und der damit wachsenden Spreizung der Einkommen. Aber da sich das soziokulturelle Existenzminimum eher an der breiten Mittelschicht als an den oberen Zehntausend orientiert, liegt es nahe, den Median zu verwenden. Und um Artikel 72, Absatz 2 des Grundgesetzes gerecht zu werden (»Herstellung gleichwertiger Lebensverhältnisse«), wird in der Regel der Bundesmedian verwendet, nicht der Länder- oder Stadtmedian, auch wenn dieser näher am jeweiligen individuellen Umfeld und damit im eigentlichen Sinne auch näher an der eigenen möglichen relativen Armut wäre.

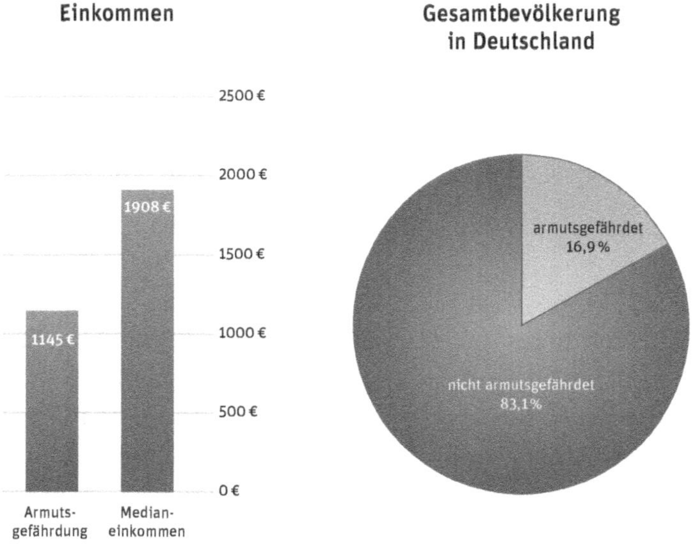

Die Europäische Union hat 1984 die bereits erwähnte Armutsrisikoschwelle oder Armutsgefährdungsgrenze bei 60 Prozent des Medians für alle Mitgliedstaaten vereinbart. In Deutschland lag der Median des Nettoäquivalenzeinkommens im Jahr 2021 bei etwas über 1908 Euro monatlich oder 22 900 Euro im Jahr. Alle Personen, deren Einkommen weniger als 60 Prozent davon betrug, konkret 1145 Euro monatlich oder 13 740 Euro im Jahr, galten als armutsgefährdet oder -bedroht. Unsere vierköpfige Beispielfamilie lag mit ihrem Äquivalenzeinkommen von umgerechnet 1200 Euro pro Familienmitglied demnach knapp über der Armutsrisikoschwelle; war nach offiziellen Maßstäben folglich nicht armutsgefährdet, was unter anderem zwingend die Frage aufruft, wie Personen, Familien und Menschen, die kurz über der statistisch festgelegten Armutsrisikoschwelle liegen, unterstützt werden können. Laut Mikrozensus waren in Deutschland 2021 nach dieser Berechnung 14,1 Millionen arm beziehungsweise armutsgefährdet, was einem Anteil von 16,9 Prozent der Bevölkerung entsprach.

Und worum es eigentlich geht

Allen Datenquellen ist gemein, dass sie der Politik und der Gesellschaft eine repräsentative gesellschaftliche Einschätzung darüber geben, wie die Gesellschaft sich bezüglich ihres vorhandenen Einkommens und Wohlstandes oder ihrer Armutsgefährdung entwickelt. Ihnen ist gemein, dass sich die besonders armutsgefährdeten gesellschaftlichen Gruppen gleichen: Kinder und Familien, Erwerbslose, Rentner*innen und Menschen mit Migrationsgeschichte. Deshalb ist all diesen Gruppen ein eigenes Kapitel gewidmet. Die zugrunde liegenden Daten der Untersuchungen sollen auch zu einer Versachlichung aller Debatten beitragen und Fakten für eine soziale Politik bereitstellen, jedoch weder zu einer Alarmierung noch zu einem Ausruhen herangezogen werden. Davon haben die Menschen, die hinter all den Daten und Fakten stehen, nichts. Die verengte Sicht auf einzelne Daten kann zu paradoxen Situationen führen. Nehmen wir einmal an, aufgrund von neuesten wissenschaftlichen Erkenntnissen würde auf EU-Ebene beschlossen, die Armutsgefährdungsgrenze von 60 Prozent auf 65 Prozent des mittleren Nettoäquivalenzeinkommens anzuheben, vielleicht als Folge einer Rezession der Weltwirtschaft. Dadurch würden Millionen von Menschen zusätzlich als armutsgefährdet gelten. Die Gesellschaft, so hätte es den Anschein, verarmt. De facto könnte jedoch mehr Menschen geholfen werden, weil sie berechtigt wären, Leistungen in Anspruch zu nehmen. Die naheliegende mediale und öffentliche Wahrnehmung dieses statistischen Effekts hätte nichts mit der begrüßenswerten Realität, der Hilfe für mehr armutsbetroffene Menschen, zu tun.

Ein ähnlicher Effekt ist aus der Berichterstattung über die Arbeitslosenstatistik bekannt, nur andersherum: Personen, die nicht direkt vermittelt werden können, landen zum Teil in nicht immer zielführenden Maßnahmen zur Qualifizierung für den Arbeitsmarkt und werden aus der Arbeitslosenstatistik gestrichen. Die Quote sinkt – aber das Problem ist noch nicht gelöst. Sondern nur verschoben, bis sich der Erfolg oder Misserfolg einer Maßnahme und die Integration in den Arbeitsmarkt zeigt.

Was die vereinfachten Gedankenspiele zur Verschiebung der Armutsgefährdungsgrenze veranschaulichen: Wer als armutsgefährdet oder armutsbetroffen gilt, ist eine normative Setzung. Wir orientieren uns an Zahlen, die wir auch anders festlegen könnten und die im Folgenden vermutlich anders gestaltete Unterstützungsmöglichkeiten nach sich zögen. Ein Leben in Armut ist weder gottgegeben oder durch höhere Mächte vorbestimmt, was über viele Jahrhunderte hinweg die gängige Erklärung war, noch ist es die unumstößliche Folge wirtschaftlicher Kräfte, des freien Marktes, der Globalisierung. Schon der schottische Ökonom und Moralphilosoph Adam Smith, der mit seinem Buch *Der Wohlstand der Nationen* aus dem Jahr 1776 das grundlegende Standardwerk der Wirtschaftswissenschaften schuf, fantasierte von einer »unsichtbaren Hand«, die unbewusst das Gemeinwohl fördern würde, wenn nur jeder nach seinem eigenen Wohle strebte. Obwohl längst widerlegt, geistern Smiths Hand und ähnlich magische Effekte bis heute durch die Welt. Wir haben es jedoch mit menschengemachten Grenzziehungen zu tun, und die werden bewusst gesetzt, angepasst oder auch unverändert belassen. Kurz: Der politische gesellschaftliche Wille zieht die Grenzen, setzt den Rahmen und entscheidet. Und werden die normativen Grundfestsetzungen trotz stagnierender oder steigender Armutsgefährdungsquoten nicht angepasst, dann fehlt es in erster Linie am politischen Willen.

Nicht nur Sozialverbände, Gewerkschaften oder gemeinnützige Organisationen wie wir mahnen dies immer wieder an. Im Dezember 2023 stellte auch der Europarat Deutschland bei der Bekämpfung von Armut und sozialer Ungleichheit ein schlechtes Zeugnis aus und bemängelte, dass das hohe Ausmaß von Armut und Ungleichheit in keinem Verhältnis zum Reichtum des Landes stehe.[5] Die Menschenrechtskommissarin Dunja Mijatović machte in Deutschland »anhaltende Probleme beim Zugang zu sozialen Rechten« aus. »Anhaltend« steht für »strukturell« oder eben: Armut hat System.

Was wir auch bei der Tafel verstärkt registrieren – und hier spiegelt sich lediglich eine Wahrnehmung wider, die auch viele Menschen außerhalb des Tafel-Umfelds teilen –, ist die Tatsache, dass die politische und normative Rahmensetzung insbesondere für armutsbetroffene Menschen nicht mehr passt. Anders gesagt: Der Rahmen wird den aktuellen gesellschaftlichen Entwicklungen nicht mehr gerecht. Zunächst ist dies ein ganz normaler Prozess, das Leben ist nun mal nichts Statisches, das stetig in der gleichen Berechnung eingeordnet werden kann. Doch um im Bild zu bleiben: Zu viele Menschen fallen aus dem gesetzten Rahmen. Sie werden ausgegrenzt und abgehängt, weil sie arm sind.

Armutsbetroffenen Menschen fällt politische Teilhabe besonders schwer beziehungsweise wird sie ihnen schwer gemacht. Oft sind andere Probleme im Alltag einfach sehr viel drängender: Die nächste Stromrechnung ist zu bezahlen, neue Kleidung für die wachsenden Kinder muss her, möglichst gesundes Essen soll auf den Tisch, und es muss in vielen verschiedenen Supermärkten eingekauft werden, um überall die günstigsten Angebote zu erwerben. Da bleiben meist keine Kapazitäten und Ressourcen übrig, um sich politisch zu engagieren. Was im Übrigen auch für andere gesellschaftliche Gruppen gilt, wird doch oft nach den praktisch nicht vorhandenen Demonstrationen von Familien angesichts von Kita-Krise und Lehrer*innenmangel gefragt.

Die Antwort ist ernüchternd einfach: Erschöpfung und eine Politik, die auch im Hinblick auf Armut zu viel Verantwortung auf das Individuum statt die Gesellschaft legt. Auch unter den Tafel-Kund*innen sind viele, die sich nicht mehr vorstellen können, dass sich die Regierenden mit ihren Sorgen beschäftigen. Politiker*innen wüssten nicht, was arme Menschen belastet, und es interessiere sie ja offensichtlich auch nicht, außer kurz vor Wahlen. Die Enttäuschung ist teilweise groß, sodass sich Ohnmachtsgefühle und Resignation breitmachen. Das zeigt sich nicht zuletzt darin, dass viele Armutsbetroffene nicht mehr wählen gehen[6] (mehr dazu in Kapitel 6).

Wollen wir es uns leisten, einen Teil der Bevölkerung auszugrenzen und so einen Bruch mit dem Gesellschaftsvertrag, der soziale Teilhabe und Chancengerechtigkeit für alle Menschen unabhängig ihrer Herkunft verspricht, zu begehen? Und kann die wachsende soziale Ungleichheit in unserem Land nicht noch weitreichendere Konsequenzen nach sich ziehen? In meinen Augen sind das zwei rhetorische Fragen. Aber ich habe den Eindruck, es wird nicht oder nicht entschieden genug versucht, sie zu lösen. Teile der Politik scheinen eine wirksame Armutsbekämpfung – Rüge des Europarates hin oder her – auf Wiedervorlage nach hinten geschoben haben. Das ist jedoch verfassungswidrig. Der oben zitierte Artikel 1, Absatz 1 des Grundgesetzes hat nämlich noch einen zweiten Satz. Er lautet: »Sie [die Würde des Menschen] zu achten und zu schützen ist Verpflichtung aller staatlicher Gewalt.« Der Staat steht also in der Pflicht, Rahmenbedingungen zu schaffen, in denen ein menschenwürdiges Leben für alle möglich ist. Und er könnte das auch. Sehr viel besser jedenfalls, als er das aktuell tut.

Den gesellschaftlichen Entwicklungen *gerecht zu werden,* das ist der springende Punkt. In seiner Regierungserklärung von 1969 sagte Willy Brandt seinen berühmten Satz: »Wir wollen mehr Demokratie wagen.« Er wurde oft zitiert und adaptiert, auch von Angela Merkel in ihrer ersten Regierungserklärung als Bundeskanzlerin 2005: »Lassen Sie uns mehr Freiheit wagen!« Und zuletzt erhielt der Koalitionsvertrag der Ampel-Regierung aus SPD, Bündnis 90/Die Grünen und FDP von 2021 das Motto »Mehr Fortschritt wagen«. Für arme Menschen gab es in den letzten Jahren wenig »mehr Fortschritt« und in Folge auch wenig »mehr Freiheit« beziehungsweise »mehr Demokratie«. Ich würde mir wünschen, dass wir so etwas Ähnliches wie den Geist von Willy Brandts Aufbruchstimmung und die vielfältigen Adaptionen seiner Vision von damals wiedererwecken könnten, indem wir sagen: »Wir wollen mehr Gerechtigkeit wagen.«

Als ich an diesem unwirtlichen Januartag 2022 in Neubrandenburg war, ist mir etwas aufgefallen, das mir seither wieder und wieder bei den Tafeln begegnet: Unsere Kund*innen und ebenso die ehrenamtlich Helfenden haben ein besonders feines Gespür für Gerechtigkeit: Werden die Lebensmittel auch wirklich fair verteilt? Bekommen vor Ort alle das Gleiche oder wird irgendjemand bevorzugt? Wie erreichen wir Solidarität und Gerechtigkeit unter den Tafeln, die unterschiedliche Voraussetzungen mitbringen?

Nun hängt das Gerechtigkeitsempfinden eines Menschen von der jeweiligen Perspektive ab, und die ist auch im Tafelkontext divers. Was manche für gerecht halten (»Ich bin zuerst dran, ich stehe schließlich schon seit drei Stunden an«), sehen andere bereits als unfair an (»Ich kann aus gesundheitlichen Gründen gar nicht so lange anstehen«), während es Dritten hauptsächlich darum geht, überhaupt Lebensmittel zu erhalten. Das Bedürfnis nach Gerechtigkeit ist in uns allen angelegt, es ist ein starker Kompass, ohne den ein Leben in Gemeinschaft wenn überhaupt, dann nur mit massiver Gewalt und Repression aufrechterhalten werden kann. In Deutschland sind die Ungerechtigkeiten aber trotzdem da. Es sind strukturelle Ungerechtigkeiten unter dem Deckmantel eines demokratischen Miteinanders. Nach meiner tiefsten Überzeugung leben wir in der besten aller Staatsformen, die nach Gerechtigkeit strebt. Diese wird jedoch durch so viele strukturelle Barrieren eingeschränkt, dass Chancengerechtigkeit faktisch nicht besteht. Und das kann eigentlich niemand wollen, denn: ohne Gerechtigkeit kein soziales Miteinander. Selbst Kleinkinder zeigen schon altruistisches Verhalten. Solidarität ist etwas zutiefst Menschliches. Wir sind immer beides, Individuum und Teil einer Gesellschaft. Wir können uns im Prinzip gar nicht als isolierte Individuen wahrnehmen, weil wir immer in Bezug zu anderen Menschen stehen. Ganz unmittelbar zu unseren Nächsten, zu Eltern, Geschwistern, Großeltern etc. Von klein auf sind wir soziale Wesen, für die Gerechtigkeit eine wichtige Rolle spielt, und das begleitet uns ein Leben lang bis zum letzten Atemzug.

Wir sollten uns die Gerechtigkeitsfrage wieder öfter bewusst stellen; Gerechtigkeit als ein Prinzip, das Objektivität beansprucht. Nach Gosepath sind Ansprüche dann gerecht, wenn sie gegenüber den Betroffenen wechselseitig und allgemein begründet werden können. Natürlich sind Menschen unterschiedlich. Allein schon genetisch bedingt gibt es uns in allen möglichen Größen, Formen, Farben und sonstigen äußeren Unterscheidungsmerkmalen. Unterschiede gibt es auch hinsichtlich der Fähigkeiten und Fertigkeiten, die jede*r mitbringt oder im Laufe des Lebens erwirbt, weshalb der eine dies und die andere das besser kann oder lieber macht. Das drückt sich am Ende auch in unterschiedlich bezahlten Tätigkeiten aus, weshalb – ganz vereinfacht ausgedrückt – ein gewisses Maß an Ungleichheit nicht nur evident, sondern absolut wünschenswert ist. Lebendige Gesellschaften sind divers und vielfältig und halten auch Ungleichheit gut aus, solange der Bogen nicht überspannt wird und solange aus Ungleichheit nicht zu große Ungerechtigkeit erwächst. So weit, so unstrittig.

Anfang 2024, als ich an diesem Buch arbeitete, ging es überall im Land um wenig anderes als Gerechtigkeit, genauer gesagt um Verteilungsgerechtigkeit. Mit Straßenblockaden und Sternfahrten in ihren riesigen Traktoren protestierten aufgebrachte Landwirte in allen Bundesländern vorrangig gegen das Vorhaben der Regierung, die Subventionierung des sogenannten Agrardiesels zu streichen. Die Streiks der Gewerkschaft Deutscher Lokomotivführer (GDL) legten ungefähr zeitgleich den Betrieb der Deutschen Bahn in weiten Teilen lahm, und kaum lief der Fahrplan wieder normal an, rief die Dienstleistungsgewerkschaft Verdi zu (vergleichsweise kurzen) Streiks im öffentlichen Personennahverkehr und im Flugverkehr auf. Dann kam das Praxispersonal. Die Liste ist sicher nicht vollständig, als Ausdruck empfundener Ungerechtigkeit aber unmissverständlich. Ganze Branchen und Berufsgruppen fühlen sich benachteiligt und nicht wertgeschätzt in ihrer täglichen, oft mühevollen Arbeit. Sie spüren und erahnen damit im Grunde etwas, das für viele armutsbetroffene Menschen längst Realität ist.

Und ich habe mir gewünscht, dass arme Menschen Traktoren hätten, um auf ihre Situation, ihre Missstände und oft massiven Ungerechtigkeiten aufmerksam zu machen. Auch an diesen konkreten Beispielen Anfang 2024 zeigten sich ganz praktisch der unterschiedliche Zugang und die unterschiedlichen Möglichkeiten sozialer Teilhabe und politischer Einflussnahme. Die Landwirte hatten teilweise Erfolg, recht schnell wurde ein Teil der Subventionsstreichungen zurückgenommen. Armutsbetroffene Menschen, das merken wir in der täglichen Arbeit der Tafeln immer wieder, haben ein beschwerliches und anstrengendes Leben. Der Alltag mit fast keinem Geld kostet Kraft. Kraft, die fehlt, um für die Verbesserung ihrer Lebensbedingungen und eine gerechtere Verteilung für alle Menschen auf die Straße zu gehen.

Aber Verteilungsgerechtigkeit muss uns auch als gesamte Gesellschaft wichtig sein. Sie ist vielmehr das Erfolgsrezept gelingender Gemeinschaft – was für Familien genauso gilt wie für Schulklassen, Unternehmen, Dörfer, Städte, Länder, ja die ganze Menschheit. Oder um Bill Clintons berühmten Slogan abzuwandeln: »It's the equity, stupid!« Wenn Verteilungsgerechtigkeit so grundlegend ist, wieso scheitern Politik und Sozialstaat dann immer wieder beziehungsweise immer noch an der Aufgabe, die Härten der sozialen Ungleichheit abzufedern, sprich: Armut effektiv zu bekämpfen und Chancengerechtigkeit und soziale Teilhabe zu erhöhen? Die Suche nach den Gründen für die seit Jahren große soziale Ungleichheit in Deutschland führt direkt in Bereiche unserer Gesellschaft, die nicht weiter entfernt liegen könnten von den Menschen, um die es in diesem Buch eigentlich geht.

Wer über Armut spricht, darf über Reichtum nicht schweigen

Reiche und superreiche Menschen gibt es überall auf der Welt, und es mag überraschen, diese vermeintliche Banalität hier zu lesen. Doch auch bei der globalen Verteilung von Reichtum denken viele Menschen in alten Mustern und in Kategorien wie »reicher Norden« und »armer Süden«. Mal abgesehen von der Frage, wo hier das seit Jahrzehnten aufstrebende China oder die erdölreichen Golfstaaten zu verorten wären, stellt sich die globale Herausforderung großer Ungleichheit mittlerweile anders dar: Laut *World Inequality Report* ist die Einkommens- und Vermögensungleichheit *innerhalb* von Ländern längst größer als die zwischen den Ländern. Die Lebenswelten superreicher Europäer*innen, Südafrikaner*innen oder Lateinamerikaner*innen unterscheiden sich weniger als die Lebenswelten von Arm und Reich in den jeweiligen Weltregionen. In Südafrika oder Mexiko beispielsweise ist die finanzielle und soziale Ungleichheit beson-

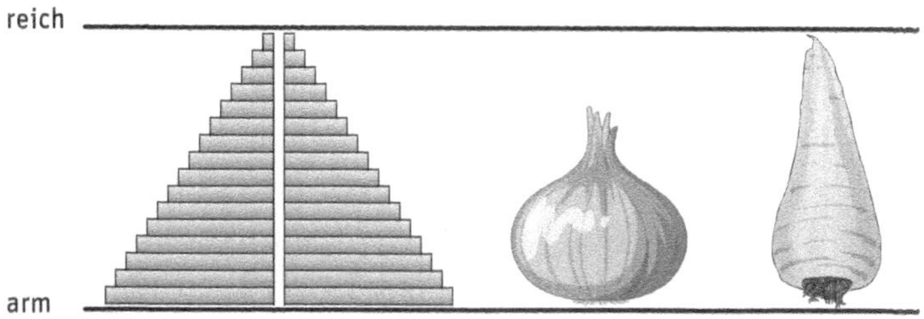

Einkommensverteilung in Deutschland: Vorstellung und Realität.

ders stark ausgeprägt, aber auch in Deutschland ist sie größer, als wir oft denken.

Eine weitere Vorstellung, die sich hartnäckig in unseren Köpfen hält, betrifft die Einschätzung der Einkommensverteilung innerhalb unseres Landes. In Umfragen geben viele Deutsche an, dass sich die Einkommen in der geometrischen Form einer Pyramide verteilen: mit einem breiten Sockel am unteren Ende, der sich Stufe für Stufe bis zur Spitze hin verjüngt. Tatsächlich entspricht die Verteilung viel eher einer Zwiebel, die einen schmaleren Sockel hat und in der Mitte am breitesten ist. Doch diese Zwiebel mutiert in den letzten Jahren stärker, der Sockel wird wieder breiter und die Spitze erreicht immer größere Höhen; sie ähnelt damit einem auf dem Kopf stehenden, lang gezogenen Radieschen oder einer Pastinake. Die Spitzenverdiener*innen entfernen sich immer weiter von der übrigen Einkommensverteilung, während sich unten die Armut verfestigt.[7] Auch im Nachkriegsdeutschland – das gemeinhin als Periode relativ geringer Ungleichheit gilt – gab es Einkommensungleichheit. Heute ist sie laut *World Inequality Report* jedoch wieder so hoch wie vor hundert Jahren.[8]

Der Blick auf extremen Reichtum in unserem Land ist aufschlussreich, weil er zeigt, wohin die Reise geht, wenn wir nicht umsteuern. Armutsforscher wie Christoph Butterwegge sprechen von einer US-Amerikanisierung wesentlicher Lebensbereiche, vom Arbeitsmarkt über die Sozialstruktur bis hin zum Wohlfahrtsstaat.[9] Der Unternehmer Elon Musk belegte auf der *Forbes*-Liste der reichsten Menschen der Welt im Jahr 2022 mit einem geschätzten Vermögen von 219 Milliarden US-Dollar den ersten Platz. In der Einleitung ihres Buches *Limitarismus* macht die belgisch-niederländische Ökonomin und Philosophin Ingrid Robeyns einen die Augen öffnenden Vergleich anhand dieser unvorstellbaren Summe, indem sie fragt: Welchen Lohn müssten Sie während eines 45 Jahre währenden Berufslebens vom ersten bis zum letzten Arbeitstag durchgängig verdienen, um am Ende auf denselben Betrag zu kommen? Die Antwort lautet: Es sind über 1,8 Millionen US-Dollar – pro Stunde![10]

Auch bei uns werden Managern Gehälter gezahlt, die teilweise mehr als hundert-, zweihundert- oder vierhundertmal so hoch sind wie die der Arbeiter oder Angestellten derselben Unternehmen. Hier wird die Gerechtigkeitslücke innerhalb eines Unternehmens geradezu frappierend deutlich. Niemand, wirklich niemand ist in der Lage, zweihundert- bis vierhundertmal so gut zu arbeiten wie andere.

Wenn die einen »Verteilungsgerechtigkeit« hören, legen sie den Schwerpunkt auf die »Bedarfsgerechtigkeit«, die anderen argumentieren dagegen mit »Leistungsgerechtigkeit«. Wer mehr leistet, muss auch mehr bekommen. Dem ist im Grundsatz auch nicht zu widersprechen. Eine derart große Einkommensungleichheit ist damit aber nicht zu rechtfertigen. Schnell ist im öffentlichen Diskurs dann von der »Chancengleichheit« die Rede, die noch wichtiger sei als das Beheben sozialer Ungleichheit. »Wer etwas leistet, der kann es auch schaffen, schließlich stehen jedem alle Wege offen.« Wieso dieses Versprechen einer deutschen Leistungsgesellschaft für große Teile der Bevölkerung und insbesondere für

Armutsbetroffene nur noch eine Mär ist, werden wir in den folgenden Kapiteln noch genauer betrachten.

Eine dritte Vorstellung betrifft die eigene Einschätzung von Menschen ihrer wirtschaftlichen Situation. Die meisten Menschen denken, sie seien Teil der Mittelschicht, dies zeigt eine Studie der Universität Konstanz über soziale Ungleichheit und Mobilität.[11] Dabei schätzen sich sowohl Reiche als auch Menschen mit wenig Einkommen als der Mittelschicht zugehörig. Diese verzerrte Wahrnehmung kommt zustande, da sich Menschen häufig nur innerhalb ihrer sozialen Gruppe vergleichen, kann in der Folge jedoch auch die Wahl von Parteien gegen ihr eigentliches soziales Interesse bedeuten.

Was hier zunächst einmal interessiert, ist die Frage, wie sich all diese schiefen Vorstellungen so stark in unserem Bewusstsein verankern konnten. Woran liegt es, dass so viele von uns glauben, in einer Leistungsgesellschaft zu leben, in der grundsätzliche Chancengleichheit besteht, in der Fleiß und Anstrengung belohnt werden und die vor Armut schützt.

Die Vorgeschichte dieser Vorstellungen und Einschätzungen reicht bis in die Achtzigerjahre zurück, deren Anfang als »neoliberale Zeitenwende« bezeichnet werden könnte. Natürlich hat auch diese Vorgeschichte eine Vorgeschichte, denn die Idee des Neoliberalismus stammt ursprünglich aus den Vereinigten Staaten der 1930er-Jahre, und zwar als Reaktion auf die Weltwirtschaftskrise, die mit dem New Yorker Börsencrash im Oktober 1929 ihren Anfang nahm. Zur weltweiten »Erfolgsgeschichte« wurde der Neoliberalismus aber erst ein halbes Jahrhundert später ab den Achtzigerjahren, und das verdankte er vor allem einem Schauspieler und der Tochter eines Kolonialwarenhändlers. Kaum war Ronald Reagan, der ehemalige Hollywood- und Fernsehschauspieler, 1981 zum US-Präsidenten ernannt worden, flogen nicht nur die Sonnenkollektoren, die sein Vorgänger Jimmy Carter

1979 hatte installieren lassen, um in einem ersten Versuch eine Energiewende einzuläuten, wieder vom Dach des Weißen Hauses. Ebenso wurden der »New Deal«, Roosevelts Wirtschafts- und Sozialreformen als tatsächliche Antwort auf die Weltwirtschaftskrise, sowie Lyndon B. Johnsons »Great Society«-Reformen rückabgewickelt. Maßnahmen waren eine Deregulierung des Arbeitsmarktes und massive Steuerentlastungen für Wohlhabende.

Vor der Präsidentschaft von Reagan war in den USA lange Zeit ein Spitzensteuersatz von 70 Prozent üblich, in den Fünfzigerjahren lag er sogar bei 90 Prozent. Das klingt aus heutiger Perspektive fast nach Staatssozialismus, hatte aber einen anderen Hintergrund: Viele aus Europa stammende Amerikaner*innen kamen aus wirtschaftlichen Gründen, verachteten die sozialen Ungleichheiten des Alten Kontinents und befürworteten hohe Spitzensteuersätze.[12]

Ronald Reagan proklamierte in seinem Präsidentschaftswahlkampf 1980 »Let's make America great again!« (Donald Trump hat das Motto für seinen 2015er-Wahlkampf adaptiert). Das verfing, denn in den USA hatte die Arbeitslosigkeit massiv zugenommen, und die Wirtschaft darbte. Mit den *Reaganomics*, wie die neue Wirtschaftspolitik genannt wurde, sank der Spitzensteuersatz schnell auf 50 und ein paar Jahre später auf unter 30 Prozent, bevor er sich bei etwa 40 Prozent einpendelte. Der Siegeszug des Neoliberalismus nahm seinen Lauf.

In Europa etablierte Margaret Thatcher, die ihre eigene Herkunft aus der unteren Mittelschicht als besten Beweis für das Leistungsprinzip betrachtete, ein ähnliches Wirtschafts- und Sozialprinzip und behauptete: »There is no alternative!« Der *Thatcherismus* war, verkürzt gesagt, das britische Äquivalent zu den *Reaganomics*. Seither wird das Mantra des »schlanken Staats« und der »Leistungseliten«, der Privatisierung und der ökonomischen Individualisierung (in diesen Ländern) in Endlosschleife wiederholt.

Zurück nach Deutschland. Helmut Schmidts sozialliberale Regierung zerbrach 1982 am Streit um einen neoliberalen Schwenk der FDP in der Arbeitsmarktpolitik, nachdem auch bei uns Arbeitslosigkeit zu einem immer drängenderen Problem geworden war. Fortan bildeten CDU/CSU und FDP eine Koalition, die nun ebenfalls nach Vorbild der angloamerikanischen Länder auf den neoliberalen Pfad einbog. Als ich in den Achtzigerjahren eingeschult wurde, hieß der Kanzler Helmut Kohl, und als ich nach dem Abitur die Schule wieder verließ, hatte sich daran nichts geändert, hielt allerdings nur noch wenige Monate. Bis ich zum ersten Mal an einer Bundestagswahl teilnehmen durfte, waren »Kanzler« und »Kohl« zwei Synonyme, so ähnlich, wie es später für die Kinder und Jugendlichen der »Merkeljahre« gewesen sein muss. In dieser Zeit wurde das neoliberale Narrativ dank der sozialen Marktwirtschaft zwar abgemildert, aber verfestigend erzählt in puncto Individualisierung (»Mach dein Ding«), Leistungslogik (»Mehr Leistung, mehr Erfolg«) und Ökonomisierung (»Leistung muss sich wieder lohnen«). Ich kann mich gut daran erinnern, mit Ausnahme meiner Familie und meines sehr politisierten Gymnasiums, diesen Leistungsgedanken als Menschenbild vielfach gehört zu haben, insbesondere auch, als ich zum Studium nach Baden-Württemberg ins »Ländle« zog, wo nicht nur in diesem Punkt andere Paradigmen als in Berlin im Vordergrund zu stehen schienen. Ich bin davon überzeugt, dass das in Westdeutschland ab den Achtzigerjahren für viele Generationen vorrangig galt und gilt. Für Ostdeutsche ist dieses Narrativ um ein Vielfaches vermehrt nach der Vereinigung 1990 erzählt worden. Und es ging weiter. Nicht nur der Spitzensteuersatz von 56 Prozent sank unter Kohl auf heute 42 beziehungsweise 45 Prozent, die

Vermögensteuer wurde ab 1997 gar nicht mehr erhoben, und Kapitalerträge werden bis heute deutlich niedriger besteuert als Erwerbseinkommen, um konkrete Folgen des Neoliberalismus hinsichtlich praktischer politischer Entscheidungen zu nennen. Der Neoliberalismus hatte sich durchdringend ausgebreitet, und eine der größten Arbeitsmarkt-Sozialreformen der letzten Jahrzehnte wurde von einer rot-grünen Regierung unter Kohls Nachfolger Gerhard Schröder umgesetzt: die Agenda 2010, im Volksmund verkürzend gleichgesetzt mit »Hartz IV«.

Das »Fördern und Fordern« von Schröders Agendapolitik entsprach einem mehrheitsfähigen Zeitgeist und erlebt eine Renaissance, verkündete doch im März 2024 die CDU, dass sie im Falle eines Wahlsieges bei der Bundestagswahl 2025 das Bürgergeld zurücknehmen und wieder mehr nach ebenjenem Prinzip gestalten wolle. Denn Neoliberalismus ist nicht nur ein volkswirtschaftliches Modell, sondern eine Denkschule mit eigenem Wertekanon und entsprechendem Menschenbild. Die Leistungsargumentation, nach der jeder und jede selbst (und im Grunde ausschließlich) seines oder ihres Glückes Schmied ist, erscheint vielen von uns deshalb so einleuchtend, weil sie so unmittelbar mit der arbeitenden Mitte der Gesellschaft verknüpft ist – also allen, die nicht überwiegend von den Erträgen ihres Vermögens leben. Wer hauptsächlich auf ein Einkommen aus Lohnarbeit angewiesen ist, auf den wirkt »Leistung« doppelt motivierend: einerseits als vermeintlicher Aufstiegsmotor, andererseits als Weg, sozialem Abstieg zu entkommen.

Zugespitzt formuliert: Armut ist neoliberalistisch argumentiert durchaus nützlich, sie ist ein gleichermaßen günstiges wie effektives und möglichst individuelles Optimierungsinstrument. Diesem Instrument strukturell zu begegnen ist aus neoliberaler Perspektive nicht zielführend. Die sozialen

Folgen werden in Kauf genommen und größtenteils ausgeblendet.

Tatsächlich sorgte Wettbewerb als Motor für Innovationen und Produktivität für wirtschaftliche Vorteile gegenüber der Planwirtschaft in kommunistischen Staaten. Der Kalte Krieg und der Kampf der Systeme prägten bis Ende der Achtzigerjahre die politische Arena. Die zunehmend ungleiche Verteilung wurde mit dem besten System der sozialen Marktwirtschaft gerechtfertigt; und zunehmende Einkommensunterschiede mit der Leistungsbehauptung legitimiert. Zudem sollte der Reichtum der wenigen mittels Trickle-down-Effekt letztlich allen zugutekommen, indem die Reichen durch ihre Unternehmen oder ihren Konsum auch für mehr Arbeitsplätze und höhere Einkommen bei den Angestellten und Arbeitern sorgen. Aus einer durchaus positiv zu bewertenden Eigenverantwortung wurde zunehmend eine latente Schuldzuweisung. Die größten Profiteure der neoliberalen Zeitenwende konzentrierten sich darauf, ihre Erzählung aufrechtzuerhalten. Sie verfolgten eine Agenda, die sich, so scheint es, weniger um demokratische und solidarische Prinzipien kümmert. Sie bilden eine eigene, transnationale Klasse, deren Kapital heute so mobil und schnell wie nie zuvor um den Erdball zirkuliert. Der bereits erwähnte *World Inequality Report* dokumentiert, wie das öffentliche Kapital weltweit seit Ende der Siebzigerjahre kontinuierlich abgenommen hat, von 28 Prozent des Nationaleinkommens in 1978 auf 4 Prozent in 2015. Im gleichen Zeitraum hat sich der Wert des privaten Nettovermögens rasant gesteigert, auf über 400 Prozent des Nationaleinkommens. Mit anderen Worten: Die Privatisierung der Gewinne hat die Machtverhältnisse zugunsten weniger verschoben.

Die Aussagekraft der Daten zu armutsbetroffenen Menschen in Deutschland unterliegt, wie oben bereits angedeutet, vor allem wegen ihrer alleinigen Konzentration auf das verfügbare Einkommen, Einschränkungen; im Vergleich zu unserem Wissen über das tatsächliche Vermögen der Reichen und Superreichen sind sie jedoch sehr gut dokumentiert. Denn während Arme nahezu alle ihre Einkünfte und ihr Vermögen im Detail nachweisen und ihre Bedürftigkeit immer wieder aufs Neue belegen müssen, ist es Reichen möglich, ihr Vermögen zu verschleiern, zu verstecken und zu verschieben. Es ist eine regelrechte Steuervermeidungsindustrie entstanden, die nichts anderes tut, als Steuerschlupflöcher aufzuspüren und für ihre Auftraggeber*innen zu nutzen. Hin und wieder decken Investigativjournalist*innen und Whistleblower*innen Informationen auf, die zumindest einen Hinweis auf das Ausmaß dieser gemeinschaftsschädigenden Praktiken geben. Ich denke da zum Beispiel an die »Panama Papers« oder die »CumEx-Files«. Aber vieles bleibt im Verborgenen, weshalb davon auszugehen ist, dass das Ausmaß der Ungleichheit noch wesentlich größer ist, als derzeit verlässlich belegt werden kann.

Der Wohlstand oder gar Reichtum weniger ist nicht nur privates Vergnügen, sondern bedeutet mehr gesellschaftlichen und auch politischen Einfluss. Politischer Wille, Ideen und letztendlich Gesetzesinitiativen entstehen nicht im luftleeren Raum. Bezeichnenderweise führt die Finanzlobby die Top 100 der deutschen Lobbyakteure an, noch vor der Autoindustrie und der Chemiebranche, wie das erst 2022 auf Bundesebene eingeführte Lobbyregister bestätigt.[13] Die zehn größten Finanzlobbyakteure unter den Top 100 im Lobbyregister haben zusammengenommen ein Budget von über 42 Millionen Euro pro Jahr. Auch die Initiative Neue Soziale Marktwirtschaft (INSM), eine vom Arbeitgeberverband Gesamtmetall gegründete Lobbyorganisation, und weitere sogenannte Pressure Groups machen sich seit Jahrzehnten für mehr Privatisierung und Deregulierung, von der Arbeitsmarkt- über die Sozial- bis hin zur Steuerpolitik, stark. Die Vermögenden lassen sich ihre »Steuergerechtigkeit« also einiges kosten – während dem »schlank« gewordenen Staat vielerorts schlicht das Personal fehlt, um für mehr Steuergerechtigkeit zu sorgen.

Das wirft die Frage auf, ob wir in der Praxis vor dem Gesetz tatsächlich alle gleich oder manche eben doch gleicher als andere sind, wie in George Orwells *Farm der Tiere* von 1945, nur eben in einer neoliberalen Denkschule. Vermögen bedeutet, mehr Möglichkeiten und größere Freiheiten zu genießen – mit gravierenden Folgen für Demokratie und sozialen Zusammenhalt. Soziale Ungleichheit wird besonders deutlich an ihren Rändern sichtbar, die uns zeigen, wohin wir uns insgesamt und alle zusammen bewegen.

… aber nicht nur auf »die da oben« zeigen

Politisches Handeln bedeutet auch die Entscheidung, etwas nicht zu tun. In den letzten Jahrzehnten wurde immer mehr soziale Ungleichheit in Deutschland zugelassen und teilweise durch neoliberale Gesetzgebung erst ermöglicht. Wir wissen außerdem, dass die größten Profiteure dieses Systems, die Reichen und Superreichen, unter denen sich auch viele für Benachteiligte und armutsbetroffene Menschen einsetzen, vielfach ihre finanzielle Macht auch in politische Einflussnahme übersetzen, um die Verhältnisse zu ihren Gunsten zu beeinflussen und zu legitimieren. Doch auch die breite Mitte der Gesellschaft ist größtenteils eher zurückhaltend in ihrem öffentlichen Engagement gegen soziale Ungleichheit und Armut.

Ich erwähnte bereits die Bauernproteste und Bahnstreiks, die im Januar 2024 die Schlagzeilen, Talkshows und privaten Gespräche im Freundes- und Bekanntenkreis vieler Menschen prägten. Und noch weitere Großdemonstrationen prägten den Winter 2024 in Deutschland: In zahlreichen Städten, von Rostock bis Rosenheim, von Gelsenkirchen bis Görlitz, gingen Zehn- und Hunderttausende Bürger*innen jeden Tag und über Wochen hinweg auf die Straße, um für unsere Demokratie und gegen die AfD zu demonstrieren, nachdem das Recherchenetzwerk Correctiv von einem Geheimtreffen in Potsdam berichtet hatte, auf dem AfD- und CDU-Politiker der Werteunion mit Neonazis, Identitären und reichen Unternehmern die Vertreibung (verharmlosend als »Remigration« bezeichnet) von Asylbewerber*innen, ausländischen Mitbürger*innen und deutschen Staatsbürger*innen mit Migrationsgeschichte diskutierten. Das weckte böse Erinnerungen an das dunkelste Kapitel der deutschen Geschichte und hatte einen großen Mobilisierungseffekt. In beinahe jeder Kommune, Stadt und Dorf gingen Menschen aus der Mitte der Gesellschaft auf die Straße. Zum Zeitpunkt, als dieser Text für den Druck freigegeben wurde, war noch nicht absehbar, wie lange diese starke Reaktion der Gesellschaft tragen würde – bei Erscheinen dieses Buches sind wir da womöglich schon schlauer, zumal dann eine Europawahl und zwei von drei Landtagswahlen im Osten Deutschlands hinter uns liegen. Der Anlass ist nicht ganz vergleichbar, aber die Reaktion darauf müsste eine ganz ähnliche sein: Auch bei sozialer Ungleichheit ist die breite Mittelschicht gefragt, für den Zusammenhalt der Gesellschaft einzustehen und Gesicht zu zeigen. Das wäre ein großartiges Signal.

Statt großer Solidarität lässt sich – neben den immer lauter und unverhohlener geäußerten menschenverachtenden Überzeugungen an den Rändern des politischen Spektrums –

in Studien belegen, dass das Abgrenzen nach unten oft dieselben Ursachen hat. Psychologisch ist das leicht nachzuvollziehen: Wir assoziieren uns selbst eher mit der nächsthöheren gesellschaftlichen Gruppe als mit derjenigen direkt unter uns. Wir orientieren uns tendenziell nach oben und schotten uns nach unten ab. Hierzu ein Beispiel: Menschen, die tolerant und sozial eingestellt sind, sich für Diversität und Vielfalt starkmachen, melden ihre eigenen Kinder mitunter lieber auf einer Schule an, auf die nicht ganz so viele Kinder aus Migrantenfamilien gehen, da sie womöglich dem Lernfortschritt der ganzen Klasse im Wege stehen könnten. Vielleicht haben wir solche oder ähnliche Gedanken sogar bei uns selbst schon beobachtet.

Wir wollen das Beste für unsere Kinder, fürchten Benachteiligungen und kennen genug Studien, die belegen, wo es sich leichter und besser lernen lässt. Einerseits gut nachvollziehbar, andererseits aber viel weniger solidarisch als vermutlich selbst wahrgenommen. Dabei besteht die beste Lösung für alle nicht darin, dass jede*r selbst schaut, wo er oder sie beziehungsweise das eigene Kind bleibt – sondern in einer besseren Frühförderung, in personell und materiell besser ausgestatteten Schulen, in einem besseren Mit- statt noch mehr Gegeneinander. Wir kommen gleich im nächsten Kapitel noch dazu, hier geht es mir zunächst noch einmal darum, dass wir ehrlich mit uns und anderen sind und erkennen, dass unser Erfolgsrezept häufig in der bestmöglichen individuellen Lösung liegt, die auf einem mangelnden gesellschaftlichen Zusammenhalt und Rahmenbedingungen, die solidarisches Handeln des Einzelnen überhaupt ermöglichen, aufsetzt. Wir müssen uns bewusst machen, wie sehr wir das Wettbewerbs- und Konkurrenzdenken bis in jeden Lebensbereich hinein verinnerlicht haben. Absurderweise wird diese Reaktion des sozialen Abgrenzens nach unten besonders stark getriggert, wenn wir am eigenen Leib erfahren, dass Chancengleichheit, Leistungsgerechtigkeit und das Aufstiegsversprechen nicht funktionieren. Wenn sich angesichts steigender Preise Unwohlsein breitmacht, ob Leistung wirklich vor Armut schützt. Also gerade dann, wenn wir selbst mehr Gerechtigkeit einfordern.

Aus dieser neoliberalen Denkweise und dem damit verbundenen Menschenbild auszubrechen ist schwer; aber machbar. Denn wir sind nicht allein, sondern sehr viele, auch wenn die viel zitierte »Mitte der Gesellschaft« längst nicht homogen ist. Und darum geht es auch nicht, denn weder macht das die Mitte der Gesellschaft wesentlich kleiner, noch entbindet es sie von ihrer gesellschaftlichen Verantwortung. Im Gegenteil: Es sollte sie noch mehr zusammenschweißen. Es sollte *uns alle* noch mehr zusammenschweißen.

Zwei Punkte möchte ich daher abschließend noch einmal herausstellen. Erstens: Armut in Deutschland ist deshalb ein so großes Problem, weil es ein *strukturelles Problem* ist, es wird durch politische Entscheidungen mitverursacht. Natürlich wird es immer Menschen geben, die aufgrund von Krankheiten, Trennungen, Burn-outs und weiteren Gründen in die Armut rutschen und auf Hilfe und Unterstützung angewiesen sind. Aber das erklärt nicht, weshalb jede*r sechste Einwohner*in dieses Landes armutsgefährdet ist.

Und zweitens: Das Armutsproblem ist ein *Gesellschaftsproblem*. Es betrifft nicht »nur« die 14,1 Millionen Menschen, die direkt betroffen sind. Zu starke Ungleichheiten, wirtschaftliche wie soziokulturelle, schaden uns allen. Die Wirksamkeit unserer Zivilgesellschaft zeigt sich auf vielerlei Weise, gemessen werden sollte sie aber daran, wie mit ihren vulnerabelsten Mitgliedern umgegangen wird. Die einen sagen, das sind die Kinder, die anderen sagen, das sind die Alten, und wieder andere, Menschen, die zu uns flüchten. Ihnen allen ist eines gemeinsam, denn alle genannten gehören zu den am meisten von Armut betroffenen Gruppen, und ich möchte auch keine entkräften, sondern sie vielmehr miteinander verbinden und nicht gegeneinander ausspielen. Wenn wir die soziale Ungleichheit in unserem Land reduzieren, indem wir mittel- und langfristig mehr Menschen aus der Armut helfen – ganz gleich, ob nun armutsbetroffene Kinder, Familien, Alte, Kranke, Menschen mit Migrationsgeschichte oder andere –, wird das auch den gesellschaftlichen Zusammenhalt stärken. Es wird Zeit, einen schon viel zu lange währenden Teufelskreis zu durchbrechen und einen Engelskreis auszulösen – mit mehr Ehrlichkeit und mit einem solidarischeren Menschenbild.

Kapitel 2

Arm und (allein-)erziehend – Kinderarmut und Chancengerechtigkeit

Ärmel hochgekrempelt und los. Die Tafeln sind Orte, die von jeher in der Praxis verortet sind und bis heute mit einer großen Portion Pragmatismus nach einfachen, naheliegenden, machbaren Lösungen suchen. So wie schon die Grundidee vor über dreißig Jahren: Zwischen überschüssigen Lebensmitteln und deren Verschwendung auf der einen Seite und einem Mangel auf der anderen ist eine große, ungerechte Lücke – lasst uns versuchen, sie zumindest ein Stück weit zu schließen. Im Zentrum der Tafel-Arbeit stehen neben dem Retten, Sortieren und Verteilen von Obst, Gemüse und Brot aber vor allem Menschen. Ich selbst stehe ja nicht in einer Ausgabestelle, aber meine größte Motivation sind genau diese Menschen, die in einer Tafel aufeinandertreffen: unsere Helfer*innen und unsere Kund:innen, die durch unsere Arbeit in ihrem Alltag unterstützt werden. Und hier sehe ich auch die Kernaufgabe: Menschen zusammenzubringen.

Einer dieser pragmatischen Ansätze in den Tafeln hat daher auch gar nichts mit Lebensmitteln zu tun. Denn die wachsende Ungleichheit zeigt sich in Deutschland oft weniger als ein Mangel an Nahrung. Sie zeigt sich als ein Mangel an sozialer Teilhabe und an Verwirklichungschancen. Entscheidend ist jedoch, den Mangel an qualitativen und gesunden Lebensmitteln (Ernährungsarmut) nicht gegen den Mangel an Chancengerechtigkeit auszuspielen oder diese überhaupt als Gegensätze zu sehen, denn in den meisten Fällen treffen sie Menschen doppelt. Viel wichtiger ist mir die Tatsache, dass soziale Ungleichheit und mit ihr die strukturelle Benachteiligung schon früh im Leben beginnt und sich vor allem in nicht vorhandener Bildungsgerechtigkeit in unserem Schulsystem manifestiert.

Dem versucht die Tafel Offenburg ein Stück weit entgegenzuwirken, und ihr Nachhilfeangebot hat sich seit 2011 zu einer festen Institution entwickelt. Hier bekommen aktuell 46 Schüler*innen von der ersten Klasse bis zum Abiturjahrgang in fast allen Unterrichtsfächern Unterstützung, die sie beziehungsweise ihre Eltern sich nicht leisten können. So etwas ist nur möglich, wenn sich Menschen vor Ort gezielt und zusätzlich dafür engagieren. Es geht *um* Menschen, es geht aber auch nur *mit* Menschen. In Offenburg sind das in erster Linie ehemalige Lehrer*innen, aber auch Student*innen oder ältere Schüler*innen, die in der Regel in einem wöchentlichen Rhythmus Nachhilfe anbieten. Seit 2014 stehen dafür dank einem Unterstützer eigene Räumlichkeiten mietfrei zur Verfügung. Spartanisch, aber funktionell mit ausrangierten Möbeln von der örtlichen Sparkasse und vom Turnverein ausgestattet. Davor fand der Einzelunterricht ausschließlich zu Hause statt. Ähnlich wie bei der Lebensmittelausgabe wird dafür ein symbolischer Preis fällig, die vier Stunden im Monat kosten fünf Euro. Außerdem gibt es jeden Mittwoch von 16 bis 18 Uhr »Sprechstunden«, denn gerade der Spracherwerb stellt für den Einstieg in die Schule oftmals eine große Hürde dar, nicht nur im Fach Deutsch.

Es gibt etliche solcher Beispiele, nicht nur in Offenburg, und natürlich gibt es sie auch jenseits der Tafeln. Auch wenn ich das Angebot toll finde und mir wünsche, dass es so viele Nachahmer wie nur möglich findet, möchte ich hier auf ein Phänomen hinweisen, das sich überall in unserer Gesellschaft finden lässt: Hilfe hat sich vielerorts in eine kostenpflichtige Dienstleistung verwandelt. Natürlich gibt es auch heute noch Freunde oder Nachbarinnen, die einfach so helfen, und schließlich sind auch die ehrenamtlichen Helfer*innen der Tafel der beste Gegenbeweis. Aber die Tendenz ist eindeutig. Nachhilfe ist beispielsweise ein Geschäft geworden, ein Markt, der in der Regel Menschen ausgrenzt, deren Budget zu klein ist oder die gar nicht wissen, welche Möglichkeiten auch für sie existieren. Was die Tafel in Offenburg mit ihrem Nachhilfeangebot eigentlich leistet, geht daher auch weit über die nächste Note oder das nächste Zeugnis hinaus. Sie bietet einen Raum, in dem Kinder und Jugendliche neben Deutsch und Mathematik fürs Leben lernen, neue Perspektiven entdecken, Selbstwirksamkeit entwickeln, ihre Persönlichkeit stärken, auf Mentor*innen treffen, die Rat geben und Inspiration sein können. Das pragmatische Zauberwort heißt »niedrigschwellig«. Nah am Menschen, direkt vor Ort, ohne bürokratische Hürden und fern jeder Renditeerwartung für die Menschen, die zur Tafel kommen und die hier neben Lebensmitteln eine echte Möglichkeit zu mehr Chancengerechtigkeit erhalten, die sie nicht erst im Dschungel von Angeboten entdecken müssen.

Ich möchte Sie wieder bitten, einen Schritt zurückzutreten und Kinderarmut in einer ganzheitlichen Dimension zu betrachten. Tatsächlich hat nämlich gerade Armut von Kindern enorme zeitliche und räumliche Dimensionen. Die zeitliche haben wir bereits kurz gestreift, denn die Benachteiligung fängt an, noch bevor es den Betroffenen überhaupt bewusst sein kann – bei oder schon vor der Geburt. Kinder haben selbst keinerlei Einfluss darauf, tragen aber von Anfang an sämtliche Konsequenzen. Die zeitliche Dimension ist aber auch deshalb so gewaltig, weil sich Kinderarmut genau genommen nicht auf die Kindheit beschränkt, sondern häufig auf das ganze Leben auswirkt: auf Bildung (oder zumindest Chancen darauf), Erwerbstätigkeit und spätere Rentenansprüche, aber auch auf Ernährung, Gesundheit und Lebenserwartung – auf die maximale zeitliche Ausdehnung eines Menschenlebens und bis in jeden Winkel hinein.

Die räumliche Dimension wiederum zeigt sich in der Praxis in einem sparsam mit gebrauchten Möbeln eingerichteten Zimmer in einem Offenburger Verwaltungsgebäude, meint in Bezug auf Kinderarmut aber vor allem die verschlossenen Türen, vor denen armutsbetroffene Kinder stehen, weil sich ihre Eltern beispielsweise Eintrittspreise nicht leisten können. Fürs Kino, Theater, Museum, für den Schulausflug, das ÖPNV-Ticket, die Kinderfreizeit oder auch für den Hörsaal, denn ein Studium ist häufig das Ticket in eine andere Umgebung hin zu mehr Teilhabechancen. Die Welt armutsbetroffener Kinder ist nicht nur im übertragenen Sinn sehr viel kleiner, sondern tatsächlich auch physisch. Ihnen bleiben oft Zugänge verwehrt, die allen anderen selbstverständlich offenstehen.

Bei den Kindern anzusetzen bedeutet auch eine der großen Chancen auf eine langfristige Veränderung der Armutsgefährdungsquoten in unserem Land. Und bei wenigen Themen herrscht vordergründig so viel Einigkeit wie bei Kindern. Arme und Reiche, Politik und Wirtschaft, Medien und Öffentlichkeit – alle betonen, dass Kinder unsere Zukunft sind. Aber wie kann es dann sein, dass bei so viel Einigkeit mehr als jedes fünfte Kind in Deutschland armutsbetroffen oder -gefährdet ist?

Die erste Antwort ist wahrscheinlich so banal wie erschreckend: Arme Kinder gibt es im Grunde genommen gar nicht, es gibt nur Kinder von armutsbetroffenen Eltern. Oder anders formuliert: Kinder sind arm, und zwar *nur dann* arm, wenn ihre Eltern arm sind beziehungsweise der Elternteil, bei dem sie aufwachsen. Womit wir wieder beim Nettoäquivalenzeinkommen und den 60 Prozent des Medians wären, der Armutsgefährdungsgrenze. Denn offiziell bemisst sich Armut auch für Kinder über das gewichtete Haushaltseinkommen. Das hat jedoch auch zur Folge, dass ein Kind reicher Eltern selbst dann nicht als armutsgefährdet gelten würde, wenn es arm an Zuwendung und Zeit wäre, was in einem erweiterten Armutsbegriff auch eine nicht zu unterschätzende Dimension in Bezug auf ein gelingendes Leben einnimmt. Um Kinderarmut zu beheben oder zu bekämpfen, müssten wir den Eltern aus der Armut oder Armutsgefährdung helfen. Und schon ist die Einigkeit nicht mehr so groß wie noch vor ein paar Zeilen.

Je nachdem, wie Armut definiert wird, sehen Zahlen und Fakten zur Kinderarmut teilweise recht unterschiedlich aus. Laut UNICEF, dem Kinderhilfswerk der Vereinten Nationen, sind in Deutschland aktuell 1,3 Millionen Kinder dauerhaft von Armut betroffen.[1] Der Paritätische gibt für 2021 die bereits genannten 21,3 Prozent armutsgefährdete Kinder an, die Bertelsmann Stiftung nennt für 2022 schon 21,6 Prozent oder drei Millionen armutsgefährdete Kinder, und das Bundesfamilienministerium rechnet damit, dass 5,6 Millionen Kinder und Jugendliche Anspruch auf die für 2025 geplante Kindergrundsicherung haben werden. Aller Unterschiedlichkeit zum Trotz sind die Zahlen und Daten seit Jahren auf einem konstant hohen Niveau. Dabei ist jedes dieser Kinder – ob nun dauerhaft von Armut betroffen, gefährdet oder möglicherweise mit Anspruch auf Kindergrundsicherung – ein armes Kind zu viel.

Betroffen sind vor allem Kinder von Alleinerziehenden und Familien mit drei und mehr Kindern. 42,3 Prozent aller Alleinerziehendenhaushalte fallen unter die Armutsgefährdungsgrenze. Rein statistisch betrachtet kommt eine Trennung mit Kind(ern) schon einem Münzwurf gleich (mancherorts, in Bremen zum Beispiel, liegt das Armutsrisiko Alleinerziehender schon deutlich über 50 Prozent). Bei Haushalten mit zwei Erwachsenen und drei oder mehr Kindern sieht es ähnlich beunruhigend aus: Mit 32,3 Prozent ist fast jeder dritte von ihnen armutsgefährdet. Bis auf das Familienmodell »Zwei Erwachsene mit einem Kind« schneiden alle Haushaltstypen *mit* Kind deutlich schlechter ab als ohne. Kurz zusammengefasst: Kinder erhöhen das Armutsrisiko in Deutschland deutlich. Wenn der Begriff »Armutszeugnis« irgendwo passt, dann hier.

Wo geht es los?

Der Blick auf die Gesamtbevölkerung nach Altersgruppen zeichnet folgendes Bild: Das höchste Armutsrisiko haben junge Erwachsene zwischen 18 und 24 Jahren: Über 1,5 Millionen Personen oder 25,8 Prozent dieser Altersgruppe sind armutsgefährdet, also mehr als jede*r Vierte. Das hängt mit niedrigen Ausbildungsgehältern oder geringen Einkommen während des Studiums zusammen. Anhand dieser Altersgruppe lassen sich zwei Beobachtungen näher beleuchten: Zum einen kamen insbesondere aufgrund der enormen Preissteigerungen und des angespannten Wohnungsmarktes der letzten Jahre auch vermehrt junge Erwachsene und Studierende zur Tafel, weil das Geld nicht mehr reichte und sie ihren Lebensunterhalt nicht mehr bestreiten konnten. Zum anderen merken wir bei diesem Phänomen, mit welch unterschiedlichen Blicken und Stereotypen wir auf Armut schauen, denn Tafeln werden in der medialen Berichterstattung nahezu nie nach dieser Gruppe gefragt. In der öffentlichen

Wahrnehmung herrscht meinem Eindruck nach ein Bild von Armut vor, das Auszubildende und Studierende nicht einschließt. Denn auch wenn die Armutsquote in dieser Altersgruppe am höchsten ist, geht es hier um wirkliche materielle Armut und weniger um den Mangel an Chancen und sozialer Teilhabe. Darüber hinaus ist die Ausbildung auch mit der Verheißung auf ein Leben, das vermutlich nicht in Armut stattfindet, verbunden. Und trotzdem gibt es sie: die umfassende Armut, so möchte ich sie einmal nennen.

In dieser Altersgruppe zwischen 18 und 24 Jahren sind nämlich nicht nur Auszubildende und Studierende. Das besonders hohe Armutsrisiko erklärt sich auch durch die Zahl der gering qualifizierten Jugendlichen oder mit den rund 50000 Jugendlichen, die Jahr für Jahr ohne Abschluss die Schule verlassen. SPD-Arbeitsminister Hubertus Heil weist regelmäßig darauf hin, dass zwei Drittel der rund 900000 Langzeitarbeitslosen keine abgeschlossene Berufsausbildung haben, also nicht im Besitz des Schlüssels sind, der den Zugang zu einer gut bezahlten Arbeit ermöglicht. Für sie bleibt, wenn überhaupt, oft nur ein Einstieg im Niedriglohnsektor, der zwar Arbeit, aber selten ein Entkommen aus der Armutsgefährdung verspricht. Sie sind ein Beleg dafür, wie soziale Herkunft von Generation zu Generation »weitervererbt« werden kann, und auch die Reichen können immer reicher werden, allein schon, weil ihr tatsächlich weitervererbtes Vermögen häufig auch bei dem Erwerb guter Bildung hilft. Kurz gesagt: Nicht die Gnade der »späten«, sondern die Gnade der »reichen« Geburt bedeutet Privilegien, die soziale Ungleichheit weiter wachsen lassen. Um daran etwas zu ändern, muss der Staat und die Gesellschaft viel früher ansetzen. Denn in der Tat ist eine fehlende oder geringe Qualifikation ja bereits eine Folge oder ein (Zwischen-)Ergebnis mangelnder Chancengerechtigkeit von Geburt an.

Ende 2023 wurde die letzte PISA-Studie veröffentlicht. Diese Studie der OECD, an der weltweit knapp 700000 Schüler*innen im Alter von fünfzehn Jahren teilnahmen, sorgte hierzulande zum wiederholten Male für den »PISA-Schock«, wenngleich er viele Eltern schulpflichtiger Kinder kaum überrascht haben dürfte. Schon in den letzten Jahrzehnten war klar geworden, dass Deutschland in den Kategorien Lesekompetenz, Mathematik und Naturwissenschaften nur noch Mittelmaß ist und mit den Ergebnissen aus Singapur, Japan oder Südkorea nicht Schritt halten kann, auch wenn das am Selbstverständnis unserer Leistungsgesellschaft kratzt. Schmerzhafter ist jedoch der Befund, dass die 2022 gemessenen Ergebnisse in Mathematik und beim Lesen gegenüber denen von 2018 einen Leistungseinbruch zeigen, der von den Studienautor*innen als Rückstand eines ganzen Schuljahres interpretiert wird. Ein Grund ist die Coronapandemie mit all ihren Konsequenzen. Die Forscher*innen nennen aber auch den gestiegenen Anteil an Migranten aus »bildungsfernen« Schichten als weiteren Faktor. In meinen Augen mindestens genauso aufschlussreich war jedoch ein dritter Faktor: der große Abstand der gemessenen Leistungen zwischen Jugendlichen aus benachteiligten und jenen aus privilegierten Familien im Fach Mathematik, der mehr noch als die schwächelnde Lesekompetenz deutlich machte, wie weit wir uns vom Ideal der Chancengleichheit entfernt haben.

Während die PISA-Studien jedoch ein relativ spätes Zwischenergebnis bei den fünfzehnjährigen Jugendlichen liefern, das für die jeweiligen Jahrgänge nur mit großem Aufwand noch korrigiert werden könnte, erhalten anders erbrachte oder zumindest gemessene Leistungen mit einem Abschlusszeugnis Brief und Siegel. Wer sich damit auf einen Ausbildungs- oder Studienplatz bewirbt, hat nun Schwarz auf

Weiß, wo er oder sie steht. Hier wird soziale Ungleichheit legitimiert.

Wenn das Armutsrisiko eines Menschen jedoch überwiegend vom eigenen Erwerbseinkommen abhängt und die Chancen auf dem Arbeitsmarkt wiederum vom eigenen Bildungsabschluss, ist der Hebel für echte Chancengerechtigkeit und weniger soziale Ungleichheit unser Schul- beziehungsweise Bildungssystem. Die Schule ist buchstäblich fast der *einzige* Ort, an dem aufgrund der allgemeinen Schulpflicht alle Teile der Gesellschaft zusammentreffen. Zumindest theoretisch drängt sie sich als idealer Ort zur Bekämpfung sozialer Ungleichheit auf. Während über Steuer- und Sozialpolitik erst sehr viel später im Leben eingegriffen werden kann, bietet die Bildungsinstitution Schule zudem den Vorteil, viel früher und auch direkt bei den Kindern ansetzen zu können. Wenn jedes Kind in unserem Land, unabhängig von Geschlecht, Hautfarbe, Herkunft, Glaube und Wohlstand etc., gleichen Zugang zu Bildung, also der Möglichkeit zur Verwirklichung von Lebenschancen, bekommen soll, dann an dem Ort, an dem grundlegende Kompetenzen in den unterschiedlichsten Disziplinen entwickelt werden. Leider entpuppt sich das aktuelle Schulsystem als ein Ort, der einem derart fairen Bildungsversprechen oder -ideal nicht gerecht wird.

Im Kern liegt das daran, dass wir das Leistungsprinzip eindeutig über die Verteilungsgerechtigkeit stellen und gleichzeitig vernachlässigen, wie die Leistungen beziehungsweise die ungleichen Startchancen überhaupt zustande kommen. Auch hier schimmert wieder ein neoliberal dominiertes Welt- und Menschenbild durch. Es wäre jedoch falsch, daraus abzuleiten, den Leistungsgedanken am besten gänzlich vom Schulgelände zu verbannen. Sich anzustrengen, Neues zu lernen, sich in eine Aufgabe zu vertiefen, auch wenn das am Anfang schwerfällt, sich mit anderen zu messen und in einem Wettbewerb zu stehen – all das sind wichtige Erfahrungen für Kinder und Kernkompetenzen für ein späteres erfolgreiches (Berufs-)Leben. Was ich als Mutter von drei Kindern aus nächster Nähe miterlebe, ist jedoch schon sehr früh ein enormer Leistungsdruck, eine Fokussierung auf Fehler statt auf Erfolge, ein Lernen, das nicht auf die Anforderungen der zukünftigen Gesellschaft und des Arbeitsmarktes ausgerichtet ist, und ein hoher Anspruch auf Mitwirkung des Elternhauses, auch bei leistungsstarken Kindern.

Was kann Bildung und was nicht?

Machen wir doch noch einmal eine kleine Zeitreise zurück ins Jahr 1969 zu Willy Brandt. In seiner Regierungserklärung fiel damals nicht nur sein berühmter Satz: »Wir wollen mehr Demokratie wagen«, sondern auch ein weniger berühmter, aber nicht minder bemerkenswerter zum Thema Bildung: »Die Schule der Nation ist die Schule.« Bemerkenswert ist dieser Satz nicht nur, weil er eine Antwort auf eine schon damals prognostizierte »Bildungskatastrophe« war, sondern auch die Tragweite bewusst machte, die eine zu große Ungleichverteilung von Bildung mit sich bringt. Brandts Satz signalisierte: Wir erkennen die Bedeutung von Bildung für die Zukunft unseres Landes. Gleichzeitig war er der Start einer weitreichenden Bildungsreform.

Damals jedoch mit dem Schwerpunkt einer Bildungsexpansion, da in den Sechzigerjahren nur 5 Prozent aller Schüler*innen Abitur machten; im Übrigen mit einem verschwindend kleinen Bruchteil an Arbeiterkindern, etwa 6 Prozent dieser 5 Prozent. Es fehlten höher qualifizierte Fachkräfte, und mehr Bildung in der Breite war der Schlüssel. Es wurden neue Hochschulen gegründet, erste Gesamtschulen, und mehr Schüler*innen wurden aufs Gymnasium gebracht.

Und dies mit großem Erfolg: Heute verlässt jede*r zweite Schüler*in mit dem Abitur die Schule. Das Bildungsniveau der Bevölkerung ist, zumindest gemessen an der Zahl und Art der Abschlüsse, seit den Sechzigerjahren massiv gestiegen. Aber: Je mehr Schüler*innen Abitur machen, desto weniger ist es nach allgemeiner Auffassung der meisten Wissenschaftler*innen wert. Das bedeutet in der Konsequenz, dass sich auch vermehrt Abiturient*innen auf Ausbildungsberufe bewerben, die früher den weniger hoch qualifizierten Abschlüssen vorbehalten waren, und in der Folge Menschen mit diesen Abschlüssen, die überdurchschnittlich häufig aus weniger wohlhabenden Familien stammen, weniger Chancen auf einen guten Ausbildungsplatz und eine weitere Qualifikation eingeräumt wird.

Wir stehen nicht nur aus diesem Grund heute vor anderen Herausforderungen als damals. Weitere sind für jede*n sichtbar, etwa daran, dass viele Schulen ganz einfach heruntergewirtschaftet sind: kaputte Toiletten, undichte Sporthallendächer, marode Klassenzimmer. Aus eigenem Erleben kann ich berichten, dass in einem der reichsten Länder der Erde Erzieher*innen für die Bestückung der Horträume bei den Eltern um ausrangiertes Spielzeug und Beschäftigungsmöglichkeiten bitten; dass Lehrer*innenzimmer so schlecht ausgestattet sind, dass sie sich über 250 Kugelschreiber freuen, die von Eltern vorbeigebracht werden; dass zwei Grundschulklassen mit jeweils 26 Schüler*innen in einer halb so großen Turnhalle wie üblich zusammen Sportunterricht haben oder Toiletten, die niemand freiwillig benutzen würde, ohne Papier ausgestattet werden, weil damit laut Aussage der Schule zu viel Quatsch gemacht würde. Es fehlt an Lehrkräften, was überfüllte Klassen und Unterrichtsausfall zur Folge hat, der nicht aufgeholt wird, weil er aktuell nicht aufgeholt werden *kann*. 40 Prozent aller Grundschüler*innen haben darüber hinaus heute einen Migrationshintergrund, in Ballungsräumen ist es bereits mehr als jede*r zweite. Im Jahr 2000 lag der Anteil noch bei 22 Prozent. Damals wurde das noch »Multikulti« genannt, heute ist von Superdiversität die Rede, wenn in Grundschulen neben Deutsch nicht nur Türkisch, Italienisch und Griechisch sowie weitere zwanzig Sprachen gesprochen werden. Die Integrationsleistung, die heute von Schulen und insbesondere von den Lehrer*innen gefordert wird, ist um ein Vielfaches gestiegen.

Dazu kommt: Die soziale Mobilität stagniert, und der Glaube, dass es die nächste Generation einmal besser haben wird, erodiert. Es gibt sie zwar noch, die Bildungsaufsteiger*innen, aber sie sind zu Ausnahmen geworden, die die Regel bestätigen. Und die lautet: Soziale Ungleichheit hat sich verfestigt, denn der Bildungserfolg hängt in wenigen Ländern so stark von der sozialen Herkunft ab wie in Deutschland. Von 100 Kindern aus Akademikerhaushalten beginnen 74 ein Studium, aus Arbeiterhaushalten sind es nur 21. Ein Ungleichgewicht, das mit Blick auf höhere Bildungsqualifikationen weiter zunimmt: Viermal mehr Akademikerkinder schließen das Bachelorstudium ab, sechsmal mehr ein Masterstudium und zehnmal mehr eine Promotion. Soziale Mobilität in Deutschland ist in Bezug auf das spätere Einkommen vergleichbar mit der in den Vereinigten Staaten und eine der geringsten in Europa.[2]

Das hat aus meiner Sicht zwei Hauptgründe. Viele Kinder kommen trotz eines Schulsystems, das in vielen Teilen nicht oder zu wenig auf die Anforderungen einer modernen und digitalen Gesellschaft vorbereitet, weiterhin gut zurecht. Aber wenn Unterstützung notwendig ist, hängt in Deutschland zu viel am Elternhaus und an der sozialen Herkunft. Vielen armutsbetroffenen Eltern fehlt es selbst an Bildung, und sie verfügen ja gerade über keine Ressourcen, auf die zurückgegriffen werden kann, um dies auszugleichen. So großartig Nachhilfeangebote wie das in Offenburg auch sind, da sie für einzelne Schüler*innen einen großen Unterschied machen können – an der strukturellen Schieflage ändert es so gut wie nichts. Und diese strukturelle Schieflage zeigen auch die Aussagen vieler Lehrer*innen, sie würden mehr und mehr Erziehungsthemen übernehmen, die nicht mehr im Elternhaus vermittelt würden, weshalb ihnen dann Zeit für die eigentliche Wissensvermittlung fehle. Gleichzeitig beobachte ich, dass in den Elternhäusern viel von dem übernommen wird, was früher in der Schule geleistet wurde (auch mit der Forderung der Schule, dies zu tun), dass hier eine Verschiebung stattgefunden hat, die es dringend zu korrigieren gilt. Das kann nur geschehen, wenn wir miteinander darüber sprechen, was Schule in unserer Gesellschaft sein soll und wie man alle Beteiligten in sich verändernden Funktionen unterstützen kann.

Ein weiterer Grund ist, dass in wenigen Ländern Kinder so früh in ihrer Schullaufbahn sortiert werden wie bei uns. Mit Ausnahme von Berlin und Brandenburg werden überall in Deutschland die Kinder nach vier Jahren Grundschule auf weiterführende Schulen geschickt. Gerade armutsbetroffene Kinder werden an dieser wichtigen Schwelle immer wieder benachteiligt. In der Institution, in der nach immer noch weitverbreiteter Vorstellung allein die Leistung (in Form von Noten) zählt, bekommen laut Studien besser situierte Kinder öfter die Empfehlung fürs Gymnasium als Kinder aus ärmeren Haushalten, und das bei gleicher Leistung. Vielleicht liegt es auch daran, dass die meisten Lehrkräfte selbst keine Erfahrungen mit Armut und/oder Ausgrenzung gemacht haben, es ist bei ihnen jedoch viel eher von aufrichtiger Sorge im Wissen um den Leistungsdruck, der an Gymnasien herrscht, und die entsprechenden Anforderungen auch an die Eltern auszugehen. Dennoch ist unser Schulsystem an dieser frühen Stelle auch anfällig für Vorurteile, Klassismus, Diskriminierung, bis hin zu institutionalisiertem Rassismus. Unser Bildungssystem sorgt hier nicht für mehr, sondern für weniger Chancengerechtigkeit. Dass die Finanzierung pro Schüler*in im OECD-Vergleich nur Mittelmaß ist und erst in der gymnasialen Oberstufe deutlich besser wird, steigert diese Ungerechtigkeiten weiter und wird zu Recht von den Schulen und Bildungsinstitutionen angemahnt. Davon profitieren überwiegend diejenigen, die es vorher schon leichter hatten.

Flächendeckende *echte* Ganztagsschulen könnten hier eine Lösung sein. Viel zu oft haben wir jedoch die Form einer »Halbtagsschule mit Nachmittagsaufsicht«. Der Hort ist an die Schulstunden »rangeklatscht«. Es findet eine Betreuung statt, die auch häufig bis 18 Uhr angeboten wird, aber zum einen ist der tägliche Ablauf zuvor in der Schule zeitlich oft wie vor dreißig Jahren aufgebaut, und zum anderen ist die Hortbetreuung im Anschluss häufig eine »Aufbewahrung«. Mehr als einmal habe ich gehört: Die Kinder *können* auch Hausaufgaben machen. Bedeutet im Klartext: Die Kinder haben, wenn sie abgeholt werden, zusätzlich zu möglichen Freizeitaktivitäten auch noch alle Hausaufgaben (mit Unterstützung der Eltern) zu machen. Dabei könnte gerade am Nachmittag in der Schule all das auf dem Programm stehen, was soziokulturelle Teilhabe ausmacht: Musik- und Kunstunterricht, Ernährungs- und Gesundheitsförderung, Natur- und Garten-, Technik- und Handwerksprojekte, Sporttraining, das über ortsansässige Vereine auch Einblicke in ehrenamtliches Engagement in die Schulen mit hereinholen beziehungsweise Vereine und Schulen besser verbinden könnte, und sei es nur im Hinblick auf sinnvoll abgestimmte Trainingszeiten. Dafür brauchte es Sozialpädagog*innen, Psycholog*innen, Sozialarbeiter*innen, Logopäd*innen, generell mehr Unterstützung und die finanziellen Voraussetzungen, auch gezielt für Kinder aus prekären Verhältnissen. Die Folgekosten, die uns alle erwarten, wenn wir alles so lassen, wie es ist, werden um ein Vielfaches höher liegen. All diese Ideen würden nicht nur die soziale Ungleichheit nivellieren. Ich bin davon überzeugt, dass nicht nur die bisher benachteiligten, sondern *alle* Kinder und unsere Gesellschaft als Ganzes davon profitieren würden.

Und das Thema Digitalisierung muss an unseren Schulen dringend ausgebaut werden: Neue Formen der Team- und Zusammenarbeit, Umgang mit dem Computer, Zehnfingerschreiben etc. müssen einen angemessenen Raum in unserem öffentlichen Schulsystem erhalten. Der Umgang mit Fake News, mit Verschwörungstheorien, mit rechtsextremer Propaganda, mit Onlinewerbung sind weitere Beispiele dafür, welche Inhalte in der Schule zu wenig vermittelt werden. Die Fahrradprüfung muss in Anwesenheit der Polizei abgelegt und mindestens sechs Stempel müssen zuvor in der ansässigen Verkehrsschule teilweise mithilfe privater nachmittäglicher Elterntaxis gesammelt werden, aber Präventionsworkshops bezüglich Gewalt und pornografischer Inhalte im Netz werden zu wenig, zu spät und mit deutlich weniger Zeit im Schulalltag eingeplant. Auch hierfür brauchte es extra Personal und Kapazitäten, damit Lehrer*innen sich wieder mehr auf ihren Hauptjob konzentrieren können: guten Unterricht zu bieten.

Ein zweiter Schritt hängt eng mit dem Auf- und Ausbau echter Ganztagsschulen zusammen: Alle weiterführenden Schulen bauen auf den Grundschulen und dem Wissen und den Lernkompetenzen auf, die hier vermittelt werden. Was hier an Chancen verpasst wird, lässt sich nur mühsam wieder aufholen. Und wird bisher häufig wiederum als individuelle und nicht als gesellschaftliche Aufgabe gesehen und ins Private verschoben. Um Talente und Fähigkeiten entdecken und entwickeln zu können, braucht es gerade für benachteiligte Kinder mehr Zeit. Ich würde es daher generell begrüßen, wenn alle Bundesländer auf eine sechsjährige Grundschule umstellen würden – auch diejenigen, die diese Debatte schon einmal geführt und sich anders entschieden haben. Selbstverständlich muss die Grundschule dann auch auf die Bedürfnisse »älterer« Schüler*innen ausgerichtet sein und nicht nur eine »Töpfer AG« anbieten – ein wenig überspitzt formuliert, aber als eigene Erfahrung des Nichtangebots für ältere Grundschüler*innen erlebt. Gründe für eine Grundschule von sechs Jahren und eine weniger frühe Aufteilung liegen in der heutigen Superdiversität und dem viel zu früh einsetzenden Selektionsdruck, der weder leistungsgerecht ist noch dazu beiträgt, vorhandene Talente und Ressourcen bestmöglich zu fördern. In Kombination mit einem stark ausgebauten Ganztagesangebot könnte eine sechsjährige Grundschulzeit auch ein wichtiger (und langfristig sogar preiswerterer) Baustein in der Integrationspolitik sein. Denn mehr noch als der ethnisch-kulturelle Aspekt sind die soziale Herkunft, das Bildungsniveau der Eltern und die Klassenzugehörigkeit laut zahlreicher Studien Einflussfaktoren auf die Schul- und Berufslaufbahn von Kindern.[3]

Im aktuellsten »Chancenmonitor« des ifo Instituts ist von einem »frappierenden Ausmaß« an Ungleichheit in den Bildungschancen die Rede.[4] Der Soziologe Aladin El-Mafaalani hat ein gleichermaßen erhellendes wie ernüchterndes Buch über den *Mythos Bildung* geschrieben und forderte im Dezember 2023 in einem *Stern*-Interview ein Sondervermögen für Bildung von 100 Milliarden Euro, wobei es eher um einen

Weckruf als eine konkrete Summe ging.[5] Auch Anna Mayr sagt, dass Bildung als Lösung für mehr Chancengleichheit nur ein Mythos ist, der in der Praxis nicht gehalten wird. Die *Zeit*-Redakteurin weiß als Kind von langzeitarbeitslosen Eltern aus eigener Erfahrung, wie sich Benachteiligung aufgrund sozialer Herkunft anfühlt.[6]

Das Startchancen-Programm als Lösung?

Im Schuljahr 2024/25, zeitgleich mit Erscheinen dieses Buches, soll einiges anders werden. Das Bundesbildungsministerium plant gemeinsam mit den Ländern laut eigener Aussage das größte Bildungsprogramm der Geschichte der Bundesrepublik Deutschland: das Startchancen-Programm. Über den Zeitraum von zehn Jahren will der Bund hierfür den Ländern bis zu eine Milliarde Euro jährlich zur Verfügung stellen, die ihrerseits die gleiche Summe dazugeben – Bildung ist Ländersache. Verwendet werden soll das Geld, um 4000 allgemeinbildende und berufliche Schulen »mit einem hohen Anteil sozial benachteiligter Schülerinnen und Schüler« zu fördern. Es geht also gezielt um Schulen in sogenannten Brennpunktvierteln. Das formulierte Ziel lautet: »Bis zum Ende der Programmlaufzeit soll die Zahl der Schülerinnen und Schüler, die die Mindeststandards in Mathematik und Deutsch verfehlen, an den Startchancen-Schulen halbiert werden.« Davon sollen nach Vorstellung des Ministeriums rund eine Million Schüler*innen profitieren. Bei diesem Programm wird tatsächlich einmal anders durch die föderale Brille geschaut: Verteilt wird nämlich nicht nach dem sonst üblichen Königsteiner Schlüssel, sondern nach dem Grad der Bedürftigkeit.[7] Die Länder benennen die Schulen, die über einen »Sozialindex« ausgewählt werden sollen. Darüber hinaus darf das Geld von den Ländern dort ausgegeben werden, wo es am meisten gebraucht wird, ob nun für Sozialpädagog*innen, die Unterrichtsentwicklung oder für Bauvorhaben.

Meine These: So gut das Startchancen-Programm im Ansatz auch ist, es ist nicht mutig genug. Die Idee, nicht mit der Gießkanne überall ein bisschen mehr Geld zu verteilen, sondern gezielt, ist richtig und gut. Auch, sich in der akuten Notlage des Schulsystems von verkrusteten föderalen Strukturen zu lösen. Und dass 60 Prozent der geförderten Schulen Grundschulen sein sollen, geht aus dargelegten Gründen in die richtige Richtung, da dort die größte Hebel- beziehungsweise Langzeitwirkung erzielt wird. Das Programm wird jedoch selbst bei einer kompletten Ausschöpfung der 20 Milliarden Euro nur einen Teil der benachteiligten Schüler*innen erreichen. Unklar ist noch, wie unbürokratisch die Mittel von den Ländern in der Praxis abgerufen werden können. Und auch der Umstand, dass die Länder schon bestehende Programme bei der Kofinanzierung anrechnen können, bremst meine Euphorie.

Auch Maike Finnern, die Vorsitzende der Gewerkschaft Erziehung und Wissenschaft (GEW), prognostiziert, dass nur 10 Prozent aller Schüler*innen vom Startchancen-Programm erreicht werden.[8] Selbst wenn diese allesamt armutsbetroffen wären (was auch an Brennpunktschulen nie zu 100 Prozent der Fall ist, eher bis zu maximal 80 Prozent), würden demnach mindestens noch einmal so viele armutsbetroffene Kinder nicht von dem Programm profitieren. Zu spät, zu wenig, lautet auch die Einschätzung von Aladin El-Mafaalani, da die Initiative vor zwanzig Jahren hätte kommen müssen und den Anspruch haben müsste, mehr Schulen zu erreichen.[9] Und auch die Bundesvorsitzende der SPD Saskia Esken forderte eine Verfünffachung der Mittel – was in der Summe dem von

El-Mafaalani geforderten Sondervermögen von 100 Milliarden gleichkäme.

Für die Ampel-Koalition ist das Startchancen-Programm eine der wichtigsten Maßnahmen für mehr Bildungsgerechtigkeit. Aus Sicht vieler Expert*innen agieren das Bundesbildungsministerium unter Bettina Stark-Watzinger (FDP) und die Länder in die richtige Richtung, jedoch viel zu kurz. Die Frage nach einer deutlichen Aufstockung der Lehrkräfte beantwortet das Startchancen-Programm nicht. (Es ist auch Ländersache.) Nichtsdestotrotz ist es ein erster Schritt in die richtige Richtung, und ich halte auch wenig davon, das Argument, es wäre alles zu spät, zu verwenden, um dann eventuell gar nichts zu ermöglichen. Es werden jedoch weitere und größere Schritte folgen müssen, die über Schule und Unterricht hinausgehen.

Kinderarmut macht sich nicht nur zwischen dem ersten und letzten Läuten der Schulglocke bemerkbar. Sie zeigt sich auch in beengten Wohnverhältnissen und fehlenden Rückzugsorten, an denen in Ruhe und konzentriert gelernt werden kann. Manchmal ist einfach kein Platz da, um Freund*innen zu sich nach Hause einzuladen; manchmal schämen sich Kinder auch für die Lebensverhältnisse beziehungsweise die Wohnsituation, in der sie aufwachsen. Oder sie sagen Einladungen zur Geburtstagsfeier von Schulfreund*innen kurzfristig ab, weil kein Geld da ist, um ein Geschenk mitzubringen. Kinderarmut lässt soziale Netzwerke und damit soziale Teilhabe schrumpfen, was die Chancen, wichtige soziokulturelle Erfahrungen zu sammeln, weiter mindert. Das berühmte »Vitamin B« für Beziehungen macht tatsächlich schon früh im Leben einen Unterschied. Nicht nur das ökonomische, auch das soziale und kulturelle Kapital, von denen der Soziologe Pierre Bourdieu sprach, werden im Elternhaus bereits vor der Geburt angelegt. Kinder wohlhabender oder reicher

Eltern sind nicht nur ökonomisch (Einkommen, Vermögen, Erbe), sondern auch sozial besser ausgestattet, das heißt, sie haben leichteren Zugang zu kulturellen Angeboten, Bildungsabschlüssen, Titeln etc.

Alles, was Geld kostet, wird für armutsbetroffene Kinder und Familien von klein auf zu einem Problem: von den Schuhen fürs Fußballtraining über die »richtigen« Markenklamotten bis zum Handy. Das macht den Alltag unermesslich anstrengend und bedeutet großen zusätzlichen Stress für die Familien. Armut, egal worin sie sich äußert, stresst. Auf Dauer schlägt sich das auch auf die physische und psychische Gesundheit nieder. Es kann öfter krank, aber auch anfälliger für Gewalt machen, weil es an Kompetenzen und Unterstützung fehlt, mit den psychischen Belastungen von Armut umzugehen.

Unter diesen Bedingungen ein gesundes Selbstvertrauen, Selbstwertgefühl, Zuversicht zu entwickeln ist alles andere als selbstverständlich. »Kinder, die dauerhaft oder immer wieder in Armut leben müssen, zeigen laut des Berichts mehr als doppelt so häufig soziale und emotionale Verhaltensauffälligkeiten. Viele von ihnen weisen einen geringeren Wortschatz auf und erkranken häufiger an Depressionen als Kinder, die in Wohlstand aufwachsen«, heißt es in einer Studie des UNICEF-Forschungsinstituts Innocenti.[10]

Allein die Vorstellung, dass wir als Gesellschaft so viele Kinder soziale Ausgrenzung und Stigmatisierung spüren lassen, muss uns motivieren, dies zu verändern. Im Startchancen-Programm wird richtigerweise der Auf- und Ausbau multiprofessioneller Teams mitgedacht, denn Sozialarbeiter*innen, Psycholog*innen etc. können bei der oft zweitrangig behandelten psychischen Gesundheit einen wertvollen Ausgleich darstellen. Dass es bei der Zielformulierung ausschließlich um bessere (oder nicht mehr ganz so miserable)

Leistungsergebnisse geht, verwundert nicht, ist jedoch eher die Folge echter Startchancen.

Die Journalistin Anna Mayr betont in ihrem Buch *Die Elenden,* dass Armut weit über materielle Deprivation hinausgeht. Gerade im Bildungskontext fehlt armutsbetroffenen Menschen häufig etwas, das Mayr in Ermangelung eines treffenden deutschen Begriffs mit *entitlement* beschreibt: eine Art Anspruchsbewusstsein oder Selbstverständnis, mit dem Kinder aus privilegierteren Elternhäusern häufig Hilfe, Förderung und Rechte einfordern. Benachteiligte Kinder kennen so ein Selbstverständnis kaum, weil es ihnen von ihren Eltern nicht vermittelt wurde oder ihnen normal erscheint, dass sie zu kurz kommen, oder weil die verinnerlichte Scham sie davon abhält, Leistungen in Anspruch zu nehmen (siehe Kapitel 3). Wir denken auch bei Schul- und Bildungserfolg immer noch sehr stark in Ergebniskategorien, in messbaren Daten und Fakten, und übersehen, wie groß der Einfluss von sogenannten weichen Faktoren, von Emotionen und sozialen Kompetenzen ist.

Hier braucht es Unterstützung und einen niedrigschwelligen Zugang zu Leistungen ohne eine komplizierte Prozedur im Vorfeld, die aus Anträgen, Formularen und Berechtigungsnachweisen besteht. Diese Angebote müssen so selbstverständlich für *alle* Kinder sein, dass sie als normal und nicht als beschämend wahrgenommen werden. So ließe sich auch schon früh dem großen Problem der verdeckten Armut entgegenwirken. Es geht nicht um ein Abnehmen von Aufgaben, sondern um ein Ermöglichen und Befähigen; um einen Perspektivwechsel für den Umgang mit Menschen, die von Armut betroffen sind.

Gerade wenn es um Qualifikationen und Leistungen in Form von Bildungsabschlüssen geht, wird unser gesellschaftlicher Glaube an die Meritokratie besonders augenfällig.

Denn je nach Abschlusszeugnis öffnen oder schließen sich nicht nur (Aufstiegs-)Möglichkeiten, es wird auch eine persönliche Zuschreibung mit der unausgesprochenen Fußnote ausgehändigt: »Jede*r kriegt, was er oder sie verdient.« Wer kein Spitzenzeugnis hat, kann eben auch keine Spitzenkarriere erwarten, und in der extremsten Form heißt das: »Bildungsversager« sind selbst schuld an ihrer Misere, »hätten sie sich halt mal angestrengt«. Wieder eine Verschiebung in das individuelle Private zuungunsten einer Diskussion über strukturelle Defizite im System.

Zeit, erneut einen Schritt zurückzutreten und grundsätzlicher zu fragen: Was ist Leistung überhaupt? Und wie definieren wir Erfolg? Leistung ist die Summe der persönlichen Fertigkeiten und Erkenntnisse. Im Gegenteil dazu ist Erfolg ein Ergebnis, das gesellschaftlich in einer bestimmten Art und Weise wahrgenommen wird – das äußert sich in Wertschätzung und Anerkennung. Im Sport lässt sich Leistung messen, bezüglich einer persönlichen Karriere stehen Netzwerke, Reputation und Kontakte als Erfolgsfaktoren an erster Stelle. Ressourcen, die Kindern aus benachteiligten Familien häufig nur sehr eingeschränkt zur Verfügung stehen trotz möglicher sehr guter Leistungen. Ist es beispielsweise eine größere Leistung, bei 100 Punkten zu landen, wenn man bei 90 Punkten gestartet ist, als mit 20 Punkten ins Ziel zu kommen, wenn man bei 10 Punkten anfangen musste? Wir leben nicht in Bullerbü (wobei in Bullerbü ja vermutlich auch eher Menschen mit einfachen Bildungsabschlüssen lebten, aber das nur nebenbei), und Unterschiede wird und soll es immer geben. Aber warum erheben wir Leistung häufig als alleinige Maxime beziehungsweise zum Goldenen Kalb, das alle anbeten? Warum sind wir so konzentriert auf wenige absolute Werte (Daten, Geld) und vernachlässigen die relativen, die das menschliche Miteinander ausmachen?

Treten wir wieder nach vorne, machen wir einen kurzen Abstecher an den Rhein und werfen wir einen Blick zur Tafel Düsseldorf. Hier wird großartige Arbeit für benachteiligte Kinder geleistet, die weit über Lebensmittelrettung und -verteilung hinausreicht. Schätzungsweise 6000 Kindern hilft die Tafel Düsseldorf über die Kooperation und finanzielle Unterstützung anderer sozialer Organisationen, um Stigmatisierung zu vermeiden und Kinder nicht als »arme Tafelkinder« abzustempeln, die sich weder Lebensmittel noch viele andere Dinge leisten können. Dass die Düsseldorfer Kolleg*innen einen »Umweg« über andere Anbieter gehen, hat auch mit den begrenzten eigenen Kapazitäten zu tun. Es ist pragmatisch, vorhandene Strukturen zu nutzen und niedrigschwellig und effektiv zu helfen. Tafelarbeit eben. Aber dass die Entscheidung so getroffen wurde, hat tatsächlich ebenfalls soziale Gründe, und ich möchte betonen, dass jedes Projekt zur Unterstützung und Befähigung benachteiligter Kinder auch innerhalb der Tafeln uneingeschränkte Bewunderung verdient. Unsere vermeintliche Leistungsgesellschaft geht mit armutsbetroffenen Menschen nicht zimperlich um. Armut wird oft als selbstverschuldete Schwäche gedeutet. Absurderweise bekommen Kinder das besonders häufig und schon im frühen Kindesalter zu spüren. Stigmatisierung und Beschämung sind Ausdruck eines Menschenbilds, das viele von sich weisen würden, in ihrem täglichen Handeln aber dennoch unterstützen oder zumindest dulden.

COVID-19 war eine Zäsur in unser aller Leben. Die Pandemie hat uns wie unter einem Brennglas Schwachstellen in allen unseren Systemen aufgezeigt, nicht nur im Gesundheitssystem. Insbesondere im Schulsystem wurde das Ausmaß der sozialen Ungleichheit so sichtbar wie nie zuvor. Schulschließungen und Homeschooling offenbarten beengte Wohnverhältnisse und mangelnde technische Ausstattungen.

Wie wichtig Eltern sind, die vor allem die Jüngsten unterstützen können, wurde vielen erst in dieser Zeit wirklich bewusst. Auf einmal fehlten auch die Angebote der sozialen Förderung. Die Betreuungsstrukturen rund um Musik, Sport, Kultur, Schwimmbäder, Jugendzentren, all die Orte, auf die gerade benachteiligte Kinder und Jugendliche angewiesen sind, brachen von heute auf morgen weg. Selbst die Spielplätze als Orte der Bewegungsfreiheit und der frischen Luft sollten im ersten Lockdown nicht betreten werden. Was hat Corona verändert und was haben wir daraus gelernt? Welche der zutage getretenen Ungerechtigkeiten sind wir nachhaltig angegangen? Ging es dabei eher um wirtschaftliche oder um soziale Schieflagen?

Es bleibt ganz grundsätzlich zu hoffen, dass wir bei der nächsten Pandemie oder anderen Krisen besser vorbereitet sind und unsere Kinder nicht wieder zu den Hauptleidtragenden gehören. Viel mehr als Hoffnung kann ich in dieser Hinsicht aber leider nicht ausmachen. Was sich hier noch einmal deutlich gezeigt hat, ist, wie systemrelevant der Begegnungsort Schule für unsere Gesellschaft ist. Die Missstände – in der Betreuung, in der (Digital-)Ausstattung der Schulen und in der Gleichstellung benachteiligter Schüler*innen – wurden während der Lockdowns besonders spürbar, doch ihre Wirkung reicht über diese Zeit hinaus. Wir müssen echte Antworten finden – und wir müssen mehr in diesen Bereich investieren. Um die Dringlichkeit zu verstehen, ist ein Blick auf die finanzielle Ausstattung armutsbetroffener Kinder aufschlussreich, die für Kinder in den drei Altersgruppen null bis fünf, sechs bis dreizehn und vierzehn bis siebzehn Jahre aktuell angesetzt ist. Für 2023 lag der Regelbedarf für die Sechs- bis Dreizehnjährigen, also die Altersgruppe, die ziemlich genau eine sechsjährige Grundschulzeit umfassen würde, bei insgesamt 348 Euro, wobei sich die Summe aus einzelnen Positionen zusammensetzt. In ihrer Analyse für die Bertelsmann Stiftung haben Antje Funcke und Sarah Menne festgestellt, dass etwa für die Position »Nahrungsmittel und Getränke« demnach täglich 4,54 Euro veranschlagt wurden, was »selbst bei einer Inanspruchnahme einer kostenlosen Mittagsverpflegung in der Kita oder der Schule nachweislich nicht für eine gesunde Ernährung (unabhängig von der Ernährungsform) aus[reicht]«.[11] Der Regelbedarf liegt seit 2024 bei 390 Euro, was inflationsbereinigt die Gefahr von Ernährungsarmut aber nicht mildert. Eine weitere Position des Gesamtbetrages ist das Bildungs- und Teilhabepaket. Für »Soziale Teilhabe/ Kultur, Sport, Mitmachen« steht ein monatlicher Pauschalbetrag von 15 Euro zur Verfügung. Für die Klavierstunde meiner Tochter bezahlen wir 30 Euro für 45 Minuten, aber auch der Mannschaftssport Handball kostet 180 Euro im Jahr, was den monatlichen 15 Euro entspricht, aber noch keinerlei Ausstattung beinhaltet. 15 Euro reichen aufgrund der Preissteigerungen häufig nicht mal mehr für einen Kinobesuch. Mal abgesehen davon, dass beim Bildungs- und Teilhabepaket bereits seit seiner Einführung die restriktiven Anspruchsvoraussetzungen beklagt werden, die gerade die eigentlich begrüßenswerte Förderung sozialer und kultureller Aspekte verhindern, ist diese finanzielle Regelfestsetzung eine weitere Stigmatisierung. Wenig verwunderlich, dass gerade in Brennpunktvierteln so viele Kinder ihren Schultag beginnen, ohne vorher gefrühstückt zu haben.

Ein gesundes Frühstück für alle sollte kein Privileg, sondern eine Selbstverständlichkeit sein. Das ist auch die Überzeugung, die hinter Frühstückprojekten steckt, die Tafeln auf die Beine stellen, um benachteiligten Kindern einen gesunden Start in den Tag zu ermöglichen. Die Schüler*innen an den Schulen bereiten ihr Frühstück selbst aus frischen Lebensmitteln zu, essen gemeinsam und können somit Kenntnisse der Ernährungsbildung erwerben. Eine Mensa und ein Mittagessen gehören in fast allen Schulen zum Standard. Ein gemeinsames kurzes Frühstück am Morgen für alle Schüler*innen kann einen Schulalltag bereichern und auch das Teamgefühl von Klassen und Schulen verstärken. Unabhängig davon, wie realistisch Vorschläge wie diese sind, kommen nach unserer Überzeugung die besten Ideen zustande, wenn zivilgesellschaftliche Organisationen wie wir, Wirtschaftsunternehmen, Bildungseinrichtungen und politische Entscheidungsträger*innen gemeinsam agieren.

Zunächst müssen wir jedoch tiefergehend über Geld sprechen. Auch die Bundesfamilienministerin Lisa Paus (Bündnis 90/Die Grünen) plant einen »Systemwechsel«, ähnlich dem Startchancen-Programm des Bildungsministeriums, als »die zentrale Antwort, um Kinderarmut wirksam zu bekämpfen«.

Die Kindergrundsicherung als Perspektive?

Die Forderung nach einer armutsfesten Kindergrundsicherung ist nicht neu. Auch die Ampel-Regierung, die sie 2021 in ihren Koalitionsvertrag (»Mehr Fortschritt wagen«) aufgenommen hatte, brauchte noch einmal zwei Jahre, bevor sie im September 2023 nach kontroversen Diskussionen ihren Gesetzentwurf in den Bundestag einbrachte. Zuvor hatten unter anderem 28 soziale Organisationen, auch Tafel Deutschland, im Mai 2023 einen Aufruf an den Bundesminister für Arbeit und Soziales Hubertus Heil (SPD) gerichtet,[12] die dafür notwendige realistische Neudefinition des kindlichen Existenzminimums vorzunehmen. Davon hängen zum Beispiel auch die erwähnten Regelbedarfe beim Bürgergeld ab. Ab 2025 soll sie eigentlich kommen, die aus Sicht der Regierung zentrale Antwort auf Kinderarmut in Deutschland: die Kindergrundsicherung.

Allgemeiner Konsens ist seit Jahren, dass es fast schon eine eigene Fachausbildung braucht, um sich in dem Wust aus Anträgen, Formularen und Ansprechpartner*innen zurechtzufinden und sämtliche Leistungen, die es für das eigene Kind theoretisch gäbe, auch wirklich zu erhalten. Vieles davon wird nicht in Anspruch genommen, zum Teil wie bereits erwähnt aus Scham oder auch aus falschem Stolz, einer Art »Arbeiterromantik« der *working poor* – zum Teil aber auch schlicht aus Unwissen. Es wird in den jeweiligen Budgets sogar schon davon ausgegangen, dass Leistungen, die armutsbetroffenen Kindern zustehen, nur teilweise in Anspruch genommen werden. Mit anderen Worten: Bürokratische Ausgrenzung wird mit einkalkuliert.

Naheliegendstes und wichtigstes Ziel der Kindergrundsicherung ist es demnach auch, das bürokratische Wirrwarr zu entknoten. Alle Unterstützungsmöglichkeiten sollen nun transparenter, einfacher und verständlicher geregelt werden, um möglichst viele Kinder aus der verdeckten Armut zu holen. Armutsbetroffene Eltern sollen künftig nicht mehr einzelne Anträge bei unterschiedlichen staatlichen Stellen wie dem Jobcenter, der Familienkasse oder dem Sozialamt einreichen müssen, weil mit der Kindergrundsicherung die Leistungen aus Bürgergeld, Sozialhilfe, Kindergeld, Kinderzuschlag und Teilen des Bildungs- und Teilhabepakets gebündelt werden. Hier wird nichts Neues erfunden, aber das Bestehende aufgeräumt und zugänglicher gemacht und damit im besten Fall die soziale Teilhabemöglichkeit gestärkt.

Die Kindergrundsicherung soll am Ende aus einem Kindergarantiebetrag, der für alle Kinder gleich ist, und einem

Kinderzusatzbetrag abhängig vom Einkommen der Familie und dem Alter der Kinder bestehen. Der Kindergarantiebetrag ersetzt das Kindergeld und wird voraussichtlich auch bei etwa 250 Euro liegen. Er steigt jedoch, wenn das Existenzminimum angepasst wird. Der Kinderzusatzbetrag soll nach Schätzungen der Regierung rund 5,6 Millionen anspruchsberechtigte Kinder erreichen, darunter 1,9 Millionen Kinder, deren Eltern im Bürgergeldbezug sind, aber auch viele Kinder aus Familien, die aufgrund niedriger Einkommen ebenfalls in Armut leben oder stark armutsgefährdet sind. Für Alleinerziehende wird zudem der Unterhaltsvorschuss nur noch zu 45 statt wie bisher zu 100 Prozent angerechnet. Und um sicherzustellen, dass nicht weiterhin eine hohe Dunkelziffer armutsbetroffener Kinder und Familien besteht, soll der »Familienservice« (so soll die heute zuständige Familienkasse umbenannt werden) den Anspruch auf den Kinderzusatzbetrag proaktiv prüfen und die Eltern informieren. Das ist ein wirklicher Perspektivwechsel, der nachrangig auch das Menschenbild verändern kann und den Blick auf Befähigung und Förderung legt.

Wenn die Hilfe am Ende mittels durchgängig digitalisierter Prozesse wirklich automatisch ankäme, wäre das tatsächlich ein großer Fortschritt. Die entscheidendere Frage ist aber eine andere: Wird die Kindergrundsicherung ausreichen, um Kinder wirklich aus der verdeckten und offenen Armut zu holen?

Der Gesetzentwurf ist einerseits selbstverständlich, und gleichzeitig ist es überfällig, dass existierende Leistungsansprüche auch bei den Familien ankommen. Praktisch könnte mit dem in Aussicht gestellten Servicegedanken andererseits aber tatsächlich viel Vertrauen in die staatlichen Institutionen zurückgewonnen werden. (Darum wird es in Kapitel 6 gehen.) So ein Aspekt ist natürlich schwer zu beziffern, spielt meines Erachtens aber eine größere Rolle, als ihm in der öffentlichen Debatte teilweise zuteilwird. Und auch der Beitrag zum hoffentlich gelingenden Bürokratieabbau und digitalisierten Verwaltungsprozess hilft mittelfristig in der Armutsbekämpfung.

Hier ist vor allem die finanzielle Ausstattung entscheidend. In dem angesprochenen Gesetzentwurf hatte die Familienministerin ursprünglich 12 Milliarden Euro veranschlagt, doch Finanzminister Christian Lindner sagte nur maximal 2 Milliarden zu. Der Kompromiss sah in den Augen vieler sozialer Organisationen entsprechend ernüchternd beziehungsweise enttäuschend aus: Die Einigung sieht für das erste Jahr nun 2,4 Milliarden Euro vor. Der Armutsforscher Christoph Butterwegge hatte mehr als 20 Milliarden Euro veranschlagt, um eine bedarfsgerechte Kindergrundsicherung zu ermöglichen, und bezeichnete den Entwurf als »Schrumpfversion« und bloße »Verwaltungsreform«.[13] Mit echten Verbesserungen könnten nur Geringverdiener bei der Anrechnung von Erwerbseinkommen sowie Alleinerziehende bei der Anrechnung des Unterhaltsvorschusses rechnen. Darüber hinaus hob er hervor, dass der Kinderfreibetrag für eine zu wenig thematisierte Ungerechtigkeit sorge, weil er Spitzenverdiener*innen finanziell bevorzuge. Eltern steht für jedes Kind nämlich entweder Kindergeld oder ein Kinderfreibetrag zu, wobei das Finanzamt (im Übrigen ohne Aufforderung) prüft, was im Einzelfall besser ist (Günstigerprüfung). Der Freibetrag kann die Einkommensteuer mehr mindern, als das Kindergeld ausmacht, aber oft erst ab höheren Einkommen, weshalb wohlhabende Familien stärker entlastet werden als ärmere. Der Kinderfreibetrag müsse daher entweder in die Kindergrundsicherung integriert oder ganz abgeschafft werden, so Butterwegge.

Die Familienministerin wollte die Kinderfreibeträge absenken, um mit den dadurch generierten Steuermehreinnahmen die Kindergrundsicherung mitzufinanzieren. Tatsächlich dürfte eine Abschaffung juristisch schwierig sein – aber unabhängig davon wird allein schon an dieser Kindergeld-/Kinderfreibetrag-Episode deutlich, wie schnell sich die Diskussion um die Einkommensklassen der Eltern und nicht mehr um Kinder und deren zu vermeidende Armutsgefährdung dreht.

Die finanzielle Ausstattung inklusive der steuerrechtlichen Kinderfreibeträge ist nicht der einzige Einwand, der gegen den Gesetzentwurf der Koalition vorgebracht wurde. Bemängelt wurde unter anderem von Sozialverbänden wie der Arbeiterwohlfahrt,[14] dass es weiterhin unterschiedliche Anlaufstellen gäbe, etwa für das Wohngeld oder Teile des Bildungs- und Teilhabepakets, also beispielsweise die pauschalen 15 Euro für »Soziale Teilhabe / Kultur, Sport, Mitmachen«. Es wird daher auch Familien geben, die mit dem Familienservice in Zukunft nun sogar mehr und nicht weniger Ansprechpartner haben werden. Kritisiert wurde darüber hinaus, dass Kinder nach dem Asylbewerberleistungsgesetz nicht von der Kindergrundsicherung profitieren sollen.

Demokratie ist immer ein Aushandlungsprozess. Nach den langen und nicht einfachen Diskussionen innerhalb der Regierung war nicht davon auszugehen, dass der Referentenentwurf ohne Einwände angenommen würde. Die Kindergrundsicherung ist immer wieder Streitpunkt innerhalb der Regierungsparteien. Während ich dieses Kapitel schreibe, ist auch noch nicht klar, wie es konkret weitergeht.

Meine Einschätzung zur geplanten Kindergrundsicherung gleicht der zum Startchancen-Programm – vom Ansatz und dem dahinter stehenden Menschenbild her gut und richtig, aber nicht mutig genug. Es ist essenziell, eine Kindergrundsicherung gesetzlich zu verankern; auch wenn es, um ein

Kanzlerwort zu zitieren, deutlich mehr »Wumms« haben sollte. Ihre finanzielle Ausstattung wird sich an den tatsächlich vorhandenen Bedarfen orientieren müssen, und diese werden sich vermutlich in anderen Größenordnungen bewegen, als sie dem Finanzminister mit Blick auf die Schuldenbremse vorschweben.

Aus dem Bundesrat, der der Kindergrundsicherung zustimmen muss, waren bereits im September 2023 kritische Stimmen aus den CDU-geführten Ländern, aus Bayern gar heftiger Gegenwind von der CSU zu vernehmen. Dieser erhöhte sich, als das Bundesverfassungsgericht den zweiten Nachtragshaushalt 2021 kippte und der Bundesregierung 60 Milliarden Euro für den Haushalt 2024 fehlten.[15] Das Urteil aus Karlsruhe bezog sich vor allem auf die verfassungswidrige Umwidmung nicht benötigter Corona-Gelder und die Einhaltung der Schuldenbremse, also auf einen finanzpolitischen Fehler. Der CDU-Vorsitzende Friedrich Merz forderte, die Haushaltslücke unter anderem mit dem Abblasen der Kindergrundsicherung sowie dem Rückgängigmachen der beschlossenen Bürgergelderhöhung zu schließen.[16] Welche Priorität die Kindergrundsicherung hat, hätte er kaum deutlicher machen können. Auch FDP-Fraktionschef Christian Dürr forderte, der Sozialstaat müsse »seinen Beitrag zur Haushaltskonsolidierung leisten«.

Bereits im März 2023 hatte der FDP-Finanzexperte Markus Herbrand einen Gastbeitrag für die *Wirtschaftswoche* veröffentlicht und davor gewarnt, dass »Eltern das zusätzliche Geld einfach für ihre eigenen Bedürfnisse wie beispielsweise Alkohol oder Zigaretten verwenden« könnten.[17] Vorurteile über armutsbetroffene Menschen sind weiter verbreitet, als vielen von uns bewusst und lieb ist. Insbesondere der pauschale Vorwurf, armutsbetroffene Eltern würden jeden Euro mehr direkt zum nächsten Kiosk tragen, um sich mit

Bier, Schnaps und Zigaretten einzudecken, oder sich Flachbildfernseher in die vom Staat finanzierte Wohnung stellen, kommen so regelmäßig wie zuverlässig, wenn eine mögliche Erhöhung einer Sozialleistung ansteht, und sei es auch nur ein verspäteter Inflationsausgleich. Es braucht, wie schon ausführlich dargelegt, multidimensionale Ansätze, um Kinder langfristig und nachhaltig aus der Armut zu holen. Aber es braucht eben auch Geld.

Forscher vom Zentrum für Europäische Wirtschaftsforschung in Mannheim haben zum Beispiel im Auftrag der Bertelsmann Stiftung ermittelt, dass höhere Direktzahlungen an Eltern im Sinne der Kinder ausgegeben werden: für bessere Betreuung, Bildung und Hobbys sowie für größere Wohnungen mit mehr Raum.[18] Zahlreiche qualitative wie quantitative Studien belegen dies, auch international, seit Jahren.[19] Dass Eltern, egal ob arm oder reich, in der Regel das Beste für ihre Kinder wollen, ist ein unbestreitbarer Fakt. Was ist das für ein Menschenbild, das armutsbetroffenen Eltern unterstellt, sie würden nicht im Sinne ihrer Kinder handeln? Weshalb werden sie immer wieder aufs Neue als schlechte Menschen diffamiert und diskriminiert? Wieso ignorieren Politiker*innen diese Studien, argumentieren populistisch und sprechen armen Menschen ab, ihre Kinder bestmöglich unterstützen zu wollen, während es bei wohlhabenden Familien keine Diskussionen über die Sinnhaftigkeit von Ausgaben gibt? Politiker*innen haben als Vorbilder die Aufgabe, den Zusammenhalt der Gesellschaft zu fördern und nicht zu ihrer Spaltung beizutragen, indem sie individuelle Phänomene auf ganze Bevölkerungsgruppen übertragen.

Die Bekämpfung und Prävention von Kinderarmut braucht beides: direkte Förderung in Erziehung und Bildung *und* finanzielle Unterstützung. Kein Entweder-oder, sondern ein Sowohl-als-auch. Die bereits erwähnte Studie des ifo Instituts zeigt, dass finanzielle Armut der Faktor mit den größten Auswirkungen für den Bildungserfolg von Kindern ist.[20] Deshalb wird die Kindergrundsicherung auch nicht zu Unrecht als »Chancengeld« bezeichnet.

Und Chancengeld kann auch viel weiter als eine Chance für unser ganzes Land begriffen werden. Eine Investition in Kinder, wie sie auch heißt und ausgestaltet wird, die sich volkswirtschaftlich und gesellschaftlich rechnet. Schließlich würde es sehr viel teurer für uns alle, wenn wir die Talente und Ressourcen aller Menschen und Kinder in Zeiten des Fachkräftemangels nicht nutzen, sondern riskieren, mit Sozialtransfers im weiteren Verlauf ihres Lebens unterstützen zu müssen. Von geringeren Steuereinnahmen und höheren öffentlichen Ausgaben für die medizinische Versorgung einmal abgesehen. Eine Untersuchung des DIW im Auftrag der Diakonie beziffert die Kosten der verfestigten Kinderarmut, wie wir sie in Deutschland haben, auf jährlich 110 bis 120 Milliarden Euro.[21]

Wenn Kinder unsere Zukunft sind, dann sollten wir über den Horizont eines Haushaltsjahres oder einer Legislaturperiode hinausblicken – und diese Zukunft mutig gestalten.

Knackpunkt Familie und Beruf

Als Mutter von drei Kindern berührt mich das Thema Kinderarmut ganz besonders. Mein Mann und ich teilen uns die Erziehung unserer Kinder und den Haushalt zu gleichen Teilen; wir leben ein partnerschaftliches Familienmodell. Nicht eine*r hat die Verantwortung und der oder die andere hilft mit. Wir sind grundsätzlich beide für alle Themen zuständig, auch wenn wir natürlich auch Aufteilungen vornehmen, die wir nach unseren individuellen Stärken zu verteilen versuchen. Das ist anstrengend und zeit- und kommunikationsaufwendig, weil wir uns permanent abstimmen und in der Logistik des Alltags auf dem Laufenden halten müssen. Aber dieses Modell entspricht unseren Überzeugungen und Vorstellungen von Partnerschaft und Familie, und es erfüllt uns.

Darüber hinaus haben wir uns auch im Vorfeld unserer Elternschaft bewusst damit auseinandergesetzt, was uns als Familie und Individuum wichtig ist und welches Rollenmodell wir unseren Kindern vorleben wollen. Schon bei unserem ersten Kind haben wir nacheinander Elternzeit genommen, ich selbst sechs, mein Mann acht Monate. Gleichberechtigung stand für mich, für uns beide von Anfang an nie zur Diskussion. Als Jugendliche war ich unbedarft davon ausgegangen, dass unsere Generation ganz selbstverständlich gleichberechtigte Partnerschaften führen würde. Natürlich hatten Frauen immer noch aufzuholen, bei der Bezahlung (*Gender Pay Gap*) zum Beispiel oder bei der Besetzung von Führungspositionen, aber alles in allem dachte ich, unser Familienmodell wäre das gängige Modell meiner Generation.

Wir sind jedoch immer noch in der Minderheit, was bei einem Blick auf die tatsächlich in Anspruch genommene Elternzeit deutlich wird: Frauen beantragten im Jahr 2022 durchschnittlich 14,6 Monate Elternzeit, während Männer auf 3,6 Monate kamen.[22] Und nach der Elternzeit arbeiten Mütter auch weiterhin öfter in Teilzeit als Väter, das heißt, die Ungleichheit zwischen den Geschlechtern verschärft sich nach der Geburt des ersten Kindes. Und das nachhaltig, denn Frauen stecken nicht nur bei der eigenen Karriere zurück, sie haben auch ein geringeres Lebenseinkommen und entsprechend kleinere Renten. Selbst nach Wiederaufnahme der Berufstätigkeit übernehmen in Deutschland vor allem Frauen die unbezahlte Arbeit der Versorgung und Betreuung der

Kinder: der sogenannte *Gender Care Gap*[23] – mit Nachteilen für die Mütter und Kinder.

Eine OECD-Studie zeigte bereits im Jahr 2017, dass sowohl Väter als auch Kinder von einer längeren Elternzeit der Männer profitieren, weil sie nicht nur während der Elternzeit, sondern nachhaltig stärker in der Familie involviert sind.[24] Dies wirkt sich positiv auf die kognitive und emotionale Entwicklung von Kindern aus, weshalb die OECD allen Mitgliedsstaaten nahelegte, mehr Anreize für eine gleichberechtigte Aufteilung der Elternzeit zu schaffen.

Aus eigener Erfahrung kann ich diesen Appell an die Politik nur wiederholen. Denn mit Blick auf die aktuellen Herausforderungen der Vereinbarkeit von Familie und Beruf, denen wir uns weiterhin täglich gegenübersehen und die ebenfalls strukturell bedingt sind und politisch zur individuellen Lösung in die Familien gegeben werden, statt sie systemisch für alle zu verbessern, frage ich mich: Wie sollen das erst Alleinerziehende oder Familien mit drei und mehr Kindern schaffen, die nicht vergleichsweise privilegiert sind wie wir? Schon für uns hat die Vereinbarkeit von Familie und Beruf den Preis großer Erschöpfung, zumindest phasenweise. Und das, obwohl auch die Großeltern und eine Babysitterin in der Woche für Entlastung sorgen, was auch nicht in jeder Familie machbar ist.

Das Kita- und Schulsystem verlangt jedoch nach Unterstützung durch die Eltern, die weit über eine liebevolle Erziehung und Befähigung in der Gesellschaft hinausgeht. Das fängt mit dem wöchentlichen Obst in der Kita, Anfragen nach Unterstützung der Eltern bei Ausflügen und dem Schreiben von Protokollen an und geht weiter über Weihnachtsbasare, die durchgeführt, vor- und nachbereitet werden wollen, bei denen die Schule dann aber schon um 11:35 Uhr endet, bis hin zu den fünf freien Tagen zusätzlich – zu über dreizehn abzudeckenden Ferienwochen – für den Siebtklässler ohne Betreuungsangebot, weil Abitur geschrieben wird.

Und auch wenn es natürlich Freude macht, zusätzliche Aktivitäten zu begleiten, ließe sich die Liste endlos verlängern. Alles will bedacht, abgesprochen und organisiert werden. Wenn ich mir auch nur im Ansatz vorzustellen versuche, wie das unter der zusätzlichen psychischen Belastung, die Armut(sgefährdung) mit sich bringt, aussehen muss, habe ich nur aufrichtige Bewunderung übrig.

Was wir brauchen, ist mehr Flexibilität – einerseits bei Arbeitgebern, die familienfreundlichere Arbeitszeitmodelle ermöglichen und wo mein Mann und ich persönlich große Unterstützung unserer Arbeitgeber spüren, andererseits aber auch im Hinblick auf staatliche Unterstützung bei der Vereinbarkeit von Familie und Beruf. Gerade in schlecht bezahlten Branchen ist in der Regel weniger Homeoffice möglich, wenn das Kind krank ist, auch im Schichtdienst sind flexiblere Arbeitszeiten schwer zu realisieren. Hier muss staatlicherseits ein größeres Augenmerk auf Familien mit Kindern gerichtet werden. Dass Kinder ein Armutsrisiko darstellen, macht den Handlungsbedarf offensichtlich. Wenn Erwerbsarbeit, im Gegensatz zur Care-Arbeit, der entscheidende Faktor ist, um aus der Armutsgefährdung zu kommen, dann sollte hier mehr für Familien getan werden, besonders in den frühen Lebensphasen der Kinder. Deutschland ist in dieser Hinsicht aktuell kein kinder- und familienfreundliches Land. Familienleben und Arbeit sollten nicht gegeneinander ausgespielt werden, sondern zusammen funktionieren.

Vieles ist in den letzten Jahren besser geworden wie beispielsweise der Ausbau von Kindertagesstätten. Doch zwischen Anspruch und Wirklichkeit klafft eine zu große Lücke, wie unter anderem eine vom Verband Bildung und Erziehung (VBE) durchgeführte Studie aus dem Jahr 2023 belegt.[25]

Derzufolge mussten in über 86 Prozent der mehr als 5300 befragten Kitas aufgrund von fehlendem Personal pädagogische Angebote entfallen. Erhöhte Fehlzeiten beim Personal (72,9 Prozent) und reduzierte Kita-Öffnungszeiten (59,2 Prozent) waren ebenfalls eindeutige Hinweise auf den stark verbesserungswürdigen Zustand in der Kinderbetreuung. Auch in der Kita meines jüngsten Sohnes deckten wir Eltern monatelang die Randzeiten der Öffnung ab. Vor dem Hintergrund, dass unser heutiges Schulsystem soziale Ungleichheit eher verschärft als ausgleicht, kommt den Kitas eine wesentlichere Rolle zu, als ihre materielle und personelle Ausstattung aktuell widerspiegelt. Auch die Bezahlung von Erzieher*innen wird ihrer Bedeutung nicht annähernd gerecht. Mit demselben Argument der exorbitanten Folgekosten und der sinnlos vergeudeten Talente und Ressourcen plädiere ich für eine massive Aufwertung der Kitas.

Die ersten Jahre sind, gerade auch im Hinblick auf die Schullaufbahn und den späteren Lebensweg, die entscheidenden. Wenn es uns frühzeitiger und qualitativ hochwertiger gelingen würde, mit frühkindlicher Bildung anzusetzen, könnte das viele der Probleme mildern, denen die Politik bisher nicht beikommen konnte.

Heute kommen Kinder schon mit zu großen Unterschieden in die Schule: Einige können bereits ohne Mühe erste Aufgaben in Lesen, Schreiben und Rechnen bewältigen, oft fehlt jedoch diese Kompetenz bei benachteiligten Kindern. Ihre Eltern, die nicht über die materiellen Möglichkeiten und/oder entsprechenden Bildungsressourcen und/oder Sprachkenntnisse verfügen, sollten angemessen unterstützt werden. Die Einführung einer Kita-Pflicht ab vier Jahren ist eine zu diskutierende Idee, die die Unterschiede zu Beginn der Schule zwischen den Kindern minimieren und für die benachteiligten Kinder eine Chance sein könnte, nicht schon vom (Schul-)Start weg zu sehr ins Hintertreffen zu geraten. Wenn alle Kinder mit vier Jahren automatisch für die Kita angemeldet würden und nur in begründeten Ausnahmefällen per Opt-out-Regelung wieder abgemeldet werden könnten, böte das die Möglichkeit, insbesondere sprachliche Defizite durch eine gezieltere Förderung auszugleichen. Für die Kinder bedeutet es mehr Chancengerechtigkeit und für die Familien ein Zeichen der Wertschätzung und Zugehörigkeit – das würde ich mir jedenfalls nicht nur in der Kommunikation wünschen und mit dem Wortteil »Pflicht« nicht den erhobenen Zeigefinger implizieren.

Chancengerechtigkeit und Teilhabe dürfen nicht vom Einkommen der Eltern abhängen, doch bereits heute ist eine Amerikanisierung des Schulsystems zu beobachten, indem wohlhabende Eltern oft Privatschulen bevorzugen. Aus individueller Perspektive ist das nachvollziehbar, allein schon angesichts der heruntergewirtschafteten Schulen, allerdings verschärft es die soziale Ungleichheit. Und die Auswirkungen für eine Gesellschaft, deren Grundlage der solidarische Zusammenhalt ist, sind noch gravierender: weniger Begegnungen zwischen unterschiedlichen Milieus, Bevölkerungsschichten und Klassen. Wir sind noch weit von US-amerikanischen Verhältnissen entfernt, aber wenn der Bildungsstatus und die Bildungsabschlüsse mehr und mehr von Dienstleistungsangeboten bestimmt werden, verschärft sich die soziale Ungleichheit – zulasten der Armutsbetroffenen und Geringverdiener.

Kleine Ideen und große Expert*innen

Unser marodes, ineffizientes und nicht chancengerechtes Bildungssystem ist seit Jahren in einem katastrophalen Zustand. Deshalb habe ich in diesem Kapitel auch bereits einige Ideen, wenn nicht zur Bewältigung, so doch zur Verbesserung aufgeführt. Manchmal machen auch schon kleine Änderungen einen spürbaren Unterschied und leisten dadurch einen wichtigen Beitrag zu mehr sozialer Gleichheit. Eine kleine Idee sind Schuluniformen. Nicht die englischen mit Röcken und Blusen für die Mädchen und Hemd, Krawatte und Sakko für die Jungen, sondern vielleicht ganz einfach T-Shirts, Longsleeves, Hoodies, die Kinder meiner Erfahrung nach gerne tragen, nur ohne den Markenwahn und die damit einhergehende Stigmatisierung, wenn die angesagten Labels fehlen. Das wird diese Form von Diskriminierung nicht beenden, aber kleiner machen. Details der Kleidung, Schuhe, Frisuren und Handymodelle werden Unterschiede weiterhin sichtbar machen, aber zumindest würde es Familien (und hier sogar alle) entspannen, wenn morgendliche Diskussionen über das Outfit der Kinder abgekürzt werden könnten – mit positiven Auswirkungen für das Familien- wie für das Schulklima. Und im Optimalfall könnte es dort das Gemeinschaftsgefühl fördern. Zugehörigkeit ist für Kinder und Jugendliche so viel wichtiger als die beste Note. An manchen Schulen gibt es bereits Schulkleidung, nur sind das eher Merchandisingartikel, und dennoch stärken sie das Zugehörigkeitsgefühl und die Identifikation mit der Schule.

Das Design einer solchen »Schuluniform« dürfen die Schüler*innen entwerfen oder zumindest darüber abstimmen. Mitbestimmung und Teilhabe – in Sportvereinen, bei Kultur- und Freizeitangeboten – stärken das Selbstwertgefühl von Kindern und Jugendlichen, tragen zu mehr *entitle-*

ment bei und schließlich zu dem Gefühl, echte Chancen zu haben und nicht ausgegrenzt zu werden. Der KulturPass der Bundesregierung ist eine weitere, vermeintlich kleine Idee: 2023 erhielt der Jahrgang 2005 ab dem achtzehnten Geburtstag ein Budget von 200 Euro, das er bis Ende 2024 für Eintrittskarten, Bücher, CDs, Schallplatten und andere Kulturangebote einsetzen kann. Seit März 2024 kann der Jahrgang 2006 den KulturPass ab dem achtzehnten Geburtstag nutzen. Im Zuge der allgemeinen Haushaltslage wurde das Budget auf 100 Euro gekürzt, vorbehaltlich der Beschlussfassung zum Bundeshaushalt durch den Bundestag, aber nicht abgeschafft.

Mehr Mitsprache von Kindern und Jugendlichen wäre auch bei der Festlegung der Regelbedarfe beim Bürgergeld sinnvoll, schließlich sind sie die Lebensweltexpert*innen, die am besten beurteilen können, was heute gegeben beziehungsweise möglich sein muss, um keine armutsgefährdete Kindheit erleben zu müssen. Beim Sammeln von Ideen zur Kinderarmutsprävention können wir Kinder und Jugendliche einbeziehen und die Perspektive der Betroffenen einnehmen. Wir können Ideen im Kleinen brauchen: vor Ort, niederschwellig, pragmatisch in der Umsetzung und ohne die Gefahr der Stigmatisierung. Die Unterstützung der örtlichen Sportmannschaft durch Nachbarn oder Einzelhändler zum Beispiel, indem *alle* Kinder neue Trikots erhalten und dadurch nicht auffällt, dass einige wenige das Geld dafür nicht hätten aufbringen können, oder Nachhilfeangebote wie das der Tafel in Offenburg. Denn die Vermeidung von Kinder- und Jugendarmut muss in Politik und Gesellschaft zur Priorität werden.

Kapitel 3

Arm trotz, wegen und ohne Arbeit – zwischen Niedriglohn und Bürgergeld

»Eigentlich müsste man ein Denkmal bauen für die Menschen, die in Deutschland arbeiten gehen.«

Dieses Zitat stammt nicht etwa von Karl Marx oder Lech Wałęsa, sondern von Carsten Linnemann, dem Generalsekretär der CDU.

Am 3. November 2022 war ich zu Gast bei Maybrit Illner im ZDF und neben Carsten Linnemann, der damals noch stellvertretender Vorsitzender seiner Partei war, vervollständigten Bundesinnenministerin Nancy Faeser, die *Spiegel*-Journalistin Ann-Katrin Müller, der Migrationsforscher Gerald Knaus und, aus Tübingen zugeschaltet, der damalige Oberbürgermeister Boris Palmer die Runde. Der Titel der Sendung lautete »Weniger Geld, mehr Flüchtlinge – ist Deutschland noch stark genug?«[1]. Seit dem Beginn des Ukrainekrieges am 24. Februar 2022 waren Hunderttausende Menschen aus der Ukraine nach Deutschland geflohen, die Aufnahmeeinrichtungen waren an ihrer Belastungsgrenze, und auch bei den Tafeln war der Andrang ungebrochen, sie führten lange Wartelisten der Menschen, die sich für eine Abholung von Lebensmitteln registrieren wollten, oder mussten mindestens temporäre Aufnahmestopps verkünden. Die Ehrenamtlichen waren vielerorts an ihrem physischen und psychischen Limit oder darüber hinaus. (siehe auch Kapitel 5).

Gegen Ende der Sendung, als es um die (unbestrittene) Bedeutung von Arbeit bei der Integration von Geflüchteten ging, wetterte Carsten Linnemann mit oben zitierter Aussage gegen das Bürgergeld-Gesetz, das Mitte Dezember 2022 in Kraft treten sollte. Er führte eine am selben Tag im *Handelsblatt* vorgestellte Studie des Kiel Instituts für Weltwirtschaft (IfW Kiel) an, der zufolge es in sechs von acht überprüften Erwerbskonstellationen besser sei, Bürgergeld zu beziehen, als arbeiten zu gehen. Eine Familie mit drei Kindern, in der ein Elternteil als Geringverdiener arbeite, bekäme 880 Euro weniger als beim Bezug von Bürgergeld, so Linnemann, und auch ein kinderloses Paar, von dem eine Person Vollzeit im Niedriglohnbereich arbeitet, hätte 230 Euro weniger zur Verfügung als beim Bezug von Bürgergeld. »Ist Arbeit in Deutschland eigentlich gar nichts mehr wert?«, fragte der CDU-Politiker.

Zwei Tage später erschien online im *Handelsblatt* folgender Hinweis der Redaktion: »Nach einer Vielzahl von Leser-Hinweisen zur Methodik der Studie, für die wir uns herzlich bedanken, hat das IfW die Studie von seiner Seite genommen und angekündigt, in einer ergänzten Version die Hinweise zu berücksichtigen, um Fehlinterpretationen vorzubeugen. Diese Änderungen wird das Handelsblatt dann später übernehmen.«[2] Da waren die Gerüchte aber schon in der Welt und hielten sich hartnäckig. Als im August 2023 beschlossen wurde, das Bürgergeld im Jahr 2024 zu erhöhen, um die Folgen der Inflation für die rund 5,5 Millionen Bürgergeldbezieher*innen abzufedern, behauptete CDU-Chef Friedrich Merz im Bundestag ungerührt dasselbe: »Die Menschen gehen nicht zurück in die Beschäftigung, weil sie sich ausrechnen können, dass sie mit staatlichen Transferleistungen mehr herausbekommen, als wenn sie in einer einfachen Beschäftigung arbeiten und Sozialversicherungsbeiträge und Steuern bezahlen.«[3]

Berechnungen des ifo Instituts und des ZEW, beides Institute für Wirtschaftsforschung, betonen, dass es sich rein monetär gesehen immer lohne, einen Job anzunehmen. Denn es gibt weitere Sozialleistungen, wie das Bürgergeld zum Aufstocken, das Wohngeld, den Unterhaltszuschuss, das Kindergeld oder den Kinderzuschlag, dank derer Menschen *immer* mehr haben, wenn sie arbeiten. Voraussetzung ist, dass diese Leistungen auch beantragt werden.

Das ifo Institut, das im September 2023 eine Untersuchung im Auftrag der *Zeit* durchführte, formuliert es so: »Wenn eine Person am Arbeitsmarkt teilnimmt, erzielt sie grundsätzlich ein höheres Nettoeinkommen, als wenn sie arbeitslos ist.«[4] Und im Januar 2024 bekräftigte das Institut seine Forschungsergebnisse. Der Leiter des ifo-Zentrums für Makroökonomik und Befragungen Andreas Peichl sagte: »Die von manchen Politikern aufgestellte Behauptung, wer nur Sozialleistungen beziehe, bekomme netto mehr als ein Geringverdiener, ist schlicht falsch.« Und der ifo-Forscher Maximilian Blömer ergänzte: »Dieser Fall ist deshalb ausgeschlossen, weil es die Freibeträge für Erwerbstätige bei der Anrechnung von Einkommen auf die Sozialleistungen gibt, um genau das zu verhindern.«[5]

Trotzdem stimmen in einer aktuellen Umfrage des Instituts für Demoskopie Allensbach in den unteren sozialen Schichten 67 Prozent der Befragten der Aussage zu, dass diejenigen, die arbeiten gingen und sich anstrengten, die Dummen wären.[6] Wie kann das sein?

Der Wert der Arbeit

Gerade bei Diskussionen zur sozialen Ungleichheit wird als politisches Stilmittel gerne darauf zurückgegriffen, zwei benachteiligte Gruppen, hier Geringverdiener*innen und Bürgergeldempfänger*innen, gegeneinander auszuspielen, anstatt die eigentliche Thematik zu benennen und anzugehen.[7]

In der politischen Debatte ist der Ton ruppiger geworden, es wird versucht, mit Affektpolitik zu mobilisieren, wie sie die Soziologen Steffen Mau, Thomas Lux und Linus Westheuser in ihrem Buch *Triggerpunkte* für unterschiedliche »Arenen der Ungleichheit« beschreiben, auch für die zwischen Armut und Reichtum, also dem klassischen Oben-unten-Verteilungskonflikt.[8] Außerdem ist zu beobachten, dass auf diese Versuche der (Über-)Emotionalisierung in der Praxis dann häufig so gut wie nichts folgt.[9] Treten wir auch an dieser Stelle wieder einen Schritt zurück und versuchen, eine konstruktive Gesprächsgrundlage zu finden.

In einem grundsätzlichen Punkt hatte Carsten Linnemann bei seiner Hymne auf die erwerbstätige Bevölkerung recht: Arbeit hat eine enorme Bedeutung für unsere Gesellschaft und spielt eine zentrale Rolle bei der Armutsbekämpfung, bei der Integration von zugewanderten Menschen und für den gesellschaftlichen Zusammenhalt. Auch individuell ist sie weit mehr als die Lohnabrechnung am Monatsende. Sie prägt und bestimmt das Selbstverständnis, das Lebensgefühl und das Selbstbewusstsein vieler Menschen. Wie sehr wir uns selbst mit unserer Arbeit identifizieren, zeigt sich daran, wie schnell auch in privaten Gesprächen das Berufliche dominiert. Wir fühlen uns als Lehrer, als Bäckerin, als Ärztin oder Schornsteinfeger. Arbeit ist auch ein elementarer Faktor sozialer Teilhabe, über sie treten wir mit unseren Mitmenschen in Kontakt, es entstehen oft Freundschaften oder Beziehungen, und andersherum prägt Arbeit unsere Sicht auf die Welt; wir verbringen einen Großteil des Tages mit unserer Arbeit.

Und hier werden dann auch die langfristigen Konsequenzen von Kinderarmut wiederholt deutlich: Bildung und Qualifikation sind zwar keine Garantie, aber in der Regel eine zwingende Voraussetzung für bessere Chancen auf dem Arbeitsmarkt. Mehr Chancengerechtigkeit für armutsbetroffene Kinder zu schaffen beziehungsweise die Entkopplung von der sozioökonomischen Herkunft, von Beruf, Einkommen, Vermögen und Bildung der Eltern ist entscheidend für eine erfolgreiche Karriere auf dem Arbeitsmarkt.

Zu den negativen Langzeitfolgen von Kinderarmut zählen nicht nur soziale Ausgrenzung, weniger Lebenszufriedenheit und eine schlechtere Gesundheit, sondern auch eine deutlich höhere Wahrscheinlichkeit von Arbeitslosigkeit und Abhängigkeit vom Sozialsystem.[10] Sie schadet in erster Linie den Betroffenen, geht aber auch zu Lasten der Gesellschaft, weil die Sozialausgaben absolut steigen.

In Bezug auf Ausbildung, Arbeit und Beruf lässt sich die systematische Benachteiligung auch an einem Phänomen beobachten, das die sozioökonomische Herkunft direkt mit dem Erwerbseinkommen verknüpft. Analog zum *Gender Pay Gap* wird es *Class Pay Gap* genannt und zeigt, dass Berufseinsteiger*innen schon beim Einstiegsgehalt unterschiedlich abschneiden – je nach Elternhaus.[11] Fehlendes *entitlement*, kleinere Netzwerke und weniger Zugehörigkeitsgefühl übersetzen sich in eine schlechtere Position bei Gehaltsverhandlungen, was sich mit steigenden Einkommensunterschieden durch die gesamte Berufslaufbahn zieht. Der *Class Pay Gap* ist zwar »nur« für sogenannte *First Generation Professionals*, also Arbeiterkinder mit Hochschulabschluss, erkannt worden (für Großbritannien ist er bereits besser erforscht und belegt), lässt aber dennoch erahnen, dass frühe Benachteiligung vielgestaltig, weitreichend und hartnäckig sein kann und der »Wert der Arbeit« auch in einer pragmatischen, monetären Arbeit weiter unten beginnt.

Qualifikation und Erwerbsarbeit stehen im Zentrum der Armutsdebatte ebenso wie die Tatsache, dass Erwerbslose mit 49,4 Prozent die höchste Armutsgefährdungsquote aller Bevölkerungsgruppen stellen, Arbeit dementsprechend das »wertvollste« Mittel gegen Armut ist. Menschen mit niedrigem Qualifikationsniveau haben mit fast 40 Prozent ebenfalls ein deutlich höheres Armutsrisiko als Menschen mit mittlerer (16,4 Prozent) oder höherer Qualifikation (6,4 Prozent).[12] Auch unter den Tafel-Kund*innen sind viele erwerbslose Bürgergeldempfänger*innen, aber es gibt auch andere Geschichten: Ich erinnere mich zum Beispiel noch gut an die Begegnung und das bewegende Gespräch mit einer ehemaligen Lateinlehrerin, die durch einen Knebelmietvertrag ihrer Wohnung all ihre Ersparnisse aufbrauchte. Schließlich musste sie acht Monate in einer Obdachlosenunterkunft für Frauen leben, die regelmäßig von der Tafel mit Lebensmitteln unterstützt wurde, was von ihr als »Highlight der Woche« bezeichnet wurde. Für unser Angebot macht die konkrete Armutsursache keinen Unterschied, doch die Eindrücke decken sich mit den offiziellen Zahlen. Es liegt also auch aus Tafel-Perspektive nahe, die konkrete Analyse nun mit dem Nachfolger des Arbeitslosengeld II, auch »Hartz IV« genannt zu beginnen.

Bürgergeld statt Hartz IV – wenig mehr als ein neuer Name

Am 1. Januar 2023 ist das Arbeitslosengeld II (ALG II), auch »Hartz IV« genannt, als Sozialleistung zur Grundsicherung arbeitsloser Menschen vom Bürgergeld abgelöst worden. Zur Erinnerung: Im Jahr 2005 hatte die rot-grüne Bundesregierung mit der Einführung des *Vierten Gesetzes für moderne Dienstleistungen am Arbeitsmarkt* eine der härtesten Kursverschärfungen seit dem Einsetzen der in Kapitel 1 skizzierten neoliberalen Wende umgesetzt. Seither ist die Formel »Fördern & Fordern« untrennbar mit dem Thema Arbeitslosigkeit beziehungsweise Arbeitssuche verbunden.

Wie im Namen des Gesetzes anklingt, änderte der anhaltende industrielle Strukturwandel hin zu einer Dienstleistungsgesellschaft die Wirtschaftsstruktur Deutschlands. Die Folge waren Arbeitsmarktprobleme, insbesondere eine dauerhaft hohe Arbeitslosigkeit. Auch der sich abzeichnende demografische Wandel und der enorme Strukturwandel, verbunden mit einem Bedeutungsverlust zuvor angesehener Berufsfelder, zwangen die Regierung laut eigener Argumentation, dem »kranken Mann Europas« wieder auf die Beine zu helfen (eine Bezeichnung, die auf den Wirtschaftswissenschaftler Hans-Werner Sinn und sein Buch *Ist Deutschland noch zu retten?* aus dem Jahr 2003 zurückgeht). Bis heute sind die vom Strukturwandel besonders hart getroffenen Regionen diejenigen mit den höchsten Armutsquoten: vorrangig die Kohlebergbauregion im Ruhrgebiet, die norddeutschen Werftenregionen in Bremen und Bremerhaven und etwas weniger stark die Braunkohlegebiete in der Lausitz.

Die Agenda-2010-Reformen bedeuteten einen massiven Ausbau des Niedriglohnsektors. Achim Truger, Mitglied im Sachverständigenrat zur Begutachtung der gesamtwirtschaftlichen Entwicklung und einer der »fünf Wirtschaftsweisen«, fasste es so zusammen: »In der Zeit der Agenda 2010 war das erklärte politische Ziel, den Faktor Arbeit zu schwächen, ihn billiger zu machen. (…) In den letzten zwanzig Jahren hat sich dieser Gedanke, Arbeit muss billig sein, in unser allgemeines Bewusstsein eingegraben, es ist gewissermaßen zum Mantra geworden.«[13] Mehr Wachstum, mehr Beschäftigung, weniger Sozialstaat – so ließ sich das große Vorhaben zusammenfassen. Die Agenda 2010 wurde nach kontroversen Diskussionen, auch zwischen Bund und Kommunen, von den Oppositionsparteien in weiten Teilen unterstützt und von den Unionsparteien aktiv mitgestaltet. Angela Merkel wandte sich dann auch in ihrer Regierungserklärung vom 30. November 2005 (in der auch von »mehr Freiheit wagen« die Rede war) an ihren Amtsvorgänger: »Ich möchte Bundeskanzler Schröder ganz persönlich dafür danken, dass er mit seiner Agenda 2010 mutig und entschlossen eine Tür aufgestoßen hat, eine Tür zu Reformen, und dass er die Agenda gegen Widerstände durchgesetzt hat.«

Im Ergebnis verloren 17 Prozent der ehemaligen Arbeitslosenhilfeempfänger*innen ihren Anspruch auf staatliche Sozialleistungen, und die Hälfte derer, die weiterhin Ansprüche hatten, erhielt nach der Einführung von Hartz IV weniger, die andere Hälfte mehr.[14] Durch die stärkere Pauschalierung der Regelbedarfe im ALG II kam es auch zu Benachteiligungen bisheriger Sozialhilfeempfänger*innen mit besonderem Bedarf, zum Beispiel aufgrund von Erkrankungen.

Die arbeitsmarktpolitische Bilanz der Reform fällt bestenfalls durchwachsen aus. Zwar kam es in den Folgejahren zu einem »deutschen Jobwunder«, doch der Anteil der Reformen an dieser Entwicklung ist bis heute umstritten. Die Arbeitslosenquote sank von 11,7 Prozent in 2005 auf 6,4 Prozent in 2015. Arbeitsmarktflexibilisierung war das Zauberwort für die folgenden Umgestaltungen: Der Kündigungsschutz wurde gelockert, die Leiharbeit wurde dereguliert, mit der Einführung von Mini- und Midijobs wurden geringfügige Beschäftigungsverhältnisse gefördert. Außerdem wurden die Kriterien zur Feststellung der Erwerbsfähigkeit weiter gefasst, als dies eine realistische Beurteilung der Chancen auf eine reguläre Beschäftigung zugelassen hätte. Auch hier wurde mehr pauschaliert und der Einzelfall weniger berücksichtigt. Individualisierung wurde eher im Bereich »Fordern«, weniger im »Fördern« umgesetzt.

Die Deregulierung der Leiharbeit hatte teils prekäre Arbeitsverhältnisse und Lohndumping zur Folge, geprägt von permanenter Unsicherheit und teilweise ausbeuterischen Arbeitsbedingungen, etwa im Onlineversandhandel oder in der Fleischindustrie. Die geringfügige Beschäftigung setzte Anreize für Nebentätigkeiten, da diese von Steuern befreit und niedrige Abgaben begünstigt wurden. Neben Mini- und Midi- nahmen die Multijobber zu. Durch die Ausweitung von Teilzeit und Soloselbstständigkeit kam es zur Spreizung der Löhne und zu einer Zunahme der sozialen Ungleichheit. Übergeordnetes Ziel war es, die Quantität der Arbeitslosigkeit zu senken. Die Qualität und Wertschätzung von Arbeit, die sich unter anderem in einer armutsfesten Bezahlung und guten Arbeitsbedingungen äußert, spielte eine untergeordnete Rolle. Und so lassen sich die Agenda-2010-Reformen auch als eine massive Umverteilung von unten nach oben betrachten, da »seit dem Inkrafttreten von Hartz IV am 1. Januar 2005 ungefähr 150 Milliarden Euro an sogenannte Erwerbsaufstocker*innen gezahlt, präziser ausgedrückt: Unternehmen subventioniert wurden, die Hungerlöhne zahlten«, wie Christoph Butterwegge im Jahr 2020 konstatierte.[15]

Ein neoliberal geprägtes Menschenbild hatte sich in weiten Teilen der Politik und Gesellschaft verfestigt. Wer auf staatliche Sozialleistungen angewiesen war und dem Arbeitsmarkt nicht zur Verfügung stand, war (mindestens) faul, unabhängig von den Ursachen. Das Bundesministerium für Arbeit und Wirtschaft sprach in der Broschüre »Vorrang für die Anständigen – Gegen Missbrauch, ›Abzocke‹ und Selbstbedienung im Sozialstaat« von »Schmarotzern« und »Parasiten«. FDP-Chef Guido Westerwelle kanzelte 2010 in einem Gastkommentar in der *Welt* Hartz IV mit dem berühmt gewordenen Satz »Wer dem Volk anstrengungslosen Wohlstand verspricht, der lädt zu spätrömischer Dekadenz ein«[16] ab und argumentierte ähnlich wie sein Nachfolger heute: »Wer kellnert, verheiratet ist und zwei Kinder hat, bekommt im Schnitt 109 Euro weniger im Monat, als wenn er oder sie Hartz IV bezöge.« Das war schon damals inhaltlich falsch und populistische Stimmungsmache gegen Armutsbetroffene, schlecht kaschiert als Sorge um den hart arbeitenden Mittelstand.

Um das klarzustellen: Leistungsmissbrauch ist natürlich zu kritisieren und zu ahnden. Menschen, die weder arbeiten noch einen Beitrag für unsere Gesellschaft leisten wollen, gehören sanktioniert. Jedoch sprechen wir hier von einer absoluten Minderheit, die im politischen Diskurs allzu häufig eine Mehrheitsdarstellung erhält, als verfestigtes Menschenbild fauler Leistungsempfänger*innen. Die mediale Umkehrung der Minderheit in die Mehrheit empfinde ich als abenteuerlich und unmoralisch. Aber die neoliberale Kampagne zeigte Wirkung und prägt bis heute das Bild, das wir uns häufig von Bürgergeldempfänger*innen machen.

Und es erklärt ein Stück weit auch, wieso eine rot-grüne Regierung ihr Ziel der forcierten Arbeitsvermittlung mit Sanktionen für Leistungsempfänger*innen bei Regelverstößen verknüpfen konnte. Vor allem jüngere Hartz-IV-Empfänger*innen mussten mit radikalen Leistungskürzungen (Entzug von Geldleistung und Miete) rechnen, wenn sie zwei

Pflichtverletzungen begangen hatten, beispielsweise indem sie eine der erwähnten Weiterbildungsmaßnahmen abbrachen. Auch die Folgeregierungen wichen von der Agenda nicht ab, obwohl die (Re-)Integration von Arbeitslosen in den Arbeitsmarkt durch das Hartz-IV-Vermittlungssystem angesichts der anhaltend hohen Sockelarbeitslosigkeit (Langzeitarbeitslose) nicht wirklich erfolgreich war[17] und der UN-Ausschuss für wirtschaftliche, soziale und kulturelle Rechte 2018 im Rahmen des Prüfverfahrens zum völkerrechtlich verbindlichen UN-Sozialpakt die Leistungshöhe und die Sanktionen in der deutschen Grundsicherung kritisierte.[18]

Dass die Ampel-Koalition etwas ändern und den Namen »Hartz IV« loswerden wollte, war mehr als nachvollziehbar, weshalb die Ankündigung von Bundesarbeitsminister Hubertus Heil im Oktober 2022 wenig überraschte, aber einiges versprach: »Wir werden statt Hartz IV ein unkompliziertes Bürgergeld einführen, das konsequent auf Hilfe und Ermutigung statt auf Sanktionen setzt.« Und: »Die Einführung des Bürgergeldes zum 1. Januar 2023 wird eine der größten Sozialreformen der vergangenen zwanzig Jahre sein.«[19]

Das hätte sie werden können, denn sie verfolgt etwa den Perspektivwechsel »Ausbildung statt Aushilfsjob«, der sich mit den in Kapitel 2 geschilderten Defiziten im Bildungsbereich und ihrer Behebung deckt. Viele der guten Ideen wurden jedoch bereits vor dem Start stark zurückgestutzt, sodass sie im Kern näher am Status quo als am Fortschritt orientiert waren und weiterhin sind. Die Regelsätze sollten steigen und taten dies auch – jedoch zu schwach, um wirklich armutsfest zu sein. Sanktionen in Form von Leistungskürzungen sollten abgeschwächt, der vom Jobcenter ausgeübte Druck verringert werden – was teilweise jedoch wieder geopfert wurde, um den Unionsparteien entgegenzukommen, die den ersten Gesetzentwurf im Bundesrat blockiert hatten, weil sie fürchteten, ohne härtere Sanktionen fehle der Anreiz, arbeiten zu gehen beziehungsweise überhaupt erst Arbeit zu suchen. Deshalb sind auch in der neu eingeführten sechsmonatigen »Vertrauenszeit« wieder mehr Sanktionen möglich. Die Überprüfung einer eventuell zu großen und teuren Wohnung findet nicht wie geplant zwei Jahre nach einem Jobverlust statt, sondern bereits nach einem Jahr. Und auch das Schonvermögen zur Absicherung für unvorhergesehene Notfälle fällt auf Drängen von CDU und CSU niedriger aus als ursprünglich geplant. Tafel Deutschland begrüßt eine zeitliche Abschwächung von Sanktionen sehr, damit sich die Menschen auf eine schnelle, neue Arbeitssuche konzentrieren können, ohne dass das Damoklesschwert von Sanktionen in einer ohnehin schon sehr belastenden Situation permanent über ihnen schwebt.

Während CDU-Chef Friedrich Merz in den politischen Debatten vor »Sozialtourismus« warnte, weil Menschen aus anderen Ländern, wie er behauptete, von den Sozialleistungen angelockt würden, verteidigte auch Hubertus Heil härtere Sanktionen gegen »Totalverweigerer«, also Menschen, die sich gegen jede Form der Arbeitsvermittlung wehrten. Woraufhin die *Bild*-Zeitung schrieb: »Jetzt geht es Faulpelzen an den Kragen.«[20] Auch an der Tonlage und dem medial vermittelten Menschenbild hat sich mit dem Bürgergeld im Wesentlichen wenig geändert. Keine empirische Zahl spricht für dieses Bild und diese unzulässige Verallgemeinerung. Es wäre interessant, eine mediale Analyse zur Menge und Qualität von Artikeln, Sendungen und Onlinebeiträgen, die angebliche »Totalverweigerer« und »Faulpelze« in den Vordergrund stellen, mit Artikeln über reiche Menschen, deren oberstes Ziel es ist, alle möglichen Steuerschlupflöcher auszunutzen, zu vergleichen. Beides unverhältnismäßige und nicht zutreffende Wahrnehmungen, die jedoch meiner Einschätzung nach sehr unterschiedlich medial und vor allem politisch aufgegriffen werden. Es hat den Anschein, als wären die Widerstände in der Opposition und der empfundene Druck von der Straße (siehe auch Kapitel 6) zu groß, um die soziale Ungleichheit via Bürgergeld entscheidend anzugehen.

Ohne großen öffentlichen Wirbel, aber nicht weniger sinnbildlich für die Debatten, wurde der erst im Sommer 2023 eingeführte Bürgergeldbonus ebenfalls einkassiert. Die monatlich 75 Euro zusätzlich für Bürgergeldempfänger*innen, die sich zum Beispiel mit Aus- und Weiterbildungen für den Arbeitsmarkt qualifizieren sollen und wollen – also mit »Maßnahmen, die für eine nachhaltige Integration von besonderer Bedeutung sind«, wie es in der Gesetzesbegründung hieß –, wurden zur Haushaltsentlastung gestrichen.[21] Eine der größten Sozialreformen der letzten zwanzig Jahre ist eher auf ein »Reförmchen« zurückgestutzt worden.

In diesem Zusammenhang sei daran erinnert, dass Arbeitslosenversicherung und Grundsicherung sozialstaatliche Errungenschaften sind, für die in der Vergangenheit hart gekämpft wurde. Sie sind verfassungsrechtlich bindend und sollen in erster Linie das sozioökonomische Existenzminimum sicherstellen: ein menschenwürdiges Dasein. Ich kann daher nur den bereits seit Langem existierenden Aufruf wiederholen, endlich ein armutsfestes Bürgergeld einzuführen, das diesem Anspruch gerecht wird. Politiker*innen sollten öfter die Tafel in ihrem Heimatort oder Wahlkreis besuchen, und zwar nicht nur, um sich im Wahlkampf für eine Stunde medienwirksam in Szene zu setzen, sondern um sich aus erster Hand erzählen zu lassen, worüber sie da in Wirklichkeit streiten.

Konzentrieren wir uns in der Debatte im nächsten Schritt zunächst auf etwas anderes als den Druck auf und die Anreize für Arbeitssuchende und setzen wir nicht, analog zur Bildung, erst bei den nachträglichen Umverteilungsleistungen des Sozialstaats an, sondern früher.

Mindestlohn und Minijobs

Wie wir gesehen haben, haben Menschen in Arbeit im Vergleich zum Bürgergeldbezug immer ein höheres Einkommen, wenn sie gegebenenfalls bei sehr niedrigem Verdienst Sozialleistungen in Anspruch nehmen. Und trotzdem reicht es oft nicht, um nicht die Unterstützung der Tafeln in Anspruch nehmen zu müssen, denn vieleTafelkund*innen gehen einer Beschäftigung nach. Existenzsichernde Löhne, Gehälter und Honorare sind für Menschen ohne Vermögen entscheidend, weshalb die Einführung eines Mindestlohns im Jahr 2015 so wichtig und richtig war. Bis zu diesem Zeitpunkt hatte sich der Niedriglohnsektor seit den Agenda-Reformen enorm ausgeweitet: Fast jede*r vierte Beschäftigte in Deutschland verdiente weniger als zwei Drittel des mittleren Stundenlohns. Diese Entwicklung war zudem mit weniger Mitspracherechten und einem Bedeutungsverlust der Gewerkschaften verbunden, der bereits nach der Wiedervereinigung Deutschlands einsetzte, vor allem in den östlichen Bundesländern. 1995 waren noch 80 Prozent der Betriebe mit Tarifverträgen ausgestattet, 2019 waren es nur noch 56 Prozent.

Im Frühjahr 2024 machte nun die frohe Botschaft die Runde, dass der Niedriglohnsektor dank des Mindestlohns und seiner deutlichen Anhebung im Oktober 2022 auf damals 12 Euro von 23,5 Prozent in 2007 auf 15,2 Prozent im Jahr 2022 geschrumpft sei.[22] Doch schauen wir genauer hin: Die Löhne im Niedriglohnsektor sind gestiegen, aber in der Lohn-Mitte im selben Zeitraum nur sehr schwach, während sie bei den Besserverdienenden der obersten 30 Prozent am stärksten zulegten. Ganz unten wurde also etwas aufgeholt, die soziale Ungleichheit aber durch eine größere Lohnspreizung verschärft.[23] Der Mindestlohn ist eine Grenze nach unten, aber eben keine nach oben.

Und weitere Spezifika des deutschen Arbeitsmarktes bleiben, insbesondere der im internationalen Vergleich sehr hohe Anteil an Teilzeitbeschäftigung. 2023 lag die Quote für die kürzere Wochenarbeitszeit aller abhängig Erwerbstätigen bei 31 Prozent, wobei 13 Prozent der Männer und mit 50 Prozent mehr als viermal so viele Frauen weniger Stunden in der Woche arbeiteten.[24] Dies bedeutet nicht nur aufgrund der geringeren Arbeitszeiten niedrigere Einkommen, hier werden oft auch deutlich niedrigere Stundenlöhne gezahlt als bei Vollzeitstellen (zusätzlich zum *Gender Pay Gap*). Das schadet in erster Linie (alleinerziehenden) Müttern – und ihren Kindern –, die beim beruflichen Wiedereinstieg nach der Elternzeit aufgrund fehlender Kita- oder Schulbetreuung oft gar nicht mehr als in Teilzeit arbeiten können. Es lohnt sich zwar zu arbeiten, aber es lohnt sich aufgrund von hohen Abzügen oft nicht, *mehr* zu arbeiten. Das mindert den potenziell starken Effekt eines armutsfesten Mindestlohns und erklärt, warum Beschäftigte im Niedriglohnsektor im Gegensatz zu den Besserverdienenden heute einen kaum höheren Reallohn als noch vor dreißig Jahren erhalten.[25] Mit in den letzten Jahren rasant gestiegenen Kosten für Miete und Wohnnebenkosten, die für Geringverdienende oft den größten Posten bei den Haushaltsausgaben ausmachen (teilweise mehr als 40 Prozent des zur Verfügung stehenden Einkommens), profitierten Vermieter*innen vom Mindestlohn überspitzt formuliert mehr als Lohnempfänger*innen im untersten Einkommensbereich.

Andererseits wäre das Ausmaß der Ungerechtigkeit ohne

den Mindestlohn noch wesentlich größer und würde eine Schlüsselrolle in der Armutsbekämpfung spielen, die gestärkt und deutlich besser flankiert werden sollte. So groß der Schritt auf 12 Euro im Jahr 2022 war, so gering fielen die Erhöhungen in 2023 (Nullrunde) und 2024 auf nunmehr 12,41 Euro aus. Auch zum 1. Januar 2025 sollen es nur 41 Cent mehr werden – womit sich der Niedriglohnsektor voraussichtlich direkt wieder ausweiten dürfte. Die neunköpfige Mindestlohnkommission, die alle fünf Jahre von der Bundesregierung neu berufen wird, hätte die positiven Erfahrungen seit der Einführung zum Anlass nehmen können, bei ihrer Empfehlung noch einmal spürbar nachzulegen. Anders als von vielen Kritiker*innen im Vorfeld prognostiziert, hatte der Mindestlohn nämlich so gut wie keine negativen Einflüsse auf die Beschäftigtenzahlen, wohl aber den gut dokumentierten positiven auf den schrumpfenden Niedriglohnsektor. Auch Tafel Deutschland fordert analog zum Paritätischen Gesamtverband eine Anhebung des Mindestlohnes auf mindestens 15 Euro, damit mehr Menschen ein armutsfestes Einkommen erzielen können.

Genauso wichtig sind aber auch die flankierenden Maßnahmen, die zum Teil schon im letzten Kapitel angeklungen sind: die bessere, gezieltere Qualifikation junger Menschen, insbesondere derjenigen ohne Berufsabschluss[26], ein leichterer Zugang zu Weiterbildungsmaßnahmen, auch für geringfügig Beschäftigte, und nicht zuletzt die bessere Vereinbarkeit von Familie und Beruf, denn die momentane Situation legt vor allem Frauen immer noch zu viele Hindernisse in den Weg, armutsfeste Einkommen und Rentenansprüche zu erwerben. Von besonderer Bedeutung ist in diesem Zusammenhang auch die bessere Integration von Zugewanderten in den Arbeitsmarkt (siehe auch Kapitel 5). Außerdem wäre eine bessere Kontrolle in der Umsetzung beziehungsweise der Einhaltung des Mindestlohns sinnvoll, denn hier wird zum Teil noch großer Nachholbedarf bei den Arbeitgebern vermutet.[27] Dadurch werden nicht nur Beschäftigte um eine faire(re) Bezahlung gebracht, auch dem Staat entgehen enorme Steuereinnahmen. Das Ziel einer branchenweiten Mindestlohneinhaltung steht aber nicht zuletzt auch im unternehmerischen Eigeninteresse der gesetzestreuen Arbeitgeber.[28]

Viel zu oft fehlt es darüber hinaus den gering oder gar prekär Beschäftigten an Wissen und Durchsetzungsmöglichkeiten ihrer Rechte als Arbeitnehmer*innen. In der Praxis werden Arbeitsrechtsverstöße daher zu oft nicht angezeigt. Bindende Tarifverträge, ausgehandelt von konstruktiv und auf Augenhöhe mit den Arbeitgebern agierenden Gewerkschaften, sind hier für eine Verringerung sozialer Ungleichheit entscheidend.

Wir treten einen Schritt zurück und blicken einmal auf die globale Situation: Nach der industriellen stecken wir längst in einer digitalen Revolution. Mit der Digitalisierung und allem, was derzeit unter »Künstlicher Intelligenz« (KI) firmiert, beispielsweise Machine Learning oder Large Language Models wie ChatGPT, werden sich viele Lebensbereiche, nicht zuletzt die Arbeitswelt und auch der Wert von Arbeit, von Grund auf verändern. Hinzu kommt der bereits seit Langem absehbare demografische Wandel, der mit dem Renteneintritt der »Babyboomer«, also der Generation der geburtenstarken Jahrgänge 1955 bis 1969, in seine entscheidende Phase tritt. Der sich zuspitzende Fachkräftemangel ist hierbei nur *ein* Stichwort. Neben Struktur- und Demografie- ist natürlich auch der Klimawandel zu nennen, wobei »Wandel« eine euphemistische Bezeichnung sein dürfte. Angesichts vieler politischer Krisen, Konflikte und Kriege weltweit müssen wir daher eher von einer steigenden Zahl armutsgefährdeter und -betroffener Menschen ausgehen (siehe auch Kapitel 6). In all diesen Szenarien sind es immer die ärmsten Gesellschaftsschichten, die davon am härtesten getroffen werden.

Damit sind nicht »nur« die 16,9 Prozent der Bevölkerung gemeint, die jetzt schon von Armut bedroht oder betroffen sind, sondern auch die untere Mittelschicht. Denn fast ein Drittel der Menschen in Deutschland verfügt nicht über ausreichende Rücklagen, um unvorhergesehene Ausgaben von 1150 Euro oder mehr tätigen zu können, wie das Statistische Bundesamt im Oktober 2022 meldete.[29] Und im selben Monat meldeten das Institut der deutschen Wirtschaft (IW) und das Sinus-Institut, dass im Zuge der Energiekrise deutschlandweit nur noch jede*r Zweite spare und somit überhaupt Rücklagen beziehungsweise Vermögen bilden konnte.[30] Auch wenn sich die Energiepreise zurzeit entspannen, zeigt das, wie krisenanfällig viele Haushalte sind und wie weit das Thema dieses Buches bereits in die Mittelschicht hineinreicht. Eine kaputte Waschmaschine oder ein längerer Krankheitsausfall kann die Existenz möglicherweise schon gefährden. Und gleichzeitig ist hier einmal kritisch zu hinterfragen, wer die Mittelschicht repräsentiert und wie diese in unterschiedlichen Kontexten wahrgenommen wird. Es existieren die unterschiedlichsten Definitionen und Einordnungen. Auf das Einkommen bezogen wird darüber hinaus häufig zwischen einer unteren, mittleren und oberen Mittelschicht unterschieden. Egal, welche Definition Anwendung findet, die Bedeutung einer stabilen Mittelschicht für den sozialen Zusammenhalt einer Gesellschaft wird von den Wirtschaftswissenschaften betont. Erodiert sie, hat das zur Folge, dass sich die Menschen der unteren Mittelschicht zum Beispiel durch die Inflation und die enormen Preissteigerungen im letzten Jahr gezwungen sehen, die Angebote der Tafeln anzufragen. Dies wiederum führt zu einem instabileren Gesamtgefüge. Dazu passt auch, dass die Zahl der überschuldeten Personen zwar seit ein paar Jahren rückläufig ist, aber immer noch bei mehr als 5,6 Millionen liegt, was einer Überschuldungsquote von 8,15 Prozent entspricht.[31] Konkret: Jede*r zwölfte Erwachsene verfügt weder über vorhandenes Vermögen noch über erwartete Einnahmen, um bereits bestehende Verbindlichkeiten begleichen zu können.

Und während in der unteren Hälfte der Gesellschaft Sorgen zunehmen, legen am anderen Ende der Verteilung die Einkommen überdurchschnittlich zu, und die Vermögen wachsen schneller als die Wirtschaft.[32] Zudem haben bei einer Befragung durch das Deutsche Institut für Wirtschaftsforschung zwei Drittel der befragten Reichen angegeben, dass Erbschaften oder Schenkungen ein relevanter Grund dafür seien, dass sie heute vermögend sind. Auch hier wird wiederholt deutlich, wie wenig die Leistung unserer »Leistungsgesellschaft« mit Wohlstand zu tun hat.[33]

Da sich beispielsweise auch die Mindestlohnkommission bei ihren Empfehlungen an der Entwicklung der durchschnittlichen Tariflöhne orientieren soll, ist ein Blick auf die Arbeit der Gewerkschaften und die Ausweitung von Tarifverträgen unvermeidlich – wobei die starke Erhöhung des Mindestlohns im Oktober 2022 beispielsweise auf das Wahlprogramm der SPD zurückgeht. Entscheidend ist also in erster Linie der politische Wille. Den könnte die Regierung auch zeigen, indem zum Beispiel bei der Vergabe von Aufträgen durch die öffentliche Hand nicht nur eine europaweite Ausschreibung und der Zuschlag für das günstigste Angebot vorgegeben werden, sondern auch die ausschließliche Berücksichtigung von Unternehmen, die nach Tarif bezahlen und die Tarifbindung auch nicht durch die Gründung von Tochterunternehmen oder mittels Subunternehmern umgehen.[34] Und auch die Jobcenter könnten bei der Vermittlung von Arbeitssuchenden konsequent Arbeitgeber bevorzugen, die nach Tarif bezahlen. Das könnte wiederum für einen erhöhten Druck auf die Arbeitgeber genutzt werden, flexiblere Arbeitszeiten zu ermöglichen, etwa für Alleinerziehende oder für die Pflege von Angehörigen.

Generell muss eine Aufwertung bisher schlecht bezahlter Arbeiten das Ziel sein. Insbesondere Berufe im Pflege- und Sozialbereich, deren Systemrelevanz noch während der Coronapandemie überall als unstrittig erkannt wurde, müssen mehr Anerkennung erhalten, auch finanziell. Hier können nur noch einmal familienfreundlichere Infrastrukturen angemahnt werden, aber auch eine faire Vergütung von Care-Arbeit bezüglich der Berechnung der Rente. Laut einer Studie des Forschungsinstituts Prognos, die auf Daten des Sozio-oekonomischen Panels basiert, wird in Deutschland in den Bereichen Kinderbetreuung und Altenpflege jährlich unbezahlte Care-Arbeit geleistet, die bei durchschnittlichen Stundenlöhnen 1,2 Billionen Euro kosten würde – und die zu fast 62 Prozent von Frauen geleistet wird.[35]

Schlecht bezahlte Berufe aufzuwerten bedeutet aber auch, Arbeitsverträge mit sachgrundloser Befristung zu verbieten. Rainer Schlegel, der Präsident des Bundessozialgerichts (BSG), plädiert dafür, geringfügige Beschäftigungen, also nicht sozialversicherungspflichtige Minijobs, ganz abzuschaffen und allenfalls als Schüler- oder Studentenjobs zuzulassen.[36] »Eine solche Reform würde die Sozialkassen entlasten und dem Arbeitsmarkt guttun.« Denn ein Anspruch auf eine armutsfeste Rente lässt sich mit dauerhaft geringfügiger Beschäftigung nicht erwerben und belastet die Sozialkassen und damit die Gesellschaft. Minijobs sind auch deshalb eine Armutsfalle, weil sie die gläserne Decke quasi inklusive haben, das heißt, ein Aufstieg aus ihnen in besser bezahlte Stellen ist in der Regel nicht möglich. Sie stellen von daher auch keinen guten (Wieder-)Einstieg in den Arbeitsmarkt dar, sondern vielmehr eine Sackgasse, aus der es mitunter sehr schwer ist, wieder herauszufinden.

Gefragt sind Perspektivwechsel

Falsche Anreize bei der Arbeitssuche beziehungsweise -aufnahme führen auch zu mehr Schwarzarbeit.

Das Institut für Angewandte Wirtschaftsforschung (IAW) prognostiziert den Wert der durch Schwarzarbeit erbrachten Leistungen für 2024 auf 481 Milliarden Euro, was 11,3 Prozent des gesamten Bruttoinlandsprodukts entspräche.[37] Mehr als jede zehnte Arbeitsstunde würde demnach am Fiskus vorbei geleistet. Davon wird nur ein Bruchteil auf Bürgergeldempfänger*innen zurückgehen, dennoch vermutet das Institut, dass durch erhöhte Bürgergeldzahlungen weniger Bezieher*innen illegal nebenbei Geld verdienen müssten.

Das ist ein interessanter Perspektivwechsel, denn üblicherweise konzentrieren sich die Einwände gegen eine Erhöhung des Bürgergelds oder sonstiger Sozialleistungen darauf, dass dadurch der Anreiz zur Arbeitsaufnahme verringert würde. Ein höheres Bürgergeld könnte gemäß der Studienverfasser*innen die Verhandlungsposition von Arbeitnehmer*innen stärken, und zwar nicht nur die von Arbeitssuchenden, sondern auch die aller Geringverdienenden. Das Lohnabstandsgebot würde umgekehrt angewendet – nach oben in Richtung Mindestlohn, nicht nach unten in Richtung Existenzminimum – und könnte so für höhere Löhne sorgen. Unternehmen, die in der Vergangenheit in großem Umfang von prekären Beschäftigungsverhältnissen profitiert haben, wären im besten Fall zum Nachbessern gezwungen, um ihre Stellen zu besetzen. In Kombination mit einer Stärkung und Bevorzugung von Tariflöhnen wäre das deutlich zielführender als Sanktionsverschärfungen für Bürgergeldempfänger*innen, die sie in schlechte Jobs drängen und in Verhandlungen erpressbar machen.[38]

Und auch die Transferentzugsraten spielen bei den Anreizen zur Arbeitsaufnahme eine Rolle. Hier wird besonders gut sichtbar, wie sich der Staat vor lauter Bürokratie selbst ein Bein stellt. Die verschiedenen staatlichen Leistungen können vermutlich gar nicht so gut aufeinander abgestimmt werden, dass dabei keine Fehlanreize entstehen, wenn sie bei steigenden Einkommen gleichzeitig auch gekürzt werden. Für beides gibt es gute Gründe: für die Vielzahl der zuvor mit guter Absicht eingeführten Leistungen genauso wie für den Gedanken, dass denjenigen, die sich selbst nicht helfen können, mehr Unterstützung zukommen muss als anderen. Das kann in der Praxis dazu führen, dass Menschen weiter in Teilzeit beziehungsweise Minijobs arbeiten und jegliche Eigeninitiative im Keim erstickt wird. Die Komplexität der unterschiedlichen Zuständigkeiten führt zu Ungerechtigkeit, vor allem werden sie aber als ungerecht wahrgenommen. Der geforderte Bürokratieabbau – hier wäre er besonders nötig.

Die bereits im letzten Kapitel erwähnte Journalistin Anna Mayr schildert aus eigenem Erleben, wie schon bei Jugendlichen die geforderte Eigeninitiative ausgebremst wird, wenn Einkommen aus Schüler*innenjobs mit Sozialtransfers des Elternhauses verrechnet werden, wenn es also eine Zuverdienstgrenze für »arbeitslose« Kinder gibt, wie sie schreibt (gemeint sind hier Kinder arbeitsloser Eltern). Mit ihrem Buch *Die Elenden* macht sie sich stark für einen Perspektivwechsel des gesellschaftlichen Blickes auf Arbeitslose. Und der deckt sich auch mit dem Menschenbild, für das ich mich einsetze. Es besagt, dass Arbeitslosigkeit oder generell das Angewiesensein auf Bürgergeld beziehungsweise andere Transferleistungen in der Regel nichts mit Faulheit, individuellem Verschulden, »Leistungsschwäche« oder Ähnlichem zu tun hat. »Ich glaube, wir müssen unsere Lebenseinstellung ändern, bevor wir unseren Blick auf Arbeitslosigkeit ändern können. Erst wenn der eigene Lebenssinn nicht mehr nur aus Arbeit besteht, kann man den Arbeitslosen gegenüber eine lässigere Haltung entwickeln«, sagt Anna Mayr.[39] Bis es so weit ist, bleibt Arbeitslosigkeit systemrelevant, nicht ihre Beseitigung.

Einen grundsätzlichen Perspektivwechsel brauchen wir beim Thema Wohnen zwar nicht, weil die Bundesregierung längst erkannt hat, dass es in Deutschland an bezahlbarem Wohnraum mangelt. Noch vor fünfzehn Jahren gab es in Deutschland 2 Millionen Sozialwohnungen, 2022 waren es nur noch 1,1 Millionen. Nach Ansicht des Bündnisses »Soziales Wohnen« fehlen heute diese 900 000 Sozialwohnungen, um den aktuellen Bedarf zu decken.[40] Bundesbauministerin Klara Geywitz (SPD) betonte zwar das Vorhaben, »in Deutschland gutes, bezahlbares und klimagerechtes Wohnen in einem lebenswerten Umfeld sicherzustellen«[41]. Die selbst gesetzte Marke von 400 000 Wohnungen wurde aber weder 2022 (laut Statistischem Bundesamt nur 295 300 gebaute Wohnungen[42]) noch 2023 (noch ohne endgültige Zahl) erreicht. Auch 2021 wurden unter der Vorgängerregierung weniger als 300 000 Wohnungen gebaut. Hier gibt es also kein Erkenntnis-, sondern ein Umsetzungsproblem. Und trübe Aussichten: In Anbetracht der eingebrochenen Genehmigungszahlen (von Januar bis August 2023 sind die Baugenehmigungen im Vergleich zum Vorjahr um fast ein Drittel zurückgegangen) und unter Berücksichtigung der Bauzeiten könnten die Fertigstellungen bis auf 150 000 Wohnungen pro Jahr sinken.[43]

Über viele Jahre sind die Immobilienpreise enorm gestiegen, insbesondere seit 2009, also nach der Finanzkrise, haben sich die Preise vervielfacht. Im Jahr 2023 ist erstmalig ein deutlicher Rückgang zu verzeichnen, wie nachhaltig dieser ist und ob er sich hauptsächlich auf den ländlichen Raum bezieht, während der Bedarf in den Metropolen weiter steigt, bleibt abzuwarten. Wohnen beziehungsweise Wohneigentum wird auch zukünftig einer *der* großen Wohlstandsfaktoren bleiben. Die seit Jahren fortschreitende Gentrifizierung und die sozialräumliche Segregation führen außerdem dazu, dass ärmere Haushalte verdrängt werden und sich die unterschiedlichen Bevölkerungsschichten im Alltag immer weniger begegnen, weil sie räumlich getrennt voneinander leben und weniger Einblicke in die Lebenswelten der anderen erhalten. Besonders stark zeigt sich die fehlende soziale Durchmischung laut einer Studie des Wissenschaftszentrums Berlin für Sozialforschung (WZB) im überdurchschnittlich von Armut betroffenen Ruhrgebiet und in ostdeutschen Städten.[44]

Über die Tafel habe ich nur wenige Einblicke in das Thema Wohnen. Zu unseren Kund*innen gehören auch kaum Obdachlose. Dennoch möchte ich an dieser Stelle einen sozialpolitischen Ansatz erwähnen, der sich an Obdach- beziehungsweise Wohnungslose richtet, weil er ganz wunderbar zeigt, was ein Perspektivwechsel ausmachen kann, nämlich: »Housing First«. Die Idee stammt aus den USA, wo sie seit der Jahrtausendwende zur Anwendung kommt, und sie lässt sich verkürzt so auf den Punkt bringen: Anstatt obdachlose Menschen erst in Arbeit zu bringen, damit sie sich eine Wohnung leisten können, verschafft man ihnen zuerst eine Wohnung, damit sie von dort aus – mit unterschiedlichen Begleitangeboten und gegebenenfalls mit Zwischenstufen in Wohnunterkünften – wieder zu Menschenwürde, sozialer

Teilhabe, Arbeit etc. finden können. In Finnland hat sich dieser Ansatz bereits etabliert, und auch in Deutschland gibt es erste erfolgreiche Projekte, zum Beispiel in Köln und Berlin. Sicher ist Housing First nicht für jede*n Obdachlose*n die passende Lösung, und auch die Zahl der bislang umgesetzten Projekte ist angesichts von schätzungsweise 50 000 Obdachlosen in Deutschland (und laut Bundesarbeitsgemeinschaft Wohnungslosenhilfe über 600 000 wohnungslosen Menschen)[45] noch sehr gering, aber die gängige Herangehensweise auf den Kopf zu stellen und konsequent von der Menschenwürde auszugehen – das sollte viel öfter Nachahmung finden, als es heute der Fall ist.

Manchmal reicht für einen Perspektivwechsel aber auch ein Blick ins Nachbarland. Während in Deutschland seit Ende der Achtzigerjahre der kommunale Wohnungsbau vernachlässigt und stattdessen auf Privatisierung gesetzt wurde, machten es unsere österreichischen Nachbarn anders. Sie wechselten die Blickrichtung und nahmen eine Perspektive ein, die zunächst weniger an Rendite, sondern an den menschlichen Grundbedürfnissen orientiert ist: Sie förderten den öffentlichen Wohnungsbausektor über Jahrzehnte hinweg.

Das Ergebnis lässt sich am besten anhand der beiden Hauptstädte veranschaulichen: In Berlin, das noch in den Neunzigerjahren mit günstigen Mieten wie ein Magnet die Leute von überallher anzog, sind die Preise explodiert. In Wien hingegen ist sehr viel mehr bezahlbarer Wohnraum vorhanden, und das macht die österreichische Hauptstadt nicht nur für junge Menschen attraktiv, sondern auch für alteingesessene Einwohner weiterhin erschwinglich. Bezahlbares Wohnen entlastet nicht nur Menschen mit geringen Einkommen, sondern auch den Staat, der weniger Wohngeld zuschießen muss, weil in privatisierten Wohnungsmärkten die Mieten maximiert werden. Nicht nur in Großstädten wie Berlin, auch in Regionen, in denen es viele gut bezahlte Jobs und reichlich geerbtes Vermögen gibt, drängt die Finanzialisierung des Wohnens mehr Menschen in die Armutsgefährdung.[46] Die Politikwissenschaftlerin Sabine Nuss brachte den überfälligen Perspektivwechsel bereits 2019 auf den Punkt, indem sie sagte, es gibt »kein Recht auf Rendite, aber ein Grundrecht auf Wohnen«.[47]

Heizen und Energieerzeugung sind darüber hinaus unmittelbar mit dem Thema Wohnen verknüpft. Die Abhängigkeit von russischem Gas führte im Zuge des Angriffskrieges auf die Ukraine zu enormen Preissteigerungen, aber auch im Hinblick auf die Erderwärmung ist mit Transformationskosten zu rechnen, die armutsbetroffene Haushalte besonders stark belasten werden. Als die Bundesregierung Ende 2022 die sogenannte Gaspreisbremse einführte, um die Kosten für die Gaskunden zu deckeln, meldete sich Carsten Linnemann zu Wort und forderte stattdessen eine »Sozialstaatsbremse«, die die Sozialausgaben bei etwa 30 Prozent des Sozialproduktes deckeln solle.[48] Abgesehen davon, dass ein differenzierter Blick auf den Anteil der unterschiedlichen Bereiche des Sozialbudgets hilft, sei darauf hingewiesen, dass die Erzählung der ständig steigenden Sozialausgaben des deutschen Staates so nicht zu halten ist.[49] Eine Datenanalyse des Instituts für Makroökonomie und Konjunkturforschung der gewerkschaftsnahen Hans-Böckler-Stiftung zeigt, dass Deutschlands reale öffentliche Sozialausgaben im Vergleich zu 27 OECD-Ländern in den letzten 20 Jahren um 26 Prozent gestiegen sind. Damit liegen wir auf dem drittletzten Platz. Auch beim Anteil der staatlichen Ausgaben an der Wirtschaftsleistung liegt Deutschland im oberen Mittelfeld, auf Platz 7 von 18. »Wer von einem ungebremst wachsenden Sozialstaat spricht, oder davon, dass der Staat generell immer weiter aufgebläht werde, verbreitet eine Mär, die nicht durch Fakten gedeckt ist«, konstatiert Prof. Dr. Sebastian Dullien, wissenschaftlicher Direktor des IMK. Hier politisch einen Gegensatz zwischen Klima und Menschen aufzumachen und dabei insbesondere Bürgergeldempfänger*innen ins Visier zu nehmen, ist schlichtweg unmoralisch. Das für 2025 geplante und über einen steigenden CO_2-Preis zu finanzierende Klimageld könnte gerade für Geringverdienende ein wichtiger Ausgleich sein, wenn sich verbrauchsabhängige Kosten sozial gerecht verteilen.

Der letzte Perspektivwechsel, den ich zum Abschluss dieses Kapitels anregen möchte, ist ein geänderter Blick der gesellschaftlichen Mitte. Immer mehr Menschen spüren und erleben, dass das neoliberale Leistungsnarrativ nicht (mehr) stimmt. Arbeit allein ist keine Garantie für sozialen Aufstieg, nicht einmal ein sicherer Schutz vor Armut. Der Wunsch, dass es die eigenen Kinder einmal besser haben sollen als man selbst, funktioniert nicht mehr. Die wichtigsten Bedingungen für Wohlstand sind weder Fleiß noch Talent noch Leistung, sondern bereits existierendes Vermögen und in welche Familie, Netzwerke und Privilegien man hineingeboren wird. Wir sollten den Leistungsbegriff als humanistische Gesellschaft dringend erweitern und anpassen. Die meisten armen Menschen dieser Welt arbeiten sehr hart. Arbeitslose gegen Geringverdienende auszuspielen und Sparpakete bei den Armen zu fordern, wie es insbesondere im »Superwahljahr« 2024 populistisch an Konjunktur gewann, muss als schäbige Stimmungsmache gegen Menschen, die unsere Solidarität verdient haben, entlarvt werden. Allein deshalb ist die breite Mitte der Gesellschaft so entscheidend.

Kapitel 4

Arm und alt – Demografie, Menschenwürde und Einsamkeit

Alle drei Monate geschieht in Cottbus-Sachsendorf ein kleines Wunder: Dann reisen ein Dutzend oder mehr »Engel« an und verwandeln die örtliche Tafel in einer halben Stunde in einen Friseursalon. Die ersten »Engel« haben sich bereits 2016 in Biberach an der Riß als »Barber Angels Brotherhood e. V.« zusammengeschlossen. Seither hat sich der Aktionsradius enorm erweitert, und die karitative Initiative hilft deutschlandweit, in Österreich und der Schweiz, in den Niederlanden, in Norwegen, Spanien, ja sogar in Chile und Kolumbien. Weltweit sind schon über 460 Friseur-Engel im Einsatz – bei der Tafel in Cottbus sind sie zum ersten Mal im Sommer 2023 gelandet.

Die Friseur*innen, die mit ihren schwarzen Lederkutten und den aufgenähten Vereinsemblemen auf den ersten Blick an einen Motorradclub erinnern, bringen alles mit, was sie für ihren Einsatz benötigen: Scheren, Bürsten, Kämme, Klammern, Spiegel, Sprühflaschen, Barttrimmer, Frisierumhänge. Damit die Profis drei bis vier Haarschnitte in der Stunde schaffen, werden ihre Kund*innen gebeten, bereits mit gewaschenen Haaren zu erscheinen, notfalls wird das aber auch noch vor Ort mit speziellen Waschhauben gelöst. Kurz bevor sie einfliegen, erfahren sie von den Mitarbeitenden der Tafel, wie viele Gutscheine im Vorfeld für die Gratisaktion verteilt wurden, und dann geht es sofort los.

Platz nehmen dürfen Tafel-Kund*innen, Bewohnerinnen aus dem Frauenhaus und Obdachlose etc. – die einzige Voraussetzung, auf die Barber Angels und Tafel gemeinsam achten: Die neuen Frisuren sollen wirklich armutsbetroffenen Menschen zugutekommen. Dank der Unterstützung durch Sponsoren bekommen diese zum Abschied auch noch ein kleines Geschenk: ein »Goodie-Bag« mit Shampoo, Duschbad, Kamm, Spiegel oder ähnlichen Hygieneartikeln. Die Mitarbeitenden der Tafel sorgen an diesen besonderen Tagen für ein schönes Ambiente mit Kaffee und Kuchen, Zeit und einem offenen Ohr. Und natürlich im Vorfeld für die Organisation dieser Kooperation, für die sie neben ihren üblichen Aufgaben bei der Tafel noch sonntags mit anpacken.

Besonders sind diese Tage aber vor allem deshalb, weil es bei den Einsätzen der Barber Angels um sehr viel mehr als einen neuen Haarschnitt oder frisch gestutzte Bärte geht. Sie wollen mit ihrer Zeit und ihrem handwerklichen Können benachteiligten Menschen ihre Würde bewahren und Selbstvertrauen geben, denn so etwas Selbstverständliches wie ein Haarschnitt kann einen Menschen verwandeln, berühren und aufbauen: Strahlen, Lächeln, aufrichtige Dankbarkeit. Wie mir die Teamleiterin der Tafel Cottbus berichtete, flossen bei vielen der jedes Mal über hundert Gäste auch schon mal Tränen der Rührung.

Auch der Geschäftsführer des Albert-Schweitzer-Familienwerks Brandenburg e. V., unter dessen Dach die Tafel Cottbus seit 1998 ihre Türen öffnet, hat sich von den Barber Angels inspirieren lassen: »Künftig möchten wir mehr Initiativen dieser Art gewinnen: Zahnmedizin, Tiermedizin, Fußpflege – das sind Leistungen, die für Menschen mit zu geringem Einkommen unerreichbar sind. Das soll anders werden.«

Warum es anders werden *muss*, liegt auf der Hand: Viele armutsbetroffene Menschen können sich den Gang zum Friseur mit ihrem Einkommen beziehungsweise ihrer Rente nicht leisten und stellen ihn hintan, weil andere Ausgaben dringlicher sind. Dass bei den Barber Angels überwiegend ältere Menschen die Gelegenheit nutzen, ist ebenfalls nicht verwunderlich, schließlich gehören unter allen Armutsgefährdeten die Rentner*innen schon seit Jahren zu der am schnellsten wachsenden Bevölkerungsgruppe. Von 2020 auf 2021 stieg die Altersarmutsquote, also die der Menschen von 65 Jahren und älter, von 16,3 auf 17,6 Prozent.[1] Eine Entwicklung, die wir bei den Tafeln leider bestätigen können. Der Anteil armutsbetroffener Rentner*innen, die nicht nur berechtigt sind, sondern tatsächlich zur Tafel kommen, hat vor Corona spürbar zugenommen.

Nicht jede Person über 65 Jahren ist gleichzusetzen mit einem Rentner beziehungsweise einer Rentnerin. Zum einen verschiebt sich das Renteneintrittsalter weiter nach oben und liegt bereits heute bei über 66 Jahren (gemäß RV-Altersgrenzenanpassungsgesetz gilt für alle nach 1963 Geborenen die Regelaltersgrenze von 67 Jahren). Zum anderen gehen viele Personen, beispielsweise Bezieher*innen von Erwerbsminderungsrenten oder Frührentner*innen, vor dem 65. Lebensjahr in Rente. Die Erwerbstätigenquote der 60- bis 64-Jährigen liegt heute bei knapp über 60 Prozent.[2] Und viele Menschen gehen noch oder wieder einer Erwerbstätigkeit nach, sei es, um Gemeinschaft zu erleben, einer sinnvollen, erfüllenden Tätigkeit nachzugehen oder das Gefühl zu haben, noch gebraucht zu werden. Bei der Tafelarbeit hören wir jedoch häufig noch einen weiteren Grund: Menschen arbeiten länger, um die zu kleine Rente aufzubessern und so lange wie möglich den aktuellen Lebensstandard halten zu können. Auch die Zahlen zur Erwerbstätigkeit zeigen einen eindeutigen Trend: Laut Statistischem Bundesamt waren 2010 etwa 9 Prozent der 65- bis 69-Jährigen erwerbstätig, 2020 lag ihr

Anteil mit 17 Prozent schon fast doppelt so hoch.[3] Interessant ist in diesem Zusammenhang auch, dass Armut unter Rentner*innen und Pensionär*innen bis 2013 statistisch nur wenig relevant war, wie der Paritätische feststellte.[4] Erst in den vergangenen zehn Jahren stieg auch unter ihnen das Armutsrisiko. Nach jungen Erwachsenen und Kindern bilden sie die gefährdetste Altersgruppe. Tendenz: weiter steigend, denn ihr Anteil dürfte mit dem Renteneintritt der geburtenstarken Boomer-Jahrgänge in den kommenden Jahren weiter zunehmen.

Der Bevölkerungsforscher Reiner Klingholz konstatierte schon 2018 auf einem Symposium der Körber-Stiftung: »Die Babyboomer haben größtenteils in Wohlstand gelebt. Dennoch erwartet einen Teil die Altersarmut. Besonders unter Frauen, Migrantinnen und Migranten und Geringqualifizierten könnte die Rente nicht zum Leben reichen. Frauen haben häufig – trotz veränderter Rollenbilder und Familienarrangements – den größten Teil der Sorgearbeit für Kinder und ältere Angehörige übernommen und deshalb beruflich zurückgesteckt oder in Teilzeit gearbeitet. Sie haben so weniger Versorgungsansprüche und sind anfälliger für Armut im Alter.«[5]

Und das zeigt auch: Altersarmut ist aufgrund des demografischen Wandels heute eine der drängendsten Herausforderungen unserer Gesellschaft mit gelingender Zuwanderung zwar abzumildern, der aber nicht gänzlich aufzuhalten ist. Dass eine alternde Bevölkerung auch Auswirkungen auf unser Rentensystem haben wird, macht eine einfache Zahlenreihe deutlich: 1960 kamen auf eine*n Rentner*in noch sechs Beitragszahlende, doch bereits 1972 war das Verhältnis auf 4,2 zu 1 gesunken. 2019 finanzierten eine Rente nur noch zwei Beitragszahlende, und für 2030 werden es voraussichtlich nur noch 1,5 Beitragszahlende pro Rentner*in sein. Von 6 auf 1,5 in siebzig Jahren.

Als unser Rentensystem 1957 eingeführt wurde, war die Welt in Deutschland eine andere: Knapp 30 Prozent der Bevölkerung waren zwanzig Jahre und jünger, keine 10 Prozent waren über 65, die Geburtenrate war höher und die Lebenserwartung niedriger. Beides hat sich gedreht: Die Zahl der Geburten liegt seit Ende der Siebzigerjahre unter dem bestandserhaltenden Niveau, dafür ist die Lebenserwartung auf aktuell 78,5 Jahre bei den Männern und 83,4 Jahre bei den Frauen gestiegen.[6] Mit der Folge, dass der Anteil der jungen Menschen unter zwanzig im Jahr 2021 nur noch bei 18 Prozent lag, während 20 Prozent der Bevölkerung 65 Jahre oder älter waren. Der unbestrittene Fortschritt einer gestiegenen Lebenserwartung wird mehr und mehr zur Herausforderung für das alte Umlageverfahren, bei dem die Beiträge der Erwerbstätigen nicht reichen, um damit die Renten zu finanzieren. Die Zuschüsse des Bundes zur gesetzlichen Rentenversicherung machen etwa 30 Prozent des Gesamtumfangs der Renten aus. Im Jahr 2022 beliefen sich die Ausgaben der deutschen Rentenversicherung auf rund 359,55 Milliarden Euro.

Riestern statt Solidarisieren

Das im Grundgesetz verankerte Sozialstaatsprinzip verfolgt zwei grundsätzliche Ziele: soziale Sicherung und soziale Gerechtigkeit. Zum einen soll der Staat die Existenzgrundlagen seiner Bürger*innen sichern, zum anderen soll er für einen Ausgleich zwischen den unterschiedlichen gesellschaftlichen Gruppen sorgen. Er tut dies einerseits mit der Absicherung des Alters, indem die Rente nach dem Erwerbsleben das Arbeitsentgelt ersetzt, und andererseits mit der Unterstützung bei Krankheit und Pflegebedürftigkeit in Form von Rehabilitationsleistungen oder Renten wegen verminderter Erwerbsfähigkeit. Zeiten der Ausbildung, der Erwerbslosigkeit im Arbeitslosengeldbezug, der Kindererziehung und Pflege von Angehörigen werden rentensteigernd anerkannt. Darüber hinaus gibt es eine Hinterbliebenenrente beim Tod des Ehe- oder – bei einer eingetragenen Lebenspartnerschaft – des Lebenspartners beziehungsweise der -partnerin und eine Waisenrente beim Tod eines Elternteils. Mit der »Mütterrente« (die auch für Väter gilt, offiziell sind damit das RV-Leistungsverbesserungsgesetz von 2014 und das RV-Leistungsverbesserungs- und -stabilisierungsgesetz von 2018 gemeint) werden die Zeiten für die Erziehung von Kindern, die vor 1992 geboren wurden, mit pauschalen Zuschlägen berücksichtigt. 2021 wurde zudem eine Grundrente für Menschen, die jahrzehntelang mit einem unterdurchschnittlichen Verdienst gearbeitet und Beiträge in die gesetzliche Rentenversicherung eingezahlt haben, eingeführt, und die gesetzliche Rentenversicherung übernimmt im Alter die Hälfte der Kranken- und Pflegeversicherung.[7]

Das paritätische Prinzip ist wohl *das* charakteristische Merkmal der gesetzlichen Rentenversicherung. Arbeitgeber und Arbeitnehmer teilen sich die Beiträge zu jeweils 50 Prozent, aber auch – im Sinne des sogenannten Generationenvertrags – jüngere Beitragszahlende sorgen für ältere Rentenbezieher*innen. Dieses solidarische Umlagesystem ist nicht nur ein Zeichen des Respekts und des sozialen Friedens. Es hat sich über viele Jahrzehnte bewährt und gilt daher zu Recht als eines der Fundamente unserer sozialen Marktwirtschaft. Heute müsste der erste Satz in diesem Absatz korrekterweise lauten: Das paritätische Prinzip *war* einmal das charakteristische Merkmal der gesetzlichen Rentenversicherung. Denn seit zwanzig Jahren wackelt dieses Fundament.

Ausschlaggebend dafür war ein grundlegender Perspektivwechsel kurz nach der Jahrtausendwende. Das Ziel der sozialen Sicherung im Alter, und mit ihr die dauerhafte Sicherung eines auskömmlichen Rentenniveaus, rückte im Zuge der Agenda-2010-Reformen in der Prioritätenliste der Rentenpolitik nach hinten. Fortan war entscheidend, Kosten zu vermeiden und die Beitragssätze aufgrund von möglichen Standortnachteilen möglichst nicht zu erhöhen. Es wurde weniger gefragt: »Was und wie viel brauchen Menschen im Alter?«, als vielmehr gesagt: »Wir halten den Beitragssatz stabil, um Arbeit nicht teurer zu machen, und verteilen, was da ist.« Übereinstimmend mit den im vorigen Kapitel beschriebenen Arbeitsmarktreformen um das Arbeitslosengeld II sollte aus dem deutschen Sozialstaat ein »aktivierender« Sozialstaat mit einer marktgesteuerten, teilprivatisierten Altersvorsorge werden. Sinnbildlich für den schrittweisen Reformprozess steht die Einführung der Riester-Rente durch das Altersvermögensgesetz, das zusammen mit dem Altersvermögensergänzungsgesetz am 1. Januar 2002 in Kraft trat.

Mit der Riester-Rente endete zum einen das Prinzip der paritätischen Finanzierung des Sozialversicherungssystems, weil nun die Beitragssatzdeckelung im Vordergrund stand. Dieser Paradigmenwechsel wurde mit dem demografischen Wandel begründet, es ging dabei aber nicht minder um die Entlastung der Arbeitgeber. Der Faktor Arbeit sollte durch paritätisch steigende Arbeitgeberbeiträge in einer globalisierten Welt nicht zu einem Wettbewerbsnachteil werden, so die neoliberal geprägte Argumentation. Der Wirtschaftsstandort Deutschland bekam demnach den Vorrang vor dem sozialen Standort Deutschland. Mit der Begrenzung des Beitragssatzes sank (durch eine komplizierte und mehrfach verschärfte Änderung der Rentenanpassungsformel) das Rentenniveau[8] schrittweise von damals 53 Prozent auf aktuell etwa 48 Prozent, das bedeutet: Die Standardrente, auch »Eckrente« genannt, die man idealtypisch mit genau 45 Entgeltpunkten erhält (also nach 45 Jahren Beitragszahlung auf Basis eines durchschnittlichen Einkommens), beträgt 48 Prozent des Durchschnittseinkommens (also des Mittelwerts aller Bruttoeinkommen der Erwerbstätigen).

Damit endete zum anderen auch das sozialstaatliche Ziel der Stabilisierung der Einkommen im Lebensverlauf, also die Lebensstandardsicherung im Alter. Denn bei einem sinkenden Rentenniveau – die Schwelle von 53 Prozent galt damals als lebensstandarderhaltend – war absehbar, dass eine Existenzsicherung im Alter nicht mehr für alle gesetzlich Versicherten gegeben sein würde. Armutsforscher Christoph Butterwegge bezeichnet die Einführung der Riester-Rente als »Altersarmut per Gesetz«.[9] Denn während der Arbeitgeberanteil stabil gehalten wurde, war Altersvorsorge nun zu einem größer werdenden Teil Privatsache, wobei gerade Menschen mit zu niedrigen Einkommen in der Regel nicht die Möglichkeit haben, privat vorzusorgen. Dennoch entsprach es dem damaligen Zeitgeist und dem Glauben an eine Lösung durch den Kapitalmarkt – wiederum eine Verschiebung der Verantwortung in das Individuelle, um das sich die Menschen selbst kümmern und das die Märkte regeln sollten. Durchaus vergleichbar mit der Sichtweise des ehemaligen US-Präsidenten Bill Clinton, der schon 1992 in seiner Wahlkampagne den Satz »It's the economy, stupid« prägte; oder mit dem britischen Labour-Vorsitzenden Tony Blair, der von 1997 bis 2007 Premierminister des Vereinigten Königreichs war und mit dem Schlagwort »New Labour« ebenfalls für freie Märkte und weniger Kollektivismus eintrat.

Und so führte die rot-grüne Bundesregierung eine private und staatlich geförderte Zusatzvorsorge ein (eben die Riester-Rente) und besserte die betriebliche Altersversorgung nach. Letztere ist eine freiwillige Leistung des jeweiligen Arbeitgebers. Sofern keine Betriebsvereinbarungen oder Tarifverträge existieren, die eine solche mit einschließen, ist es jedoch individuelle Verhandlungssache beziehungsweise abhängig davon, ob der eigene Arbeitgeber sozialer eingestellt ist als andere oder die betriebliche Altersvorsorge als zusätzlichen Benefit bei der Personalsuche einsetzt. So oder so geht es dabei aber nicht um besonders hohe Beträge, vor allem nicht in den niedrigen Einkommensklassen.

Genauer hingeschaut, ist die Arbeitgeberseite bei der Riester-Rente gar nicht mehr involviert. Kund*innen haben die Wahl zwischen verschiedenen Finanzprodukten (Banksparplänen, Rentenversicherungen, Fondssparplänen oder Eigenheimrenten, die auch »Wohn-Riester« genannt werden), in die monatlich Geld eingezahlt wird. Dafür erhalten sie eine staatliche Grundzulage von 175 Euro pro Jahr, für jedes Kind (bis zum Geburtsjahr 2007) gibt es zusätzlich 185 oder 300 Euro (ab dem Geburtsjahr 2008), wobei nur »zertifizierte Altersvorsorgeprodukte« förderfähig sind.

Die Rentabilität und Nachhaltigkeit dieser Finanzprodukte haben die Expert*innen der Verbraucherschutzorganisation Finanzwende e. V. 2024 in einer Studie unter die Lupe genommen und der Riester-Rente insgesamt ein katastrophales Urteil ausgestellt: Denn wer nach Abzug der Inflation mit einer üblichen Riester-Rente, die in der Regel in eine lebenslange monatliche Rente umgewandelt wird, kein Geld verlieren will, muss 99 Jahre alt werden.[10] Bei der Rürup-Rente (offiziell Basisrente), die sich vor allem an Selbstständige richtet, die nicht riestern dürfen, sind es im Schnitt sogar 100 Jahre. Das liegt auch an intransparenten Produkten und nicht zuletzt an den hohen Provisionen, die viele der Versicherungen, Banken und Finanzdienstleister vor der Auszahlung abschöpfen. Laut Finanzwende fließt bei Riester-Versicherungen durchschnittlich fast jeder vierte eingezahlte Euro in derartige Kosten.[11] Über fünfzehn Millionen solcher Verträge wurden abgeschlossen, der überwiegende Teil davon als klassische Versicherungsverträge. Bis zu einem Viertel davon ruhen, sind also beitragsfrei gestellt, wie das Bundesministerium für Arbeit und Soziales informiert[12], was dafür spricht, dass die zertifizierten Produkte häufig keine nennenswerten Beiträge zur eigenen Altersvorsorge leisten und Profiteure der Teilprivatisierung der Altersvorsorge die Versicherungsbranche und ihre Anteilseigner*innen waren.

Selbst wenn die 99 oder 100 Jahre zu pessimistisch gerechnet sein sollten und sich Riester- und Rürup-Renten für manche Versicherungsnehmer*innen tatsächlich lohnen, steht außer Frage, dass die Altersvorsorge reformiert werden muss. Allein schon der offensichtliche blinde Fleck, nämlich die Ausgrenzung von Erwerbslosen, Geringverdienenden und Sozialhilfeempfänger*innen, die von diesen staatlich geförderten Finanzprodukten nicht das Geringste haben, macht die Reform der Altersvorsorge unausweichlich. Altersarmut nimmt zu und wird insbesondere beim Blick auf die Grundsicherung im Alter und bei Erwerbsminderung deutlich.

Grundsicherung im Alter – Altern in Würde?

Im Grundsatz haben in Deutschland alle Bürger*innen Anspruch auf Leistungen der Grundsicherung, die oft als »letztes soziales Netz« bezeichnet wird und den Sockel der sozialstaatlichen Leistungen darstellt. Früher wurde die Grundsicherung »Fürsorge«, später »Sozialhilfe« genannt, und sie ist gesetzlich geregelt im zwölften Buch des Sozialgesetzbuches

(SGB XII). Bei der im Jahr 2003 eingeführten *Grundsicherung im Alter und bei Erwerbsminderung* handelt es sich um eine bedarfsorientierte Sozialleistung zur Sicherstellung des notwendigen Lebensunterhalts, die sich an Personen richtet, die entweder die Regelaltersgrenze erreicht haben oder wegen Erwerbsminderung auf Dauer aus dem Erwerbsleben ausgeschieden sind, ihren Lebensunterhalt aus dem zu berücksichtigenden Einkommen oder Vermögen nicht selbst bestreiten können und erforderliche Hilfe auch nicht von Angehörigen oder von Trägern anderer Sozialleistungen erhalten.[13] Es gilt der Grundsatz der Nachrangigkeit: Bezieht eine Person beispielsweise Wohngeld oder eine Hinterbliebenenrente, so mindert das den individuell ermittelten Bedarf und die entsprechende Leistung der Grundsicherung. Betriebsrenten und Riester-Renten werden angerechnet, da die Grundsicherung lediglich das soziokulturelle Existenzminimum abdeckt, wenn Hilfebedürftigkeit existiert – unabhängig von jeglichen Vorleistungen.

Andere Sozialleistungen sind demnach vorrangig zuständig. Laut Statistischem Bundesamt bezogen zum Ende des ersten Quartals 2023 insgesamt 1,2 Millionen Menschen Grundsicherung, wovon wiederum rund 684 000 Personen auf Grundsicherung im Alter angewiesen waren. Das waren mehr als doppelt so viele wie bei der Einführung der Grundsicherung im Jahr 2003 und im Vergleich zum Vorjahr 90 000 Menschen oder rund 15 Prozent mehr – so viele wie noch nie. Ein Fünftel der Personen, die Grundsicherung im Alter erhalten, verfügt über kein angerechnetes Einkommen. Weitere 37 Prozent beziehen nur ein geringes Einkommen von unter 400 Euro. Die Einkommensbezüge stammen in erster Linie aus Renten der gesetzlichen Rentenversicherung.[14] Gleichzeitig kann von einer hohen Dunkelziffer ausgegangen werden, denn das »letzte soziale Netz« muss bei den örtlichen Sozialämtern der Kommunen beantragt werden. Für viele Ältere ist der Gang zum Sozialamt ebenso wie der Gang zur Tafel häufig mit Scham behaftet – insbesondere im ländlichen Raum, also in kleineren Kommunen und dörflichen Strukturen, wo noch jede*r jede*n kennt und auch die Angst vor »Gerede« größer ist als in anonymeren Großstädten (siehe Unterkapitel »Scham, Stress, Einsamkeit«). Diese vermutlich zahlenmäßig deutlich größere verdeckte Altersarmut wegen der Angst vor Stigmatisierung ist besonders erschütternd, weil sie einen endgültigen Charakter hat und nur wenig Raum für Hoffnung auf Besserung lässt.

Das DIW vermutet neben der Scham beziehungsweise befürchteten Stigmatisierung aber noch weitere Gründe für die Nichtinanspruchnahme: »Viele Menschen wissen nicht, dass sie anspruchsberechtigt sind. Andere trauen sich nicht zuzugeben, dass sie bedürftig sind, und wieder anderen ist das Verfahren zu bürokratisch und aufwendig.«[15] Unwissen, Bürokratie, aber auch geringe Ansprüche, für die sich die Prüfung der Hilfebedürftigkeit vermeintlich nicht lohnt, führen dazu, dass laut Schätzung des DIW (auf Basis des Sozio-oekonomischen Panels) rund 60 Prozent der Anspruchsberechtigten – hochgerechnet weit über 600 000 Privathaushalte – auf Grundsicherung im Alter verzichten. Welche Gründe im Einzelnen auch vorliegen mögen: All diese Menschen tauchen in den öffentlichen Statistiken nicht auf, weshalb das wahre Ausmaß der Armut im Alter bereits heute vermutlich wesentlich höher liegt.

Was die Bezieher*innen von Grundsicherung im Alter eint, ist eine längere Zeit in ihrem Leben, in der sie keine eigenständigen Ansprüche in der gesetzlichen Rentenversicherung aufbauen konnten. Dies betrifft zum Beispiel Selbstständige, die keine Rücklagen bilden konnten, Zugewanderte mit zu geringer Erwerbsbiografie in Deutschland oder sogenannte umbruchsgeprägte Ostdeutsche, die nach der Wiedervereinigung keine stabile Beschäftigung finden konnten.[16] Vor allem aber betrifft es Frauen, die in traditionellen Familienmodellen gelebt und zu Hause den Haushalt sowie die Kindererziehung übernommen haben und nach einer Scheidung oder aufgrund des Todes beziehungsweise einer Erkrankung des Partners ohne ausreichend eigenständige Rentenansprüche dastehen. Sechs von zehn Bezieher*innen von Grundsicherung im Alter sind laut Statistischem Bundesamt Frauen. Die Frage der Geschlechtergerechtigkeit erstreckt sich bis ins hohe Alter.

Quo vadis, Rentenversicherung?

Die Bedeutung von Erwerbsarbeit zieht sich wie ein roter Faden durch dieses Buch. Sie ist mit den bereits genannten Einschränkungen *der* Schlüssel zur Armutsvermeidung, auch beim Erwerb von Ansprüchen in der gesetzlichen Rentenversicherung. Ein System, das sozial ausschließend auf die gerade zitierte Bevölkerungsgruppe wirkt, denn Frauen müssen ganz generell mit einer deutlich geringeren Rente rechnen. Männer erhielten zum Stichtag 31. Dezember 2022 und nach 45 Versicherungsjahren eine monatliche Rente von durchschnittlich 1637 Euro, während Frauen nur auf 1323 Euro kamen.[17] Auch zwischen Ost und West bestehen weiterhin Unterschiede: So beliefen sich (unter denselben Prämissen) die Renten im Westen durchschnittlich auf 1605 Euro im Monat, während sie im Osten nur auf 1403 Euro im Monat stiegen mit einem geringeren Unterschied zwischen den Geschlechtern. Im bundesweiten Vergleich klafft die größte Lücke zwischen nordrhein-westfälischen Rentnern mit durchschnittlich 1845 Euro und niedersächsischen Rentnerinnen mit 1267 Euro im Monat.

Aber: Längst nicht jede*r Rentenbezieher*in kommt auf die idealtypischen 45 Versicherungsjahre wie der Eck- oder Standardrentner mit seiner modellhaften Erwerbsbiografie. Laut Statista lag 2022 die durchschnittlich ausgezahlte Altersrente einer Frau in Deutschland bei etwa 890 Euro im Monat, während Männer im Schnitt 1373 Euro erhielten.[18] Angesichts einer Armutsgrenze von 1189 Euro für einen Einpersonenhaushalt[19] sind das schon heute besorgniserregende Werte. Die private Altersvorsorge ist für Personen, die mit ihrer Rente perspektivisch unter die Armutsgrenze rutschen, jedoch keine Lösung. Auch der Aufruf, das Renteneintrittsalter noch einmal anzuheben, auf siebzig Jahre oder mehr, geht am eigentlichen Problem vorbei und führte zu großem Widerstand vonseiten der Gewerkschaften: »Am Ende steht ein höheres Rentenalter bei niedrigerem Rentenniveau und groteskerweise dennoch höheren Beiträgen; in jedem Fall auf der Seite der Arbeitnehmer, denen neben den höheren Beitragssätzen zur gesetzlichen Rentenversicherung die Kosten für die dann notwendige zusätzliche Altersvorsorge privat aufgeladen werden. Den Schaden davon haben alle Beschäftigten, gerade auch die jüngeren, denn für sie sollen die Altersgrenzen steigen.«[20]

Das Zitat stammt aus dem Jahr 2017. Seit dem 1. Januar desselben Jahres soll die »Flexirente« mehr Anreize für ältere Arbeitnehmer*innen schaffen, über das Renteneintrittsalter hinaus zu arbeiten: Für jeden Monat des späteren Rentenbeginns erhalten sie einen Zuschlag von 0,5 Prozent auf die Rente und erhöhen diese um die weiter gezahlten Rentenversicherungsbeiträge. Die Bundesregierung betont, dass Rentner*innen mit der Flexirente den Übergang vom Erwerbsleben in den Ruhestand individueller gestalten können.[21] Aber wenn die Erwerbstätigenquote der 60- bis 64-Jährigen nur knapp über 60 Prozent liegt, spielt ein individuell gestalteter Übergang für viele Arbeitnehmer*innen scheinbar eine untergeordnete Rolle, vor allem für Menschen, die in körperlich anstrengenden Berufen, etwa in der Pflege oder auf dem Bau, und/oder in prekären Beschäftigungsverhältnissen, etwa in Schlachthöfen oder bei Lieferdiensten, tätig waren. Die Anstellungsaussichten für ältere Arbeitnehmer*innen sind in einer zunehmend digitalisierten und beschleunigten Arbeitswelt nicht besser geworden, wobei große Konzerne im Zuge des demografischen Wandels langsam den Wert älterer Mitarbeiter*innen wiederentdecken.

Nach Angaben der Bundesagentur für Arbeit hatten Mitte 2022 jedoch keine 320 000 Personen den Rentenbeginn verschoben und die Flexirente gewählt, um sozialversicherungspflichtig weiterzuarbeiten. Zeitgleich arbeiteten rund 990 000 Rentner*innen in einem Minijob.[22] Dass am 1. Januar 2023 die im Flexirentengesetz festgelegte Hinzuverdienstgrenze für vorgezogene Altersrenten aufgehoben wurde, wodurch auch Frührentner*innen mit einem Nebenjob beliebig viel hinzuverdienen können, ohne dass ihre Rente gekürzt wird, spricht nicht dafür, dass die Flexirente das Erfolgsmodell der Zukunft gegen drohende Altersarmut wird.

Und was ist mit der Grundrente, die Menschen erhalten, die jahrzehntelang bei einem unterdurchschnittlichen Verdienst verpflichtend Beiträge in die gesetzliche Rentenversicherung eingezahlt haben? Bezogen auf das gesamte Versicherungsleben müssen es im Durchschnitt weniger als 80 Prozent des Durchschnittsverdienstes aller Versicherten gewesen sein, was einem durchschnittlichen Monatseinkommen von etwa 1250 Euro für Einzelpersonen und 1950 Euro für Paare entspricht. Voraussetzung für den vollen Grundrentenzuschlag sind mindestens 35 Jahre Grundrentenzeiten, womit vor allem Pflichtbeiträge aus Beschäftigung oder Selbstständigkeit sowie anerkannte Zeiten der Kindererziehung und Pflege gemeint sind. Mit Abstrichen geht es (bei einem entsprechend noch niedrigerem Verdienst) auch »schon« ab 33 Jahren Grundrentenzeiten los. Ein Antrag muss nicht gestellt werden, die Überprüfung erfolgt automatisch.

Laut Bundesministerium für Arbeit und Soziales wurden zum Stichtag 31. Dezember 2022 rund 1,1 Millionen Renten durch einen individuell berechneten Zuschlag aufgestockt. Auch hier fallen Menschen mit unterbrochenen Erwerbsbiografien durchs Raster, weil nur langjährig Versicherte einen Rentenzuschlag erhalten, also mindestens 33 Jahre eingezahlt werden musste. Der durchschnittlich gewährte Grundrentenzuschlag der auch als »Respektrente« bezeichneten Grundrente betrug 86 Euro, wobei Respektrente nur als Euphemismus bezeichnet werden kann.[23] Das Urteil des Münchener ifo Instituts fällt entsprechend vernichtend aus: »Einerseits haben 75,9 % der Rentner*innen, die im Sinne des neuen Gesetzes als arm gelten, keinen Anspruch auf Grundrente. Auf der anderen Seite gehören 21 % der Anspruchsberechtigten zur vermögensreicheren Hälfte der deutschen Rentner*innen. Die Grundrente ist daher doppelt ungerecht: Sie erreicht zu wenige der Personen, die tatsächlich Unterstützung benötigen, und gewährt zu vielen Personen Leistungen, die keine Hilfe brauchen.«[24]

Ein Zwischenfazit: Die Riester-Rente ist kein Instrument für eine langfristige Armutsvermeidung im Alter. Die Grundsicherung im Alter schützt ebenfalls nicht ausreichend vor Armut. Die Grundrente verfehlt teilweise die eigentliche Zielgruppe, und die Flexirente beziehungsweise die selbst gewählte Erhöhung des Renteneintrittsalters ist für viele Armutsbetroffene nur in akuter Not eine Option. Nicht zuletzt wegen des Deutschland bevorstehenden massiven demografischen Wandels muss hier schnell, effizient und zielführend nachgebessert werden.

Der naheliegendste Lösungsvorschlag besteht darin, die gesetzliche Rentenversicherung zu stärken und zu einer umfassenderen Altersabsicherung auszubauen, die auch Niedriglöhne und Care-Arbeit sowie ehrenamtliche Arbeit, die auch Tafelarbeit erst möglich macht, armutsfest berücksichtigt. Das paritätische Prinzip muss *wieder das* charakteristische Merkmal der gesetzlichen Rentenversicherung werden. Das könnte auch so aussehen, dass *alle* Erwerbstätigen einzahlen, also auch Selbstständige sowie Beamt*innen und Politiker*innen. Während die durchschnittlich ausgezahlte Altersrente 2021 bei 890 Euro (Frauen) beziehungsweise 1373 Euro (Männer) lag, erhielten Beamt*innen im mittleren und einfachen Dienst durchschnittlich 2318 Euro Pension, im gehobenen Dienst 3339 Euro und im höheren Dienst 4973 Euro. »Wenn 82 Prozent der Renten im Land unter 1500 Euro liegen, gleichzeitig aber mehr als 70 Prozent der Pensionen oberhalb von 2000 Euro, ist der Befund klar: Am Ende eines langen Arbeitslebens gibt es eine Zweiklassengesellschaft im Alter«, kommentierte Linken-Fraktionschef Dietmar Bartsch treffend.[25]

Dass alle in die gesetzliche Rente einzahlen, fordert unter anderem auch der Sozialverband VdK, der sich zudem dafür ausspricht, alle bestehenden Kürzungsfaktoren aus der Rentenanpassungsformel zu streichen und das Rentenniveau wieder dauerhaft auf 53 Prozent des Durchschnittseinkommens zu erhöhen.[26] »Die gesetzliche Rente muss endlich wieder ein Niveau erreichen, damit die Menschen davon gut im Alter leben können«, sagt VdK-Präsidentin Verena Bentele.

Die Rentenanpassung ist jedoch keine willkürliche politische Entscheidung, sondern folgt klaren gesetzlichen Vorgaben: Sie orientiert sich an den Löhnen und liefert einen weiteren Grund für einen deutlich höheren Mindestlohn, der darüber hinaus die Lohnabstandsgrenze sichert. Und ebenso einen Grund für die Stärkung und Ausweitung von Tarifverträgen, die vor allem für untere Lohngruppen gute Arbeitsverhältnisse sichern und Lebensrisiken vorbeugen sollen.

Für einen klaren Fokus auf die gesetzliche Rentenversicherung sprechen auch pragmatische Gründe, denn für die große Mehrheit aller Rentner*innen ist sie die entscheidende, teilweise sogar die einzige Einkommensquelle im Alter. Das ist vor allem in Ostdeutschland der Fall, wo deutlich weniger Vermögen, auf das im Alter zurückgegriffen werden kann, vererbt wird, aufgrund des niedrigeren Lohnniveaus auch die betriebliche und private Altersvorsorge weiterhin eine kleinere Rolle spielt und die Erwerbsbiografien seit der Wiedervereinigung vielen Schwankungen unterlagen.

Während Profite und Provisionen von Banken, Versicherungen und Finanzdienstleistern die private Vorsorge zusätzlich verteuern, funktioniert das Umlagesystem der gesetzlichen Rentenversicherung unabhängig von den Finanzmärkten. Das macht es sehr viel weniger krisenanfällig, denn bis auf eine kleine Reserve werden keine Rücklagen gebildet. Deshalb sollte dieses solidarische, generationenübergreifende System auch weiterhin das Rückgrat der Altersvorsorge in Deutschland bilden. Damit der Zuschuss des Bundes nicht ins Uferlose wächst und das Rentensystem insgesamt finanziell nachhaltig gestaltet werden kann, gibt es gute Alternativen zur Privatisierung à la Riester-Rente, die trotzdem die riskanteren, aber in der Regel höheren Renditen des Kapitalmarkts nutzen – nur eben staatlich organisiert und nicht auf die »Eigenverantwortung« der Bevölkerung abgewälzt. In Schweden hat der Staat zum Beispiel einen Bürgerfonds aufgelegt, der laut Britta Langenberg von der Finanzwende e. V. sehr solide

Renditen erwirtschaftet und wesentlich weniger Kosten verursacht, als dies Versicherungsunternehmen für deutsche Riester- oder Rürup-Sparer tun. Die riskanten, aber in der Regel höheren Renditen am Kapitalmarkt will nun die Bundesregierung mit dem »Generationenkapital« nutzen, dessen Konzept sie am 29. Mai 2024 beschlossen hat. Hier soll vom Bund aufgenommenes Kapital, also Schulden, am Kapitalmarkt angelegt werden – die Rede ist von 10 Milliarden Euro jährlich über einen Zeitraum von fünfzehn Jahren –, um dann von einem so angehäuften Vermögen von (erhofften) 200 Milliarden Euro ab 2036 eine jährliche »Aktienrente« von 10 Milliarden Euro, die als (erhoffte) Rendite abfallen, auszahlen zu können.[27] Der dauerhafte Fonds soll von einer unabhängigen öffentlich-rechtlichen Stiftung »professionell verwaltet« und »global« angelegt werden. Viele Sozialverbände sehen das Risiko, Renten am Kapitalmarkt erwirtschaften zu wollen, höchst kritisch. »Die gesetzliche Rentenversicherung ist denkbar ungeeignet, um damit an der Börse zu spekulieren«, warnte zum Beispiel der Hauptgeschäftsführer des Paritätischen Gesamtverbands Ulrich Schneider. Der VdK wiederholte seine Forderung nach einer Anhebung des Rentenniveaus von aktuell 48 auf 53 Prozent des Durchschnittseinkommens: Teil zwei des beschlossenen Rentenpaket II der Bundesregierung schreibt die dauerhafte Sicherung jedoch auf 48 Prozent fest.[28] Noch ein Argument für einen armutsfesten Mindestlohn, an dem sich die Rente orientiert.

Das Konzept der Mindestrenten in Österreich und den Niederlanden, die deutlich höher liegen als die Grundsicherung im Alter bei uns, wird ebenfalls immer wieder als eine Idee für die Reform unseres Rentensystems genannt. Es gilt als deutlich umverteilender und effektiver in der Vermeidung von Altersarmut, wäre allerdings auch mit größeren Eingriffen in unser bestehendes Rentensystem und mit einer Aufweichung der Beitragsäquivalenz verbunden.[29] Nichtsdestotrotz sollte es im Zuge einer sozialen Zeitenwende als Alternative ernsthaft in Betracht gezogen werden.

Für Aufsehen sorgte Anfang März 2024 zudem ein Referendum in der Schweiz, denn zum ersten Mal seit Einführung des Initiativrechts vor mehr als 130 Jahren war eine linke Volksinitiative zum Sozialausbau erfolgreich.[30] Auch in unserem als reich geltenden Nachbarland, auch hier gibt es im Übrigen Tafeln, machen immer mehr Menschen die Erfahrung, dass die Rente nicht reicht, und so stimmten sie mit 58,2 Prozent für die Initiative der Gewerkschaften, eine dreizehnte Monatsrente einzuführen. Wie das finanziert werden soll, ist noch nicht entschieden (die Gewerkschaften schlagen vor, höhere Beiträge zu erheben), aber das Referendum ist bindend, das heißt, die dreizehnte Rente, die einer Erhöhung von 8,3 Prozent entspricht, kommt, und das gegen den Willen der Regierung und des konservativ dominierten Parlaments. Auch das schweizerische Rentensystem, das neben der staatlichen Rentenkasse AHV (auf die sich das Referendum bezog) eine besonders starke betriebliche Säule hat, die oft mehr ausmacht als die AHV-Rente, lässt sich natürlich nicht eins zu eins mit unserem System vergleichen, baut aber auch auf ein Umlageverfahren sowie Arbeitnehmer- und Arbeitgeberbeiträge auf.

Ob das denkwürdige Referendum, bei dem im Übrigen in einer zweiten Abstimmung eine Volksinitiative zur weiteren Erhöhung des Rentenalters über 65 Jahre hinaus mit 74,7 Prozent der Stimmen abgelehnt wurde, eine soziale Zeitenwende in der Schweiz eingeläutet hat, bleibt abzuwarten. Aber es zeigt: Soziale Ungleichheit kann eine Bevölkerung mobilisieren, um sich gegen die daraus erwachsenden Ungerechtigkeiten zur Wehr zu setzen, und ein Blick über Ländergrenzen hinweg lohnt sich, um positive Impulse für eine Reform unseres Rentensystems zur Vermeidung steigender Altersarmut zu erhalten.

Scham, Stress, Einsamkeit

Bis hierin ging es viel um Geld. Dabei zeigt sich gerade im Alter, dass es bei Armut um so viel mehr geht: um die Gesundheit an Leib und Seele. Daher auch das eingangs erwähnte Beispiel der Barber Angels, die mit ihrem Angebot auf pragmatische Weise drei der größten Belastungen entgegenwirken: Sie nehmen für ein paar Minuten den Stress weg, den ein Leben in Armut bedeutet. Sie bieten eine Pause von der zunehmenden sozialen Ausgrenzung, indem sie ihre Aufmerksamkeit voll und ganz auf die Kund*innen und ihre Bedürfnisse richten, und wandeln Stigmatisierung und Beschämung in einen (kleinen) Beitrag zu einem neuen Selbstwertgefühl um. Eine neue Frisur bedeutet kein neues Leben ohne Armut. Es sind aber genau die Momente, die im Leben vieler armutsbetroffener Menschen mit dem Alter noch wertvoller werden. Die emotionalen Szenen und Tränen der Dankbarkeit sind ein Ausdruck dieser Gefühle und Empfindungen.

Einsamkeit zu überwinden und soziale Teilhabe zu fördern ist das Ziel noch vieler weiterer Angebote der Tafeln. Grundlage ist die tiefe Überzeugung der Tafel-Idee, dass Armut eben nicht nur Mangel an (gesunden) Lebensmitteln, sondern auch Armut an der Teilhabe am gesellschaftlichen Leben bedeutet. Die Tafel Wanzleben in Sachsen-Anhalt bietet ein Handarbeitscafé als lockeren Treffpunkt an: Jede Woche treffen sich Senior*innen zum Basteln, Stricken, Häkeln bei Kaffee und Kuchen. Die Teilnehmenden tauschen sich aus und verbringen Zeit miteinander. Das Angebot wird stark nachgefragt. Ziel ist es, Altersisolation zu verringern. Darüber hinaus ermöglicht die Tafel ein wöchentliches Gymnastikangebot, um die körperliche und geistige Fitness bis ins hohe Alter zu bewahren.

Ausflüge für ältere Menschen in die nächste Großstadt oder ebenfalls Bastelnachmittage vor Ort organisiert auch die Tafel Spremberg in Brandenburg, um die armutsbetroffenen Älteren für einen ganzen Tag oder nur ein paar Stunden aus der (drohenden) Einsamkeit zu holen und Gemeinschaft zu ermöglichen. Für alleinstehende Senior*innen unter unseren Tafel-Kund*innen sind solche Angebote oft sogar die einzige Möglichkeit, soziale Kontakte zu pflegen, da andere Aktivitäten mit zu hohen Kosten verbunden sind. Obwohl die geretteten Lebensmittel der Tafeln ermöglichen wollen, dass ein Café-, Theater- oder Zoobesuch mit Freund*innen oder Bekannten wieder möglich ist, ist dieser oft aufgrund der gestiegenen Preise unerreichbar. Solche Erlebnisse werden auch deshalb wertvoller, weil sie aus gesundheitlichen Gründen seltener werden. Der Bewegungsradius und das soziale Netzwerk werden im Alter kleiner. Die Coronapandemie hat das Problem der wachsenden Einsamkeit noch einmal verschärft, auch über die harten Lockdownphasen hinaus, denn nicht jede*r mischt sich noch gerne unter größere Menschenmengen. Aber auch unabhängig von Corona berichteten mir schon des Öfteren ehrenamtliche Tafel-Aktive, dass sie sich nach den normalen Ausgabezeiten noch mit dem eigenen Auto auf den Weg zu Tafel-Kund*innen nach Hause machen, wenn diese aus Scham oder anderen Gründen nicht mehr auftauchen. Das ist so viel mehr als eine nette Geste, es berührt den Kern des menschlichen Daseins und ist gelebte Nächstenliebe.

Schon aus evolutionären Gründen sind wir überaus sensibel für Signale, die auf soziale Ausgrenzung und als unrechtmäßig empfundene Statusunterschiede hinweisen. Anerkennung durch unser Umfeld ist eines der wichtigsten menschlichen Bedürfnisse.[31] Die Furcht vor Bloßstellung und Ansehensverlust wiegt oft sogar schwerer als rationale Überlegungen, was dazu führen kann, dass gerade dann, wenn die Mobilisierung sozialer Unterstützung besonders notwendig wäre, dieser Weg blockiert erscheint.[32] Die psychosozialen Folgen, die durch Anerkennungsverweigerung und Stigmatisierung ausgelöst werden, sind für armutsbetroffene Menschen ebenfalls gut erforscht. Insbesondere Arbeitslosigkeit, aber auch atypische und prekäre Beschäftigungsverhältnisse mit einem hohen Maß an Unsicherheit sind demnach mit hohen Stressbelastungen verbunden. Lang anhaltender Stress gefährdet die psychische und auch die physische Gesundheit und äußert sich beispielsweise als Depression oder auch als Herz-Kreislauf-Erkrankung. Eine Verknüpfung von (finanzieller) Armut mit sozialer Ausgrenzung, Rückzug, Einsamkeit, Scham und Stress führt zu gravierenden gesundheitlichen Problemen und einer verringerten Lebenserwartung. Armut erweist sich somit als eine Ursache von »toxischem Stress«.[33]

Der US-amerikanische Bevölkerungswissenschaftler und Gründungsdirektor des Max-Planck-Instituts für demografische Forschung in Rostock James W. Vaupel stellte aufgrund jahrelanger Empirie die These auf, dass die Lebenserwartung eines Menschen zu 25 Prozent von den Genen bestimmt, zu 10 Prozent in der Kindheit und zu 65 Prozent von Lebensumständen und Lebenswandel im Erwachsenenalter geprägt werde, wobei viele Verhaltensweisen schon früh eingeübt werden. Mit weitreichenden Konsequenzen: Arme Menschen sterben häufiger an Herzinfarkten, Schlaganfällen, Magen-,

Darm- und Lungenkrebs.[34] Laut Robert Koch-Institut (RKI) sterben 27 Prozent aller armutsgefährdeten Männer und 13 Prozent aller armutsgefährdeten Frauen, bevor sie 65 Jahre alt werden. Und eine Studiensammlung der Leopoldina, der Nationalen Akademie der Wissenschaften, zeigt, dass dabei Arbeitsbedingungen und Wohnverhältnisse eine immense Bedeutung haben. Nachtarbeit, Lärm, Abgase, Lichtverschmutzung sind Faktoren, denen Spitzenverdiener*innen in Beruf und Privatleben deutlich seltener ausgesetzt sind. Und zur Benachteiligung der auf diese Weise in der ersten Lebenshälfte bereits mehrfach Marginalisierten kommen die Vorteile der Gut- und Bessergestellten, physische und mentale Einschränkungen erfolgreicher kompensieren zu können, in der zweiten noch hinzu.

Auch Christoph Butterwegge teilt aufgrund der Vielzahl der übereinstimmenden empirischen Befunde das Urteil, dass relative Armut, und insbesondere der Mangel an gesellschaftlichen Partizipationsmöglichkeiten und soziale Ausgrenzung, höhere Morbiditäts- und Mortalitätsrisiken zur Folge hat – weshalb (Langzeit-)Arbeitslosigkeit und die mit Armut einhergehende Stigmatisierung ernsthafte Gesundheitsrisiken sind.[35] Wer als Bürgergeldempfänger*in zudem in lauten, verkehrs- und schadstoffreichen Vierteln wohnt, womöglich noch in einer sanierungsbedürftigen Wohnung unter beengten Verhältnissen, für den rückt so etwas wie »Gesundheitsgerechtigkeit« in weite Ferne.

An dieser Stelle ein kurzer Selbsttest: Wie denken wir über armutsbetroffene Menschen? Wie sehr haben uns Daily Talkshows der Neunzigerjahre wie *Hans Meiser* und *Ilona Christen* geprägt, in denen Menschen mit schlechten Manieren lauthals von sich gegeben haben, dass sie gar nicht arbeiten wollen? Wie sehr haben wir diese Einzelfälle, die es gibt, auf die Gesamtheit angewendet? Verhalten sich armutsbetroffene Menschen hinsichtlich Tabak- und Alkoholkonsum sowie ungesunder Ernährung grundsätzlich anders als Menschen aus anderen Milieus? Was ist dran an dem Klischee des rauchenden, trinkenden, Junkfood verschlingenden Sozialhilfeempfängers, der sich zu wenig bewegt und lieber stundenlang vor dem riesigen Flachbildfernseher sitzt?

»Tatsächlich rauchen Arme mehr, ernähren sich ungesünder, trinken indes weniger. Aus dem *Alkoholatlas* des Deutschen Krebsforschungszentrums geht hervor: Am häufigsten wird ›riskanter Alkoholkonsum‹ bei Frauen mit ›hohem Sozialstatus‹ verzeichnet, gefolgt von ebenso reichen Männern.«[36] Das ist kein Aufruf, Reiche zu stigmatisieren – sondern einer, die eigene Sichtweise auf Armutsbetroffene zu hinterfragen, die Bilder im Kopf mit wissenschaftlichen Fakten abzugleichen. Bereit zu sein zur Dissonanz, zur Überprüfung und Änderung unserer Einstellungen ist eine wichtige Voraussetzung für ein neues Menschenbild, eine neue Lässigkeit, wie Mayr sagt.

Unabhängig davon spielt Ernährungskompetenz bei der »privaten Altersvorsorge« eine genauso wichtige Rolle wie finanzielle Kompetenz. Und gerade Lebensmittelrettern wie den Tafeln liegt sie natürlich besonders am Herzen. Weil Gesundheit kein Luxus sein darf, bieten wir zum Beispiel das Projekt »Tafel is(s)t gesund und nachhaltig« an, das im Rahmen des Nationalen Aktionsplans der Bundesregierung IN FORM – *Deutschlands Initiative für gesunde Ernährung und mehr Bewegung* stattfindet.[37] Kostenfreie Seminare zur Ernährungsbildung für Tafel-Kund*innen, Erwachsene wie Kinder, bieten neben einer gesunden Lebensweise, die zudem Lebensmittelverschwendung vermeidet, einen Raum für mitmenschliche Kontakte. Denn eine gesunde Ernährung lässt sich gemeinsam leichter umsetzen und genießen als einsam, und es ist nie zu spät, damit anzufangen. So verbinden sich

Nachhaltigkeit, Gesundheit und Solidarität – in einer sozialen Zeitenwende zusammengedacht, wie es auch der BUND und der Paritätische im Hinblick auf unser aktuelles Ernährungssystem fordern: »Es braucht eine Ernährungswende, die sich an der Gesundheit, sozialer Gerechtigkeit und dem Schutz der Umwelt orientiert.«[38]

In einer ganzheitlichen Betrachtung werden die sozialen Fragen zunehmend von einer alternden Bevölkerung geprägt werden. Gerade für ältere Menschen ist der Gang zum Sozialamt noch stärker mit Scham behaftet als in jüngeren Generationen, für viele von ihnen ist schon allein die Vorstellung entwürdigend. Die (moralische) Berechtigung, Hilfe zu erhalten und ohne Gesichtsverlust in Anspruch zu nehmen, muss daher motivierend vermittelt werden. Sie darf nicht zu einem Vorwurf nach dem Motto »Wer sich zu fein für Grundsicherung & Co. ist, ist selbst schuld« verdreht werden. Es ist nicht immer eine leichte Aufgabe, die jeweils richtige Mischung aus Behutsamkeit und Ermutigung zu finden, aber eine wichtige und lohnende.

Gemeinnützige Organisationen und zuständige Behörden bieten Unterstützung an, doch auch dort kommt es zu vielen Hindernissen, Auflagen und Schikanen, sonst wäre die Angst vor Stigmatisierung, die Menschen daran hindert, Transferleistungen in Anspruch zu nehmen, nicht so vielfach.[39] Mehr Unterstützung einzufordern ist daher genauso wichtig. Dazu braucht es manchmal nicht viel: Wie ein Laborexperiment des DIW zeigte, kann sich die Inanspruchnahme einer Transferzahlung bereits dadurch erhöhen, dass Beantragungs- und Auszahlungsprozesse möglichst diskret gestaltet werden (von 58 auf 88 Prozent).[40]

Auch der Schritt zur Tafel kostet Armutsbetroffene zunächst oft einiges an Überwindung, und das, obwohl der Zugang zu den Tafeln bewusst niedrigschwellig gehalten wird und fast keine bürokratischen Hürden im Weg stehen. Tafel-Kund*innen berichten häufig, dass der erste Gang zur Tafel für sie gleichbedeutend mit der Erkenntnis war, dass sie nun wirklich arm sind. Tafel Deutschland verzeichnet mit 1,6 bis 2 Millionen Kund*innen so hohe Zahlen wie noch nie, anspruchsberechtigt wären aber noch sehr viel mehr. Das hat sicher auch damit zu tun, dass die Befürchtung »Wenn mich hier jemand sieht …« tief im Bewusstsein vieler Menschen verankert ist. Und mehr Menschen bedeutet mehr Schlangen, die vor den Tafeln, für viele sichtbar, zu sehen sind. Potenzielle Leistungsempfänger*innen fürchten laut DIW, als weniger leistungsfähig oder als »Trittbrettfahrer*innen« wahrgenommen zu werden.

Wenn selbst armutsbetroffene Menschen so denken, wenn selbst ältere Personen, die mit ihrer Rente nur über die Runden kommen, wenn sie Transferleistungen und/oder Unterstützung durch die Tafel in Anspruch nehmen, derartige Vorstellungen verinnerlicht haben, wird ein weiteres Mal klar, dass es neben der Beseitigung der strukturellen Ursachen ein anderes Menschenbild braucht, um die Armutsproblematik nicht nur oberflächlich anzugehen. Ein Menschenbild, das nicht zu verdeckter Armut, zu sozialem Rückzug und zu Vereinsamung führt und das Armut in erster Linie als gesamtgesellschaftliches und weniger als individuelles Problem oder das einzelner Bevölkerungsgruppen betrachtet, das von Migrant*innen etwa oder von Erwerbslosen. Und vor allem ein Menschenbild, das von persönlicher Schuldzuweisung absieht und pauschalen Stigmatisierungen entschlossen entgegentritt.

Arm macht krank, krank macht arm

Dass Altersarmut aktuell mit einer derart hohen Dynamik wächst, insbesondere in Ostdeutschland und für die genannten sozialen Gruppen, ist auch im Hinblick auf den zu erwartenden Pflegebedarf eine große Herausforderung. Eine Frage, die viele Menschen daher zu Recht umtreibt, ist: Wenn ich darauf angewiesen sein sollte, kann ich mir Pflege im Alter oder im Falle einer chronischen Krankheit überhaupt leisten? Und der zweite Teil der Frage lautet: Wenn ich auf Pflege im Alter angewiesen sein sollte, wer wird sie dann überhaupt leisten? Beide Fragen stellen sich auch für Menschen mit Behinderungen, die ebenfalls eine stark von Altersarmut gefährdete Personengruppe darstellen.

Zunächst einmal muss betont werden, dass Pflege kein Thema ist, das sich auf alte und hochbetagte Menschen beschränkt. Auch mit hoher Ernährungskompetenz und einer vorbildlich gesunden Lebensweise ist nicht auszuschließen, dass Menschen irgendwann im Leben so schwer erkranken, dass ein selbstständiges Leben zumindest in Teilen und/oder zunehmendem Maß nicht mehr möglich ist. Und natürlich sind auch schon Neugeborene auf Pflege angewiesen. Wie nah das Thema Altersarmut dennoch an uns allen dran ist, völlig unabhängig vom Alter, zeigen die enormen Kosten, die mit der Pflege verbunden sind – und die somit auch zum Grund für Altersarmut werden können.

Ganz generell steigen mit dem Alter die Ausgaben für Medikamente und Hilfsmittel, ärztliche Behandlungen und Krankenhausaufenthalte. Ein zunehmend privatisiertes und kommerzialisiertes Gesundheitssystem trifft aber vor allem armutsbetroffene Menschen. Wenn sie nicht schon in Gegenden mit einer schlechteren gesundheitlichen Infrastruktur wohnen, werden sie spätestens dann, wenn mit dem Alter auch höhere Krankheits- und Pflegekosten auf sie zukommen, zum Opfer einer Zweiklassenmedizin, die ihnen schon präventiv vorenthält, was sie sich über private Zuzahlungen nicht leisten könnten. Die Rekordzahlen der Bezieher*innen von Grundsicherung im Alter, die sich trotz Scham und Dunkelziffer über die letzten zwanzig Jahre mehr als verdoppelt haben, sind auch dafür ein deutliches Anzeichen.

Eine fehlende Gesundheitsgerechtigkeit zeigt sich vor allem im Bereich der Pflegedienstleistungen. Im Jahr 2023 kostete im bundesweiten Durchschnitt ein Pflegeheim monatlich 2548 Euro.[41] Das waren trotz der zwischenzeitlich eingeführten Entlastungszuschläge 348 Euro mehr als im Jahr zuvor, und mit weiter steigenden Kosten ist laut dem Verband der Ersatzkassen zu rechnen. Der Eigenanteil für die reine Pflege beträgt im ersten Jahr durchschnittlich 1245 Euro pro Monat, wobei es hier deutliche regionale Unterschiede gibt. Hinzu kommen noch Kosten für Unterkunft und Verpflegung, Investitionskosten (Bau- und Renovierungskosten) sowie anteilige Ausbildungskosten für das Pflegepersonal. Auch wenn die tatsächlich anfallenden Kosten nicht zwangsläufig etwas über die Qualität der Versorgung aussagen, erreichen sie schnell Dimensionen, die selbst mit durchschnittlichen Renten nicht lange finanzierbar sind. Und die Pflegeversicherung, die auch nicht paritätisch finanziert wird, zahlt nur einen festen Betrag an Pflegeleistungen. Wenn dieser Betrag auch bei kleineren Pflegeleistungen nicht reicht, kann der darüber hinausgehende Bedarf durch die »Hilfe zur Pflege« beantragt werden. Voraussetzung dafür ist ein Nachweis der finanziellen Bedürftigkeit. Bei der Berechnung der Bedürftigkeit werden sowohl das Einkommen und das Vermögen der pflegebedürftigen Person als auch das Einkommen des Ehe- beziehungsweise Lebenspartners herangezogen, wobei die Vermögensfreigrenzen für Alleinstehende bei

10 000 Euro und für Eheleute bei 20 000 Euro liegen. Kinder von Pflegebedürftigen werden ab einem Jahresbruttoeinkommen von 100 000 Euro einbezogen. Pflegebedarf und Armutsgefährdung sind eng miteinander verknüpft.

Beides trifft übrigens Frauen stärker als Männer. Zum einen, weil Frauen in der Regel ein höheres Lebensalter erreichen und insgesamt einen stärker steigenden Bedarf an Unterstützung sowie Pflege haben.[42] Zum anderen aber auch, weil sie materiell oft schlechter abgesichert sind. Die 17,6 Prozent der armutsgefährdeten Menschen über 65 Jahre nach Alter und Geschlecht aufgeteilt ergeben folgendes Bild: 15,2 Prozent sind männlich, 19,5 Prozent sind weiblich. Fast jede fünfte Frau über 65 muss demnach in Deutschland mit Armut rechnen. Und wenn sie nicht selbst pflegebedürftig sind, dann sind es überwiegend Frauen, die auch privat pflegen. Abgesehen davon, dass dieser Schritt – die Erkenntnis beziehungsweise das Eingeständnis, dass es ohne Pflege nicht mehr geht – für niemanden leicht ist, wäre Pflege gerade für armutsgefährdete Menschen ohne diese unbezahlte Care-Arbeit (siehe Kapitel 3) gar nicht vorstellbar.

Pflege ist auch deshalb mit hohen Kosten verbunden, weil die Arbeit weniger standardisierbar ist. Sie muss individuell erbracht werden, manchmal rund um die Uhr, ist körperlich anstrengend, verlangt gleichermaßen fachliche wie zwischenmenschliche Kompetenzen. Ich habe höchsten Respekt vor allen, die diese wertvolle Arbeit leisten. Eine angemessene Bezahlung ist das Mindeste, was den Pflegenden zusteht – und auch eine Grundvoraussetzung im Hinblick auf die Bewältigung des demografischen Wandels.

Die Pflege wäre daher neben der Erziehung und Bildung ein weiterer perfekt geeigneter Sektor, um mit mehr als nur armutsfesten Löhnen nicht nur einen drohenden Kollaps in diesem Bereich abzuwenden, sondern generell ein Zeichen zu setzen: Soziale Arbeit ist uns wichtig, soziale Arbeit ist kein Nice-to-have, sie bildet das Fundament unserer Gesellschaft, auf dem alles Weitere aufbaut. Es würde die Perspektive umdrehen von »Erst mal muss das Geld reinkommen, bevor wir uns das leisten können« zu »Erst eine soziale Basis versetzt uns in die Lage, die aktuellen und künftigen Herausforderungen zu bewältigen«. Auf einmal wäre es nicht nur aus ethisch-moralischen Gründen geboten, sondern auch volkswirtschaftlich sinnvoll. Ein Ansatzpunkt, um bessere Löhne in der Pflege durchzusetzen, könnten auch hier allgemeinverbindliche Tarifverträge sein. »Denkbar wäre, dass wir die höheren Gehälter in der Pflege (...) zum Teil durch Steuern finanzieren. Wenn wir es hinbekommen, auf diese Weise eine hochwertige Pflege mit fairen Gehältern zu realisieren – dann könnte das ein Exempel dafür statuieren, dass staatliche Daseinsvorsorge gut funktionieren kann«, schlug der Wirtschaftsweise Achim Truger bereits vor fünf Jahren vor.[43] Und der Arbeitsökonom Simon Jäger gab im vergangenen Jahr an, dass »über 200 000 Pflegerinnen und Pfleger, die inzwischen in anderen Berufen tätig sind, bereit wären, zurück in den Bereich der Pflege zu gehen, wenn die Löhne und die Arbeitsbedingungen entsprechend attraktiv wären«.[44]

Anstatt Infrastrukturen der öffentlichen Daseinsvorsorge in Krisenzeiten abzubauen und zunehmend privatwirtschaftlich zu organisieren, wie dies in der Vergangenheit oft der Fall war, sollten wir sie ausbauen und stärken. Modellberechnungen aus den USA zeigen, dass Investitionen in den Care-Bereich einen doppelt so hohen Beschäftigungsimpuls wie Infrastrukturinvestitionen und mehr Jobs für Haushalte mit niedrigen Einkommen mit sich bringen.[45] Und laut einer weiteren Studie für verschiedene OECD-Länder ist der Beschäftigungseffekt von Investitionen im Care-Bereich um 60 Prozent höher als im Bausektor.[46] Dieser soziale Perspektivwechsel würde sich in jeder Hinsicht auszahlen. Mehr Menschen könnten gepflegt werden, und mehr Menschen würden zu armutsfesten Löhnen arbeiten.

Von Kinderarmut über Erwerbslosigkeit und Bürgergeld bis hin zum Thema Altersarmut zieht sich die Bedeutung von höheren Mindestlöhnen, einer Stärkung von Tarifverträgen, Bildungsgerechtigkeit, einer Reform der Rente und nicht zuletzt einer besseren Vereinbarkeit von Beruf und Familie wie miteinander verflochtene rote Fäden durch die letzten drei Kapitel. Und wenn wir uns dem zweiten Teil der zu Beginn dieses Abschnitts gestellten Frage zuwenden (»Wenn ich auf Pflege im Alter angewiesen sein sollte, wer wird sie überhaupt leisten?«), spätestens dann kommen wir zur vierten großen Risikogruppe der von Armut bedrohten Menschen in Deutschland: denen mit einer Migrationsgeschichte.

Kapitel 5

Arm mit Migrationsgeschichte – zwischen (Nicht-)Willkommenskultur und Fachkräftemangel

Als wir mit dem großen Transporter in die kleine Seitenstraße mitten in der Berliner Innenstadt einbiegen und uns dem Ziel unserer Fahrt nähern, sehen wir sie schon von Weitem. Gegenüber der Hofeinfahrt, vor der wir schließlich halten, stehen, sitzen und liegen überall Menschen im Schatten der Bäume, denn es ist bereits sehr heiß an diesem Vormittag im Juni 2022. Zu diesem Zeitpunkt flüchten bereits seit fast vier Monaten immer mehr Menschen vor dem russischen Angriffskrieg aus der Ukraine nach Deutschland, und viele von ihnen landen zunächst durch seine geografische Lage begünstigt in Berlin, wo einige bereits Bekannte oder Verwandte haben und gut vernetzt sind. Es kommen jedoch so viele, dass nicht nur die zuständigen Behörden überfordert sind und die Geflüchteten ohne Absprache an die Tafeln und andere gemeinnützige, nicht staatliche Organisationen verweisen. Auch wir haben mit der extrem starken Nachfrage zu kämpfen, der sich wie ein Netz auf alle Tafeln in Deutschland zu verteilen beginnt. Die Berliner Tafel greift zu einer ungewöhnlichen Idee und öffnet kurzerhand in einer Hofeinfahrt in Berlin-Mitte eine Pop-up-Tafel.

Es ist eine von acht improvisierten Ausgabestellen in Berlin, die die Mitarbeitenden und Ehrenamtlichen der Berliner

Tafel zusätzlich zur normalen Lebensmittelausgabe auf die Beine stellten und die sich zunächst ausschließlich an Geflüchtete aus der Ukraine richten. Sie sind in erster Linie nötig, um den vielen Menschen zu helfen, und sie sind alle weiterhin aktiv. Die Berliner Tafel braucht die Pop-up-Stellen, um dem wachsenden Andrang bei den zu dieser Zeit 47 etablierten Ausgabestellen gerecht zu werden, denn parallel zu den enorm gestiegenen Preisen wächst die Zahl der Kund*innen. Gerade Grundnahrungsmittel wie Obst und Gemüse, aber auch Butter und Öl können sich viele Menschen, die zu den Tafeln kommen, im Supermarkt nicht mehr leisten. Die zusätzlichen Pop-up-Tafeln tragen daher dazu bei, die Ausgabestellen zu entlasten und die Arbeit der Ehrenamtlichen zu entzerren, eine Idee, die aus der Erfahrung der Flüchtlingsbewegung von 2015 entstand, welche damals die regulären Ausgabestellen an den Rand der Belastbarkeit brachte.

Von den Behörden kommt zu diesem Zeitpunkt keine Hilfe. Sie scheinen vollständig mit der großen Menge an hilfesuchenden Menschen überfordert zu sein – doch nicht zu helfen ist keine Option, auch wenn es die Tafeln in das Dilemma bringt, in diesem Moment den Sozialstaat zu entlasten, was nicht unsere Aufgabe ist. Als wir aus dem Transporter steigen, stehen in der Hofeinfahrt bereits drei Ehrenamtliche von »Laib und Seele«. Die Kooperation der Berliner Tafel, der Berliner Kirchengemeinden und des RBB (Rundfunk Berlin Brandenburg) bietet seit 2004 in ihren mittlerweile 49 Ausgabestellen im ganzen Stadtgebiet gerettete Lebensmittel für Privatpersonen an. Die Berliner Tafel selbst beliefert zudem zusätzlich noch rund 400 soziale Einrichtungen, vom Frauenhaus über Wohngemeinschaften ehemaliger Straßenkinder bis hin zu Suppenküchen für Obdachlose, und ist bestens organisiert. Innerhalb von Minuten wird der Transporter entladen, in der Einfahrt stapeln sich jetzt die Kisten mit den vorgepackten Lebensmitteltüten, und es kommt Bewegung in die vielen Menschen, die im Schatten auf uns gewartet haben.

Die Fahrerin, die ich begleite, ist eine 24-jährige Studentin, die erst kürzlich ein Praktikum bei einer großen Werbeagentur geschmissen hat und nun drei Monate ehrenamtlich bei der Tafel mithilft, bevor ihr neues Studiensemester in Paris beginnt. Auch darin zeigt sich die Vielfalt der Tafel-Arbeit, die nicht nur wegen des Ukrainekrieges die unterschiedlichsten Menschen zusammenbringt. Gemeinsam fahren wir an diesem Tag auch noch eine zweite Tour, lenken den Transporter zurück in die Halle 1 auf dem Großmarkt im Westhafen von Berlin, die das Verteilzentrum der Berliner Tafel beherbergt, beladen den Transporter von Neuem und bringen die nächsten Lebensmitteltüten zur Pop-up-Tafel in Berlin-Mitte. Es ist eine lange Fahrt, das Verkehrsaufkommen gewaltig, wir stehen immer wieder im Stau – die Zeit, die für das Transportieren der Lebensmittel beim Retten und Verteilen draufgeht, dieser enorme Aufwand unserer Tafel-Arbeit, wird an diesem heißen Tag im Sommer 2022 wieder einmal deutlich, doch dass es so viele unterschiedliche Menschen gibt, die mit ihrer Zeit und ihrem Einsatz die Tafeln unterstützen, erfüllt mich mit Zuversicht.

Eine Zuversicht, die es angesichts der gewaltigen Herausforderungen, die Putins Angriffskrieg seit dem 24. Februar 2022 auf allen Ebenen auch für uns darstellt, mehr denn je braucht. Über 1,1 Millionen Ukrainer*innen sind im ersten Jahr des Krieges nach Deutschland geflohen. Abzüglich der 139 000 registrierten Fortzüge lag die Nettozuwanderung aus der Ukraine im Jahr 2022 laut Statistischem Bundesamt bei 962 000 Personen. Damit war sie größer als die aus Syrien, Afghanistan und dem Irak von 2014 bis 2016, die zusammengenommen bei 834 000 Personen lag.[1] Im Juni, als ich bei der

Pop-up-Tafel in Berlin-Mitte war, waren bereits mehr als zwei Drittel dieser Menschen zugezogen, weit über 700 000 und damit die zweitgrößte ausländische Bevölkerungsgruppe in Deutschland (nach den türkischen Staatsangehörigen, die 1,6 Prozent der Gesamtbevölkerung stellen). Knapp zwei Drittel der Geflüchteten sind Frauen und Mädchen.

Es ist eine große Gemeinschaft im ersten Halbjahr 2022 spürbar, mit der die Geflüchteten vielerorts aufgenommen werden. Es werden Wohnungen, Möbel und Kleidung organisiert. Die Regierung errichtet unter Hochdruck Notunterkünfte. Überall zeigen Menschen ihre Solidarität, indem sie sich kleine blau-gelbe Pins anstecken oder gleich ganze Fußballstadien und Rathäuser in den Farben der Ukraine erstrahlen lassen. Und Deutschland ist damit nicht alleine. Unser Nachbarland Polen nimmt in den ersten beiden Kriegsjahren mit über 950 000 die zweitmeisten Menschen innerhalb der Europäischen Union auf, Tschechien mit mehr als 375 000 die drittmeisten, gemessen an der eigenen Einwohnerzahl sogar die zweitmeisten hinter Estland. Insgesamt sind in der EU fast 6 Millionen geflüchtete Menschen aus der Ukraine registriert, hinzu kommen noch einmal 5,7 Millionen Binnenflüchtlinge innerhalb der Ukraine.[2] Und der Krieg ist auch nach über zwei Jahren Realität.

Einerseits ist seit dem russischen Einmarsch in der Ukraine viel passiert. So erschütternd die offiziellen Zahlen und persönlichen Schicksale sind: Global betrachtet sind Flucht und Migration seit Jahrzehnten eine relativ konstante Problematik, keine Ausnahme, sondern (historische) Normalität. Auch die Bundesrepublik hat seit ihrer Gründung bereits vier große Phasen der Zuwanderung erlebt.[3] Schon ein Jahrzehnt nach Kriegsende, ab dem Jahr 1955, kamen über mehrere Anwerbeabkommen mit ihren Heimatländern rund 14 Millionen »Gastarbeiter« ins Land, vor allem aus Italien, der Türkei und Jugoslawien. Die Zeit des sogenannten Wirtschaftswunders war auch der Beginn des Einwanderungslandes Deutschland, auch wenn sich mit diesem Begriff seit Jahrzehnten in Teilen der Politik schwergetan wird. Diese erste Phase endete erst 1973 mit einem Anwerbestopp während der Ölkrise. In dieser Phase zogen deutlich mehr ausländische Staatsangehörige nach Deutschland, als später wieder das Land verließen; die Nettozuwanderung betrug etwa drei Millionen Menschen.

Bundeskanzler Helmut Kohl sagte noch im April 1989 den berühmt gewordenen Satz: »Wir sind kein Einwanderungsland, und wir können es auch nicht werden.« Das war damals schon falsch und kurz darauf realitätsferner denn je. 1989 und 1990 kamen mit dem Zerfall des Ostblocks weit über 750 000 »Spätaussiedler*innen«, also Menschen mit deutschen Wurzeln, aus Ost- und Mitteleuropa nach Deutschland. Noch mehr Menschen zogen im selben Zeitraum aus Polen zu, und ab 1991 flohen Hunderttausende Jugoslaw*innen vor den Kriegen in ihrem ehemaligen Heimatland nach Deutschland. Diese zweite große Migrationsphase war also in erster Linie Folge eines politischen Erdbebens und erst in zweiter Linie von ökonomischen Faktoren geprägt.

In der Folge der schrittweisen Osterweiterung der Europäischen Union in den Nullerjahren folgte die dritte, lang anhaltende Zuwanderungsphase. 2004 traten Estland, Lettland, Litauen, Malta, Polen, Slowakei, Slowenien, Tschechien, Ungarn und Zypern der Europäischen Union bei, 2007 folgten Bulgarien und Rumänien, 2013 Kroatien. Im Jahr 2015 flohen etwa 1,6 Millionen Menschen vorrangig aus Syrien, Afghanistan und dem Irak aus humanitären Gründen nach Deutschland. Die Zahl der in dieser Zeit aus dem EU-Ausland Zugewanderten war jedoch noch deutlich höher: Allein zwischen 2011 und 2021 kamen rund 6,3 Millionen Menschen. Mitte 2015, nur drei Monate vor ihrem berühmten Satz »Wir schaffen das!«, sorgte Bundeskanzlerin Angela Merkel mit ihrer späten Einsicht »Wir sind im Grunde schon ein Einwanderungsland« trotzdem noch für Schlagzeilen.[4]

Die vierte Zuwanderungsphase, die mit dem Ukrainekrieg begann, ist die bislang größte seit Gründung der Bundesrepublik. Unabhängig davon, wie sie weiter verläuft, ist Deutschland laut dem *World Migration Report 2022* der Internationalen Organisation für Migration (IOM) der Vereinten Nationen nach den USA das Land mit den meisten Einwanderern.[5] Als kurz nach dem Zweiten Weltkrieg kaum noch ausländische Menschen in Deutschland lebten, war dies noch eine unvorstellbare Entwicklung.

Wie sich unser Land innerhalb eines Menschenlebens zu einem weltoffenen Einwanderungsland gewandelt hat, ist einerseits eine unglaubliche Erfolgsgeschichte – auch weil die Zuwanderung eng mit der wirtschaftlichen Entwicklung Deutschlands verbunden ist: Die meisten Zuwanderer kamen, weil es hier Arbeitsstellen und gute Gehälter gab, also vorwiegend aus ökonomischen Gründen und mit der Hoffnung auf ein besseres Leben. Andererseits wurde die Frage der Integration und damit letztendlich das Zusammenwachsen als eine Bürgergesellschaft lange vernachlässigt. Aus »Gastarbeiter*innen« wurden »ausländische Mitbürger*innen«, aber Integrationshilfen gab es wenige. Stattdessen beschloss der Deutsche Bundestag angesichts höherer Arbeitslosigkeit im Inland 1983 eine Prämie für rückkehrwillige Türk*innen. Doch die meisten türkischstämmigen Familien wollten bleiben, sie hatten hier längst eine neue Heimat gefunden und aufgebaut, allen sozialen Spannungen zum Trotz. Zu nennen sind hier beispielsweise die »Das Boot ist voll«-Kampagnen, Diskriminierungen im Bildungssystem, Alltagsrassismus, Hassreden, tätliche Übergriffe und Brandanschläge (Mölln, Solingen, Rostock-Lichtenhagen etc.) bis hin zu den rassistischen Morden des NSU, um nur einige aufzuführen. Hier zeigte sich in schrecklichem Gewand eine fehlende Bewusstseinsbildung bei der deutschen Bevölkerung gegenüber den Zugewanderten. Neben den fehlenden Integrations-, Sprach- und Kulturangeboten für die Zugewanderten fehlten also auch Bildungsangebote für die Menschen hier.

Nicht zuletzt spiegelt sich der Erfolg gelingender Integration auch in Armutsstatistiken. Oder vielmehr ihr Misserfolg, denn mit 35,9 Prozent weisen Menschen ohne deutsche Staatsangehörigkeit ein sehr viel höheres Armutsrisiko auf als Menschen mit einer solchen (14,1 Prozent). Auch mit deutschem Pass geht mit einem Migrationshintergrund immer noch eine deutlich höhere Armutsgefährdung einher: 28,6 Prozent mit und 12,5 Prozent ohne Migrationsgeschichte gelten als armutsgefährdet. Noch deutlicher wird es bei einem Blick auf die tatsächlich arme Bevölkerung: 46,5 Prozent aller Armutsbetroffenen haben einen Migrationshintergrund, also fast jede*r Zweite.[6] Auch bei der Tafel bilden sie eine große Kund*innengruppe, nicht erst seit dem Ukrainekrieg.

Bekannte Probleme – nur mehr davon

Alle bisher in den vorangegangenen Kapiteln genannten Gründe und Ursachen für Armut treffen auch auf Menschen mit Migrationsgeschichte zu, oft sogar in besonderem Maße: Von der Kindheit über das Erwerbsleben bis zum Rentenalter, in jeder einzelnen Altersgruppe ist das durchschnittliche Armutsrisiko von Menschen mit Migrationsgeschichte höher, bei Männern und bei Frauen.

Laut Statistischem Bundesamt haben mittlerweile rund 40 Prozent aller Kinder in Deutschland einen Migrationshintergrund, und jedes dritte von ihnen gilt als armutsgefährdet. Ihr Armutsrisiko liegt damit ungefähr dreimal so hoch wie bei Kindern ohne Migrationshintergrund.[7] Wenn noch sprachliche Barrieren im Elternhaus dazukommen, wenn kulturelle Unterschiede zwischen den Heimatländern der Eltern oder Großeltern und der Kultur, der sie im Kita- und Schulalltag begegnen, zu einer zusätzlichen inneren Zerrissenheit und Integrationsschwierigkeiten führen – dann entfernt es die Menschen noch ein Stück weiter von echter Chancengerechtigkeit. Dass in Deutschland die soziale Herkunft, der Bildungsstand und die sozioökonomische Ausstattung der Eltern so entscheidend für die Entwicklungschancen von Kindern sind, trifft Kinder mit Migrationsgeschichte noch härter.

Das gilt vor allem dann, wenn der Migrationshintergrund ein »Migrationsvordergrund« ist. Das ist kein offizieller Begriff, er macht aber auf eine wichtige Unterscheidung aufmerksam: Alles, was an der Oberfläche sicht- oder hörbar ist – eine andere Hautfarbe, ein anders klingender Name, »traditionelle« Kleidung oder Ähnliches –, bildet demnach den offensichtlichen Migrations*vorder*grund, und zwar völlig unabhängig von der Staatsangehörigkeit und auch dann noch, wenn schon mehrere Generationen der Familie deutsche Staatsbürger*innen sind. Wenn sich all diese Merkmale nicht oder nur kaum von denen der Mehrheitsgesellschaft unterscheiden, dann tritt die eigene Migrationsgeschichte im Alltag ganz häufig tatsächlich in den *Hinter*grund und stellt keine (zusätzliche) Hürde dar. Bei der Jobsuche, bei der Wohnungssuche, ganz grundsätzlich bei der sozialen Teilhabe erfahren Menschen, denen man den Migrationshintergrund nicht ansieht, weniger Diskriminierung und Ausgrenzung.

Allein schon deshalb sind die Integrationsschwierigkeiten beispielsweise für Brit*innen, Niederländer*innen oder Skandinavier*innen sehr viel geringer. Dagegen kann eine offensichtliche Migrationsgeschichte bereits kurzfristig zu sozialer Stigmatisierung und mangelnder Teilhabe führen. Die Langzeitfolgen früher Benachteiligung wurden in den letzten Kapiteln hinreichend erläutert und treffen Menschen mit sichtbarer Migrationsgeschichte besonders: gesundheitlich, beruflich, finanziell.

Menschen mit Migrationsgeschichte haben im Durchschnitt eine geringere schulische und berufliche Qualifikation. Auch fehlt ihnen öfter ein Schul- und Berufsabschluss als den Menschen ohne Migrationshintergrund. Die Menschen mit eigener Migrationserfahrung (erste Generation) haben oft mit der eingeschränkten Anerkennung von Abschlüssen zu kämpfen, dem zum Teil eingeschränkten Zugang zum Arbeitsmarkt oder einer zeitlich begrenzten Aufenthaltsdauer.[8] In der Konsequenz übernehmen sie häufiger befristete und schlechter bezahlte Jobs im Niedriglohnsektor, und sie nehmen auch öfter prekäre, ausbeuterische Arbeitsbedingungen in Kauf: in der Gebäudereinigung, in Paketverteilzentren, in der Pflege.

Diese Migrant*innen leben in »multipler Prekarität«, ihre Arbeits- und Lebensverhältnisse sind dauerhaft von Unsicherheit geprägt und erschweren eine positive Zukunftsplanung.[9] Solche Lebenswege, fernab von unbefristeten, geregelten und rechtlich abgesicherten Normalarbeitsverhältnissen, münden in Altersarmut, denn die migrantisch dominierte prekäre Arbeit ist kein Sprungbrett, sondern eine Armutsfalle, die soziale Teilhabe eher verhindert als ermöglicht.

Warum fällt es der Politik trotz jahrzehntelanger Erfahrung mit der (Arbeits-)Migration so schwer, diese Probleme zu lösen? Weder in der Bildungs- noch in der Familienpolitik, weder in der Arbeitsmarkt- noch in der Innenpolitik, wenn es etwa darum geht, den Aufenthaltstitel für Menschen ohne deutsche Staatsbürgerschaft zügig und dauerhaft zu klären, scheinen Migrant*innen Priorität zu haben. Vielleicht fühlt sich auch niemand zuständig, weil diese Fragen so viele Politikbereiche betreffen oder weil es in dem jeweiligen Ressort »nur« um eine Minderheit geht. Aussitzen – das haben rund siebzig Jahre Einwanderung gezeigt – ist keine Lösung. Manche Integrationsschwierigkeiten, etwa die Sprachbarriere und der schlechtere Bildungszugang, verschwinden in der zweiten und dritten Generation bei Menschen mit Migrationsgeschichte, die selbst in Deutschland geboren sind, zwar nicht, werden aber kleiner. Dafür kommen die Zuwanderer heute nicht mehr nur aus vier, fünf südeuropäischen Ländern und der Türkei: Das Einwanderungsland Deutschland ist längst superdivers. Die pauschale Zuschreibung »mit Migrationshintergrund« sagt demnach im Einzelfall immer weniger aus – und prägt gleichzeitig mehr und mehr unsere Gesellschaft. In so gut wie jeder deutschen Großstadt gibt es Viertel, in denen mehr Menschen mit Einwanderungsgeschichte leben als ohne. In Offenbach oder Sindelfingen gilt das bereits für die ganze Stadt. Ein Phänomen, das *Majority-Minority-City* genannt wird und beispielsweise in Nordamerika oder den Niederlanden weit verbreitet ist.[10]

Mit Entwicklungen wie diesen wird voraussichtlich auch das Konfliktpotenzial weiter steigen. Das könnte aber auch ein gutes Zeichen sein.

Integrationsparadox oder Stimmungsumschwung?

Ein steigendes Konfliktpotenzial in Fragen der Integration hält der Soziologe Aladin El-Mafaalani in einer offener und liberaler werdenden Gesellschaft für normal, und er konnte das in seinem 2018 erschienenen Buch *Das Integrationsparadox* auch nachvollziehbar aufzeigen. Dass es auch zu fremdenfeindlichen und nationalistischen sowie religiös-fundamentalistischen Gegenbewegungen komme, sei zwar problematisch, aber doch eher eine Nebenfolge von grundsätzlich positiv zu bewertenden Entwicklungen hin zu einer zunehmend zusammenwachsenden und integrativen Gesellschaft. Die Konflikte entstünden vielmehr zwangsläufig oder würden zumindest sehr viel wahrscheinlicher, weil lange vermiedene Diskussionen und Dialoge stattfänden. Zwar noch nicht komplett auf Augenhöhe, aber immerhin säßen die verschiedensten gesellschaftlichen Gruppen, verstärkt auch Migrant*innen, mittlerweile am sinnbildlichen gemeinsamen Tisch.[11] Beim Aushandeln von Verteilungs- und Zugehörigkeitsfragen komme es selbstverständlich zu Interessenkonflikten, manchmal auch zu einem Streit in einer scheinbaren Dauerschleife, wie das bei einer manchmal mühsamen Kompromissfindung in einer Demokratie nun mal dazugehöre. Insgesamt sei das ein Zeichen des Fortschritts, der schrittweisen Annäherung und der Beschleunigung des sozialen Wandels. Ein gutes Beispiel hierfür sind die immer wieder und teils hitzig geführten Debatten über das Tragen von Kopftüchern muslimischer Frauen. »Erst durch die Bedingungen gelungener Integration wurde das Kopftuch zum Problem«, argumentiert Aladin El-Mafaalani. Spielten muslimische Frauen lange kaum eine Rolle im öffentlichen Diskurs, weil selbst die Frage, ob der Islam zu Deutschland gehöre, bis in die Nullerjahre meist pauschal verneint wurde, selbst von Muslimen, ist die Diskussion heute deutlich weiter fortgeschritten. Auch erzkonservative Politiker*innen stellen die religiöse Vielfalt Deutschlands immer seltener infrage, und viele Muslime fühlen sich heute ganz selbstverständlich zugehörig. Gerade weil Integration gelänge, könne sich, als nur scheinbar paradoxe Gegenreaktion, auch Rassismus (wieder) verstärken, sagt Aladin El-Mafaalani. Aus dieser Perspektive stellt es also keinen Widerspruch dar, dass unsere Gesellschaft einerseits immer liberaler wird und andererseits die Radikalen radikaler werden.

Damit dieser oft anstrengende, aber lohnende Integrations- und Diskursprozess am Ende nicht Verlierer produziert, sind zwei Dinge wichtig. Zum einen braucht es eine konstruktive Streitkultur, die als eine Art Leitkultur gemeinsam entwickelt und gepflegt werden muss – und zum anderen darf die offene Gesellschaft an sich nicht infrage gestellt werden. Aladin El-Mafaalani fordert, und dem kann ich mich anschließen, mehr Realismus und eine Versachlichung der Diskussion. Wir sollten anerkennen, was bisher schon erreicht wurde, und dennoch muss eine besser gelingende Integration weiterhin das Ziel sein. Dabei handelt es sich um einen sich fortwährend verändernden Prozess, an dem alle Beteiligten Mitwirkungsrechte und -pflichten haben, wie allein schon die Superdiversität deutlich macht. Und der nur gelingen wird, wenn wir den Menschen zuhören und mehr mit ihnen als über sie diskutieren und unsere Wünsche und Vorstellungen an ein gelungenes Miteinander formulieren und gegenseitig kennen. Da Migrant*innen überdurchschnittlich oft von Armut betroffen sind, müssen Fragen der Integration und der Armutsvermeidung stets gemeinsam gedacht werden.

Das ist komplex und wird auch in Zukunft nicht reibungsfrei funktionieren. Dass viele Menschen es gerne einfacher hätten, ist verständlich, aber es rechtfertigt nicht, wie einfach es sich einige machen wollen. Wie der CDU-Vorsitzende Friedrich Merz, als er Ende September 2022 Geflüchteten aus der Ukraine vorwarf, das deutsche Sozialsystem auszunutzen. Auf Twitter (heute: X) schrieb er: »Wir erleben mittlerweile eine Art Sozialtourismus nach Deutschland.«[12] Bereits 2013 wurde im Übrigen »Sozialtourismus« zum Unwort des Jahres gekürt. Seine anschließende Entschuldigung, »Wenn meine Wortwahl als verletzend empfunden wird, dann bitte ich dafür in aller Form um Entschuldigung«, war im Grunde keine, denn seine ursprüngliche Behauptung nahm er inhaltlich nicht zurück, obwohl sie sich nicht belegen lässt. Vielmehr basierte sie auf vermeintlichen Informationen, die, wie sich herausstellte, aus prorussischen Onlinekanälen stammten. Wenige Tage später legte er stattdessen nach und bezeichnete das Bürgergeld als »Pull-Faktor« für die Zuwanderung. Es ziehe Migrant*innen an und halte sie davon ab, eine Arbeit aufzunehmen.[13] Und ein knappes Jahr später machte der CDU-Vorsitzende dann Stimmung gegen Asylsuchende, als er behauptete: »Die sitzen beim Arzt und lassen sich die Zähne neu machen, und die deutschen Bürger nebendran kriegen keine Termine.«[14]

Behauptungen ohne belegbare Fakten zu verbreiten wird der Komplexität der Thematik nicht gerecht, und dass dieses von dem Vorsitzenden einer der bedeutendsten Parteien in Deutschland kommt, halte ich im höchsten Maße für schwierig. Mit einer konstruktiven Streitkultur hat derart populistisches Zündeln nichts zu tun, es versucht vielmehr, soziale Ungleichheit gegen die Vulnerabelsten zu instrumentalisieren und sie gegeneinander auszuspielen.

Auch FDP-Chef Christian Lindner bediente im Sommer 2023 Ressentiments, als er betonte, von Kinderarmut seien vor allem Familien betroffen, die ab 2015 nach Deutschland eingewandert sind, womit er das Problem auf ausländische Familien abwälzte, als hätten die nichts mit Deutschland zu tun und seien nicht vor Krieg und Verfolgung geflohen.[15] Und als er fragte: »Hilft man ihnen am besten dadurch, dass man den Eltern mehr Geld aufs Konto überweist?«, hatte er in erster Linie nicht die Menschen, sondern die Schuldenbremse im Blick. Allerdings stellte Lindner direkt im Anschluss die Frage: »Oder ist nicht vielleicht mindestens diskussionswürdig, in die Sprachförderung, Integration, Beschäftigungsfähigkeit der Eltern zu investieren und die Kitas und Schulen für die Kinder so auszustatten, dass sie vielleicht das aufholen können, was die Eltern nicht leisten können?« Wir sollten das eine tun und das andere nicht lassen, weil Armutsbekämpfung kein Entweder-oder, sondern ein Sowohl-als-auch ist. Zum Zeitpunkt von Lindners Äußerungen hatte die Bundesregierung bereits beschlossen, bei der Integration zu sparen und insbesondere für die Beratung und psychosoziale Unterstützung von Migranten, Sprachkurse, Arbeitssuche oder Kinderbetreuung weniger auszugeben.[16]

Mit einer solchen Art der Diskussionsführung wird die große Chance vertan, die wirklich heiklen Themen anzugehen. Zum einen ist es richtig, dass Geld zwar die Voraussetzung ist, aber das Problem der Kinderarmut alleine nicht lösen wird, ganz unabhängig vom Migrationshintergrund. Zum anderen gibt es tatsächlich mit manchen Nationalitäten größere Integrationsprobleme als mit anderen. Auch bei der Tafel registrieren wir, dass viele der in den Jahren 2015 und 2016 nach Deutschland Geflohenen bis heute zur Tafel kommen und es ihnen noch nicht gelungen ist, eine armutsfest bezahlte Arbeit zu finden und sich besser zu integrieren. Auch wenn es grundsätzlich nicht die geringste Rolle spielt, welche Hautfarbe, Religion oder ethnische Herkunft ein

Mensch hat, müssen wir die Gründe dafür offen und ehrlich erörtern.

Meine Position ist klar: Kein Mensch, der vor einem Krieg oder Bürgerkrieg flüchtet, hat sich das ausgesucht oder gewünscht. Und keiner dieser Menschen kommt wegen unserer Sozialleistungen nach Deutschland. Es sorgt manchmal für Unverständnis, wenn Menschen aus der Ukraine Bürgergeld beziehen und zur Tafel kommen und gleichzeitig einen SUV besitzen. Entscheidend ist jedoch nicht das Auto an sich, denn vor einem Krieg fliehen *alle* Menschen, auch Wohlhabende. Dass viele Geflüchtete keine andere Option haben, als von staatlichen Geldern zu leben, weil unsere Integrationspolitik diese nicht zulässt, tritt dabei in den Hintergrund. Es hapert weiterhin an einer schnellen, unbürokratischen Arbeitsgenehmigung, es hapert an Sprachkursen, mit der Anerkennung von Qualifikationen und auch mit der Qualifizierung von neuen Arbeitskräften. Und wenn zugewanderte Kinder teilweise über ein Jahr auf einen Schulplatz warten müssen, geht wertvolle Zeit unwiederbringlich verloren – nicht nur für eine schnelle Integration, sondern für den ganzen weiteren Lebensweg, wie bereits in Kapitel 2 ausgeführt.

Deutschland erwartet in den kommenden Jahren ein eklatanter Fachkräftemangel. Wir werden nicht nur die Hochqualifizierten brauchen, sondern auch Sachbearbeiter, Pflegefachkräfte, Erzieher und Angestellte im Einzelhandel und Dienstleistungssektor. Wir tun gut daran, eine Willkommenskultur zu etablieren, die ihren Namen verdient, sonst werden wir mit unserer ohnehin schweren Sprache zunehmend unattraktiver für Einwanderer, und daran wird auch kein Bürgergeld etwas ändern.

Dass die Hauptursache für Armut eben nicht bei den betroffenen Menschen, sondern bei ihren Lebensumständen zu suchen ist, und dass der Staat hierbei oft nicht so sozial handelt, wie es erforderlich wäre, es also ein strukturelles und kein individuelles Thema ist – all das scheint jedoch in der Migrationsdebatte immer weniger ins Gewicht zu fallen, denn die Bereitschaft zur Aufnahme von Geflüchteten ist spürbar gesunken.[17] Rund 60 Prozent der Befragten einer Studie der Bertelsmann Stiftung zur »Willkommenskultur in Krisenzeiten« waren im Oktober 2023 der Meinung, Deutschland könne nicht mehr Geflüchtete aufnehmen.[18] 2021 waren es noch 36 Prozent. Das sei aber kein grundsätzlicher Rechtsruck beziehungsweise gegen die Migrant*innen selbst gerichtet, denn zum einen bestätigten 73 Prozent der Befragten weiterhin eine Willkommenskultur in der Bevölkerung gegenüber Migrant*innen, die zu Arbeits- oder Bildungszwecken nach Deutschland kämen. Und zum anderen bezögen sich die stark gestiegenen Bedenken auf die systemischen Kapazitäten, also darauf, ob Aufnahme und Integration mit den vorhandenen wirtschaftlichen und gesellschaftlichen Möglichkeiten überhaupt gelingen könne. Laut Studienautorin Ulrike Wieland befürchteten die Befragten vor allem Mehrkosten für den Sozialstaat, Probleme in Schulen und Wohnungsnot.[19] Es geht also in erster Linie um die strukturellen Voraussetzungen. Und was macht die Regierung?

Politische Maßnahmen und gesellschaftliche Herausforderungen

Im Frühjahr 2024 drängt sich der Eindruck auf, es ginge in der politischen Debatte vor allem um eine grundsätzliche Unterscheidung zwischen erwünschter und unerwünschter Migration. Auf der einen Seite bedrängt uns ein zunehmender Fachkräftemangel: Der Bundesregierung zufolge fehlen

Deutschland durch den demografischen Wandel bis 2035 sieben Millionen Arbeitskräfte und damit ein Siebtel des aktuellen Arbeitsmarkts.[20] Bereits im Jahr 2022 lag die Zahl der offenen Stellen bei rund zwei Millionen. Schätzungsweise rund 400 000 Migrant*innen braucht Deutschland jedes Jahr, damit die Zahl der Arbeitskräfte stabil bleibt, insbesondere im Gesundheitssektor (siehe Kapitel 4), den wir als alternde Gesellschaft nur mit Zuwanderung werden bewältigen können. Migration ist hier längst die Lösung, nicht das Problem, auch wenn selbstverständlich eine geringere Teilzeitquote vor allem bei Frauen sowie gezieltere Aus- und Weiterbildung weitere Maßnahmen zur Bekämpfung des Fachkräftemangels sind.

Als Friedrich Merz um einen Zahnarzttermin fürchtete, hatten laut Mikrozensus bereits 27,3 Prozent aller Ärzt*innen in Deutschland eine Migrationsgeschichte und stammten überdurchschnittlich häufig aus Osteuropa und dem Nahen und Mittleren Osten.[21] Und weil Deutschland nicht das einzige überalterte Land ist, befinden wir uns bereits mitten in einem weltweiten Wettstreit um Arbeitskräfte. Es muss der Politik also darum gehen, dass Deutschland attraktiv bleibt für dringend benötigte Arbeitsmigrant*innen, und zwar nicht nur aus Europa (die Zeit der Einwanderung von Arbeitskräften aus der EU geht nach Einschätzung des Migrationsforschers und Ökonomen Herbert Brücker gerade zu Ende[22]), sondern aus Ländern mit jungen Gesellschaften, insbesondere aus Asien und (Nord-)Afrika.

Auf der anderen Seite steht die unerwünschte Migration, die im Gegensatz zur »legalen Einwanderung« meist als »irreguläre Migration« bezeichnet wird. Sie soll begrenzt und eingedämmt werden. Dafür sollen, einem Vorschlag der EU-Kommission folgend, Asylverfahren in Zukunft direkt an den EU-Außengrenzen durchgeführt werden. Wer kaum oder keine Aussicht auf einen Aufenthaltstitel hat, betritt gar nicht erst europäischen Boden, und diejenigen, die einwandern, sollen gleichmäßiger auf die Mitgliedstaaten verteilt werden. Zwar wird betont, dass politisch Verfolgte gemäß Grundgesetz Asylrecht genießen und auch das europäische Recht Schutzbedürftigen Hilfe gewährt, dennoch werden die Schließungs- und Abschottungstendenzen schärfer. Sie sind eine direkte Folge und Ausdruck des Rechtsrucks, wie er in vielen Ländern der EU in den vergangenen Jahren stattgefunden hat.

Höhere Zäune und härtere Grenzregime können Migration kurzfristig aufhalten, an den Fluchtursachen ändern sie nichts. Hinzu kommen Ereignisse wie der Ukrainekrieg, die auch in Zukunft mit unvorhergesehenen Migrationsbewegungen verbunden sein werden. Dennoch gilt es anzuerkennen, dass Europa, und nicht zuletzt Deutschland, vor einem schwierigen Spagat steht. »Zwei Prinzipien leiten die Bundesregierung beim Thema Migration: Humanität und Ordnung.«[23] So formuliert sie es selbst. Die Ampel-Regierung will das Fachkräfteeinwanderungsgesetz weiterentwickeln und Anerkennungsverfahren vereinfachen, auch um die Abwanderung eigentlich willkommener Migrant*innen zu reduzieren. Arbeitsmigration ist kein einfacher Umzug von A nach B: Hier finden sich auch Fort- und Weiterzüge, Mehrfachpendelbewegungen und noch komplexere Migrationsmuster. Diese erfordern mehr Flexibilität bei Behörden und Arbeitgebern, und nicht zuletzt in der Kinderbetreuung, denn auch Migrant*innen haben Familien, die besser mit dem Beruf vereinbart werden müssen, als es aktuell möglich ist.

Im Hinblick auf Armutsprävention stehen für Arbeitsmigrant*innen dieselben Parameter im Raum wie bei allen anderen Arbeitsverhältnissen: armutsfeste Löhne und faire

Arbeitsbedingungen, damit soziale, kulturelle und, zumindest perspektivisch, politische Teilhabe möglich sind. Letzteres wird in Zukunft vermutlich noch eine Debatte aufwerfen, denn der Bevölkerungsanteil der Menschen ohne deutsche Staatsangehörigkeit lag bereits im Jahr 2022 bei 14,6 Prozent, das heißt, bereits jede*r siebte Einwohner*in unseres Landes hatte keinen deutschen Pass und durfte nicht an Wahlen teilnehmen.[24] Es lässt sich also sagen, dass einerseits soziale Ungleichheit im Heimatland beziehungsweise global Migration erzeugt und dass andererseits Migration soziale Ungleichheit beeinflusst, auch in Form von fehlender politischer Teilhabe für größer werdende Teile der Bevölkerung.[25] Auch solche mittel- und langfristigen Auswirkungen sind bei Fragen der Migration und Integration zu bedenken.

Es braucht aber auch kurzfristige Antworten. Eine davon soll das inländische Potenzial besser nutzen, »indem ein ›Spurwechsel‹ von Asylsuchenden und Geduldeten in die Erwerbsmigration ermöglicht wird. Hierfür sollen gesetzliche Verbote überarbeitet und abgeschafft werden. Mit dem Chancenaufenthalt hat die Bundesregierung bereits die Möglichkeit angestoßen, dass langjährig Geduldete über eine Erwerbstätigkeit einen dauerhaften Aufenthaltstitel erhalten können«, schreibt das Bundesministerium für Arbeit und Soziales unter dem Hashtag #Fachkräfteland.[26] Ob das gelingt, ist offen, aber wie beim Fachkräfteeinwanderungsgesetz ist der Ansatz der richtige: mehr Chancen ermöglichen, Bürokratie abbauen, die Prozesse transparenter und effizienter gestalten, Asyl- und Asylgerichtsverfahren beschleunigen.

In eine ähnliche Richtung wie dieses »Migrationspaket I« stößt zudem der sogenannte Job-Turbo zur Arbeitsmarktintegration von Geflüchteten. Ein Vorschlag des Arbeitsministeriums lautete, den vielen Ukrainer*innen einen sofortigen Arbeitsmarktzugang zu verschaffen und ihnen intensive Integrationskurse zur Vermeidung von Arbeitslosigkeit anzubieten.[27] Und auch das Integrationsmanagement zwischen Bund, Ländern und Kommunen soll damit verbessert werden, zum Beispiel durch berufsbegleitende Sprachkurse und eine Kita- und Hortbetreuung.

Weil so viele ukrainische Mütter mit ihren Kindern fliehen mussten, spielt die Kinderbetreuung hier eine besonders große Rolle, wie auch Erfahrungen aus Berlin bestätigen, wo dank einer im Vergleich zu vielen anderen deutschen Städten besseren Kinderbetreuung eine deutlich höhere Beschäftigungsquote von 40 Prozent zu verzeichnen ist – im Vergleich zu Ländern wie Polen mit 90 Prozent und den Niederlanden mit 70 Prozent liegt Deutschland insgesamt mit 21 Prozent bei den ukrainischen Frauen und 29 Prozent bei den ukrainischen Männern aber weiterhin zurück.[28] Nach über zwei Jahren Krieg gehen etwa drei Viertel der Geflüchteten aus der Ukraine keiner sozialversicherungspflichtigen Tätigkeit nach. Vor allem, weil in der Regel zunächst Sprach- und Integrationskurse absolviert werden müssen, bevor ein Einstieg in den Arbeitsmarkt möglich wird – obwohl gleichzeitig betont wird, wie wichtig Arbeit für die Integration ist. Hier sollte zwingend ein Turbo eingeschaltet werden, damit Menschen auch ohne fließende Sprachkenntnisse schneller in Lohn und Brot kommen können.

NRW-Ministerpräsident Hendrik Wüst (CDU) und sein bayerischer Amtskollege Markus Söder (CSU) fordern Tempo. Die Länderchefs sehen aber vor allem Bedarf bei der Eindämmung der irregulären Migration. Im Zentrum der Ministerpräsidentenkonferenz Anfang März 2024, auf der sie mit Bundeskanzler Olaf Scholz die weitere Asylpolitik besprachen, standen die Asylverfahren in Drittstaaten.[29] Als Erfolge wurden einhellig die Einstufung von Georgien und Moldau als sichere Herkunftsstaaten und die Einführung einer Bezahlkarte für Asylbewerber*innen hervorgehoben. Mit der Karte soll vorrangig verhindert werden, dass Asylbewerber*innen Geld in ihre Heimatländer transferieren. Gemäß Asylbewerberleistungsgesetz erhalten Asylbewerber pro Monat maximal 460 Euro, also noch einmal deutlich weniger, als Bürgergeldempfänger*innen erhalten.[30]

Bei der Tafel wird die Bezahlkarte voraussichtlich keine so große Rolle spielen, da in den Tafeln die symbolischen Beträge weiterhin mit Bargeld entrichtet werden müssen. Dieses muss so ausreichend sein, dass Tafel-Besuche weiterhin möglich sind. Ich sehe in einer möglichen Bezahlkarte jedoch einen Ausdruck der Diskriminierung und des Misstrauens, der der Willkommenskultur, die wir als Land vermitteln wollen, entgegensteht. Ebenso wie die Diskussionen über eine mögliche Arbeitspflicht für Asylbewerber*innen, selbst wenn diese erst einmal »nur« für gemeinnützige Tätigkeiten gedacht ist: Eine Möglichkeit dazu besteht laut Asylbewerberleistungsgesetz bereits, aber eine pauschale Verpflichtung ignoriert, dass nicht wenige Geflohene traumatische Erfahrungen gemacht haben und noch gar nicht in der Lage dazu sein können.

Arbeit, ob nun gemeinnützig oder nicht, gibt Menschen eine Struktur im Alltag, ermöglicht das Erlernen der Sprache und ist ein zentraler Baustein von Integration und Teilhabe. Aber sie muss den individuellen Fähigkeiten und Anforderungen entsprechen und sollte das Ziel haben, Menschen möglichst schnell sozialversichert zu beschäftigen. Eine Arbeitspflicht ist darüber hinaus ein teures, bürokratisches Unterfangen, das mehr Personal und zusätzliche Arbeitsstunden in den gemeinnützigen Einrichtungen erforderte, da Arbeitseinweisungen und verlässliche Ansprechpartner*innen notwendig wären. Die Forderung ist praxisfern und auch nicht zielführend, was jedoch nicht heißt, dass es für Asylbewerber*innen keinerlei Mitwirkungspflichten gäbe oder geben sollte. Die meisten von ihnen wollen sich mit Arbeit eine neue Existenz aufbauen. Die Vorstellung, sie kämen nach Deutschland, um uns auf der Tasche zu liegen, trifft einfach nicht zu und ist wissenschaftlich nicht haltbar. Sobald die ersten drei Monate vorbei sind, in denen sie nach deutschem Recht generell keinen Zugang zum regulären Arbeitsmarkt haben, und die Ausländerbehörde eine Arbeitserlaubnis erteilt hat, suchen sie sich auch eine Beschäftigung, wie der frühere Chef der Bundesagentur für Arbeit Detlef Scheele im Zuge der Debatte bestätigte.[31] Was mich bei diesen Debatten am meisten stört, ist das unsoziale Menschenbild, das Migrant*innen in nützliche und unnütze Menschen einteilt, in willkommene Arbeitswillige, die es zu umgarnen gilt, und solche, die nur Kosten verursachen und sich nicht integrieren wollen.

Die Zahl der ausländischen Ärzt*innen hat sich in den letzten zehn Jahren mehr als verdoppelt und lag Ende 2023 bei über 63 000.[32] Die meisten von ihnen kamen aus Syrien und Rumänien. Was dieser »Braindrain«, die Abwanderung von gut ausgebildeten Arbeitskräften, für diese Länder bedeutet, wird in der Migrationsdebatte zu wenig thematisiert. Uns geht es vor allem um den »Braingain«, mit dem wir den eigenen Fachkräftemangel abfedern wollen. Diese einseitige Betrachtung von Migration entspricht ebenfalls nicht den Werten, auf die wir in Deutschland so stolz sind.[33] Auch in dieser Hinsicht müssen wir Migration fairer gestalten. Es geht aber nicht nur um Ärzt*innen und Programmierer*innen, also um gut ausgebildete Arbeitskräfte.

Der Arbeitsökonom Simon Jäger prognostiziert, dass in Zukunft auch einfache Dienstleistungstätigkeiten, beispielsweise Helfertätigkeiten im Bereich Gartenbau, stärker nachgefragt werden – generell Tätigkeiten, die nur schwer durch Maschinen, Digitalisierung oder Künstliche Intelligenz ersetzbar sind, weil sie individuell erbracht werden müssen und weniger routinemäßig ablaufen.[34] Unsere Willkommenskultur sollte politisch deutlich breiter aufgestellt werden und sich nicht nur auf Spezialist*innen und gut ausgebildete Fachkräfte konzentrieren.

Und wieso nicht auch ein paar der Vorschläge aus diesem Buch miteinander kombinieren? Wenn für die Umsetzung der Idee eines gesunden Frühstücks für alle Kinder zusätzliches Personal für die Schul- und Kita-Küchen benötigt wird, könnten auch ungelernte Neuankömmlinge hier erst einmal in einem Arbeitsumfeld Fuß fassen, das direkte soziale Teilhabe ermöglicht und einen wichtigen Beitrag zu einer besseren Vereinbarkeit von Familie und Beruf leistet, von dem wir alle profitieren.

Deutschland hat mittlerweile einen so großen Erfahrungsschatz als Einwanderungsland, wir haben aus den großen Herausforderungen der Jahre 2015 und 2016 gelernt und lernen aktuell durch den Ukrainekrieg weiter. Gerade in akuten Notlagen hat es sich bewährt, pragmatischer und unbürokratischer zu handeln und vor allem: mehr von den betroffenen Menschen aus zu denken. Immer wieder hat sich gezeigt, dass die Solidarität in der Gesellschaft mit Geflüchteten sehr, sehr groß ist. In den Tafeln entsteht der Eindruck, dass der Staat sich vorwiegend auf diese Solidarität verlässt und sich auf ihr ausruht, doch er sollte sie stärken, denn gelingende Integration lohnt sich nicht nur wirtschaftlich, sie sorgt auch für mehr Akzeptanz. Das ist, auch angesichts der teilweise aufgeheizten Stimmung im Land, keine einfache Aufgabe – aber es wäre eine unschätzbare Investition in die Zukunft und nicht zuletzt auch die beste Armutsprävention.

Kapitel 6

Arm und außen vor – soziale Ungleichheit und Demokratiegefährdung

In den letzten vier Kapiteln haben wir uns mit den Hochrisikogruppen für Armut in Deutschland beschäftigt, wobei man diese Untersuchung noch auf viele andere strukturell gefährdete Gruppen ausweiten könnte, beispielsweise Menschen mit chronischen Erkrankungen oder Menschen mit Behinderungen. Auch wenn diese umfassende Analyse den Rahmen dieses Buches sprengen würde, ist doch eines sehr deutlich geworden: Die politische Rahmensetzung ist entscheidend für die Bekämpfung oder die Verfestigung von Armut. Doch Armut ist kein Problem, das losgelöst von unserer Art des Zusammenlebens betrachtet werden kann. Wir müssen uns fragen: Was macht wachsende soziale Ungleichheit mit uns als Gesellschaft? Wie verändert es das Miteinander, wenn so viele Menschen in ihrer sozialen, kulturellen und politischen Teilhabe eingeschränkt oder gar ausgegrenzt werden? Wie sehr bedroht strukturelle Armutsgefährdung das allgemeine Vertrauen in den Staat und unsere Demokratie?

Tatsächlich gibt es einige besorgniserregende Tendenzen. Im Sommer 2023 erreichten laut einer Befragung des Wirtschafts- und Sozialwissenschaftlichen Instituts (WSI) der Hans-Böckler-Stiftung die Sorgen um ein Auseinanderdriften der Gesellschaft in Deutschland einen neuen Höchststand.[1] 48 Prozent der befragten Personen gaben an, sich große Sorgen um den sozialen Zusammenhalt zu machen, und

53 Prozent sagten, sie hätten wenig oder überhaupt kein Vertrauen in die Regierung. Der Zusammenhang mit Abstiegsängsten liegt für die Studienautor*innen auf der Hand: »Wir sehen eine Stabilisierung der finanziellen und wirtschaftlichen Sorgen und Belastungen auf hohem Niveau. Diese sind bislang nicht auf das Niveau von vor der Ukraine-Krise zurückgegangen. Der Anstieg in Folge des Krieges war also nicht nur eine kurzfristige Reaktion, sondern spiegelt eine reale und dauerhafte Belastung – vor allem in den unteren und teilweise mittleren Einkommensgruppen – wider«, sagte Bettina Kohlrausch, die wissenschaftliche Direktorin des WSI. Daraus eine monokausale Erklärung abzuleiten sei zwar verkürzt, dennoch liege eine Verstärkung und Verfestigung dieser Entfremdung von staatlichen und gesellschaftlichen Institutionen im Bereich des Möglichen.

Ähnliche Beobachtungen macht das Sinus-Institut. Das Markt- und Sozialforschungsinstitut mit Sitz in Heidelberg und in Berlin ist bekannt für seine »Sinus-Milieus«, mit denen es die Bevölkerung in Gruppen einteilt, die sich in ihrer Lebensauffassung und Lebensweise ähneln. Eine dieser Gruppen ist die »adaptiv-pragmatische Mitte«, die den modernen Mainstream bildet und sich durch Nützlichkeitsdenken, Anpassungs- und Leistungsbereitschaft auszeichnet. Doch dieser Teil der Gesellschaft zeigt sich zunehmend enttäuscht: Das Wohlstandsversprechen, dem sie folgen, löst sich immer weniger ein, ihre Einkommen steigen real nicht mehr, der Traum vom Eigenheim ist kaum noch erfüllbar. Die eigentlich pragmatische Mitte macht die Erfahrung, dass einerseits die Anforderungen an sie selbst wachsen, andererseits aber die Sicherheiten schwinden. Auch im Klein-Klein des Alltags: Sie rackern sich zwischen Arbeit und Familie ab, aber die Bahn fällt aus, die Kita schließt früher, die Behörden arbeiten langsam. Vieles in den grundlegenden Infrastrukturen scheint dysfunktional geworden – ein Teil der Mitte, so die Beobachtung, ist zunehmend innovationsmüde und gestresst.[2]

Wir sind diesem Unwohlsein und dieser Unsicherheit, ob Leistung wirklich vor Armut schützt, bereits in Kapitel 1 begegnet. Das neoliberale Narrativ von der Leistungsgesellschaft bekommt mit wachsender sozialer Ungleichheit immer größere Risse. Der Soziologe Oliver Nachtwey zeichnete bereits 2016 das Bild einer von Prekarisierung und Polarisierung geprägten *Abstiegsgesellschaft*[3], das sich teilweise zu bestätigen scheint, wenn Teilen der adaptiv-pragmatischen Mitte das Vertrauen verloren geht. Und doch stellen große Teile der Gesellschaft den Mythos von der Leistungsgesellschaft nicht grundsätzlich infrage. Interessant in diesem Zusammenhang sind die unterschiedlichen Vorstellungen, die von »Leistung« existieren: Während beispielsweise in Großbritannien damit eher der Erfolg gemeint ist, also vor allem das Ergebnis entscheidet, beurteilen Schwed*innen Leistung eher daran, ob sie für das Gemeinwesen nützlich ist – und in Deutschland ist Leistung für die meisten im Kern gleichbedeutend mit Arbeit. Es geht bei uns also weniger um Ergebnis oder Nutzen als vielmehr um das Tun und Machen an sich: morgens aufstehen, fleißig sein, sich anstrengen.[4] Das passt durchaus zu unserem weltweiten Ruf: Wir Deutschen sind nicht bekannt dafür, das Leben leicht zu nehmen. Und gut möglich, dass sich daran auch so schnell nichts ändern wird. Wie auch, wenn bereits in der Schule (und teilweise auch Kita) ein enormer Druck aufgebaut und der Leistungsgedanke in den Vordergrund gestellt wird?

Einerseits ist da also ein beharrliches Festhalten an der Vorstellung »Wer etwas erreichen will, muss hart dafür arbeiten«, andererseits mehren sich die Zweifel an ihrer Richtigkeit, wenn der in Aussicht gestellte Erfolg ausbleibt. Einerseits lässt uns das Leistungsnarrativ glauben, es läge am Individuum, ob jemand arm oder reich ist – was den Blick auf die eigentlichen, strukturellen Probleme verstellt und erklärt, warum sie teilweise schon so lange System haben. Andererseits machen immer größere Teile der Bevölkerung die Erfahrung, dass sich Armut und Armutsgefährdung nicht einfach mit fehlender Leistungsbereitschaft und/oder -fähigkeit erklären lassen, sondern in erster Linie von politischen Entscheidungen verhindert oder eben ermöglicht werden. In der Psychologie wird häufig von einem »Rückzug ins Private« gesprochen. Wenn Menschen die Megatrends wie Globalisierung, Digitalisierung, Klimawandel etc. zu unübersichtlich erscheinen, beschäftigen sie sich lieber mit den vermeintlich kleineren Themen vor der Haustür. Wenn es um Armut und Leistungsbereitschaft geht, ist eher ein Bezug auf den individuellen Menschen zu beobachten, der es allein schaffen soll, aller strukturellen Probleme zum Trotz. Das hat auch zur Folge, dass es keine breite Protestbewegung von oder für Armutsbetroffene gibt. Diese widersprüchlichen Erfahrungen, Überzeugungen und Gefühle führen bei vielen Menschen zu Verunsicherung.

»Gefühlte Unsicherheit«, dass es uns selbst und den nachfolgenden Generationen hinsichtlich Wohlstand und Lebensstandard schlechter gehen könnte, ist grundsätzlich nicht neu und seit vielen Jahren zu beobachten.[5] Neu ist: Die einst großen Abstände zwischen aktuellen Risikoerwartungen und langfristig angelegten Abstiegsängsten sind angesichts von Inflation und Lohnentwicklung spürbar zusammengeschrumpft und reichen heute weit in die Mitte der Gesellschaft hinein.

Was dabei problematische Ausmaße anzunehmen droht, sind die Schlüsse, die viele Menschen ziehen oder sich zu ziehen gezwungen sehen: Sie stellen nicht nur einzelne politische Maßnahmen oder Parteiprogramme, sondern die aktuelle Politik als Ganzes infrage. Statusverluste und Abstiegsängste begünstigen die Entstehung rechter und rechtsextremer Einstellungen.[6] Die seit 2002 durchgeführte »Mitte-Studie« der Friedrich-Ebert-Stiftung bestätigte in ihrer Ausgabe für 2022/23, dass der Rückgang fast aller Formen der Abwertung gesellschaftlicher Gruppen, der während der Coronapandemie gemessen wurde, in die andere Richtung gekippt ist und teilweise über Vorkrisenniveau liegt.[7] Die Solidarität der Pandemiejahre scheint für signifikante Teile der Bevölkerung ein jähes Ende gefunden zu haben, stattdessen wendet sich der verinnerlichte Leistungsbegriff unter steigendem finanziellen und wirtschaftlichen Druck in eine Abgrenzung nach unten, gegen die vermeintlich Leistungsschwachen, -unwilligen und -unfähigen. Und das machen sich nicht nur konservative und wirtschaftsliberale Politiker*innen zunutze, indem sie den Leistungsmythos noch zuspitzen und Arbeitende gegen Transferempfänger*innen ausspielen, »makers« gegen »takers«, sondern eben auch rechte und rechtsextreme Parteien, indem sie zusätzlich noch die Ab- und Ausgrenzung von Menschen mit Migrationsgeschichte hervorheben. Den einen soll ein Denkmal gebaut werden, bei den anderen soll mindestens gekürzt, wenn nicht gleich die Ausweisung geplant werden.

Wie die Soziologen Steffen Mau, Thomas Lux und Linus Westheuser in ihren Studien zu den *Triggerpunkten* zeigen, ist von allen Parteianhängern die AfD-Wählerschaft besonders stark der Meinung, dass es »nicht genügend Respekt für hart arbeitende Menschen« gebe, und gleichzeitig wendet sich die Partei gegen sozialstaatliche Umverteilung.[8] Anders als mit dem krampfhaften Festhalten an einem als falsch widerlegten Menschen- und Leistungsbild lässt sich ein derartiger Sozialdarwinismus nicht erklären. Doch ohne ein anderes Menschenbild wird es schwer, ein weiteres Auseinanderdriften der Gesellschaft aufzuhalten.

Mit jeder Krise wächst die Ungleichheit

Wir haben es, das möchte ich noch einmal betonen, nicht mit monokausalen Zusammenhängen zu tun. Und die Mitte der Gesellschaft ist auch keine homogene Gruppe. Die gemachten Beobachtungen sind aber auch nicht als belanglose Einzelfälle oder temporäre Ereignisse abzutun. Dafür sind in den vergangenen Jahren einfach zu viele Krisen über uns alle hereingebrochen und die Einzelfälle zu zahlreich, wenn von 1,6 bis 2 Millionen Menschen bei den Tafeln und einer Armutsquote von 16,9 Prozent laut Paritätischem Gesamtverband auszugehen ist.

Gerade die Coronapandemie hat über drei Jahre hinweg viel Vertrauen erschüttert. Vor allem in unser Gesundheitssystem – zum ersten Mal war greifbar, was ein Pflegenotstand nicht nur als politisches Schlagwort, sondern konkret in der Praxis bedeuten kann –, aber auch in unser Bildungssystem, denn neben den Kranken und Alten zählten vor allem die Jüngsten zu den Leidtragenden der Pandemie. Mit der Bewältigung der Krise konnte insgesamt zwar viel Vertrauen zurückgewonnen werden, auch die Regierung war teilweise zu unbürokratischem, schnellem Handeln bereit – aber allein der Zulauf, den die »Querdenker«-Szene erhielt, machte deutlich, dass sich auch Teile der Mitte von den gängigen demokratischen Institutionen und ihren politischen Vertreter*innen entfernt haben. Er zeigte auch, wie wenig wir für den Umgang mit Fake News, Hassrede im Internet und anderen Fallstricken der Digitalisierung gewappnet waren und sind. Zudem hat die Coronapandemie auch eine neue Einsamkeit hervorgebracht. Viele von uns machten Erfahrung mit einem nie gekannten Ohnmachtsgefühl, und nicht wenige fühlten sich alleingelassen, enttäuscht, abgehängt. Bei vielen Tafeln haben wir auch die beunruhigende Beobachtung gemacht, dass ältere Kund*innen nach der Pandemie nicht mehr zurückkamen, weil es ihnen nun schwerer fällt, sich aufzuraffen und der Einsamkeit zu entfliehen.

Währenddessen zeigen sich mit Hitzewellen, Dürreperioden, Waldbränden, Überflutungen und ähnlichen verstärkt auftretenden Extremwetterereignissen die unmissverständlichen Anzeichen einer lange ignorierten menschengemachten Klimakatastrophe. Das 1,5-Grad-Ziel scheint vielerorts bereits gerissen, von allen Kontinenten bekommt vor allem Europa die Erderwärmung zu spüren, und der weltweite CO_2-Ausstoß nimmt weiter zu. Den demografischen Wandel mit seinen Auswirkungen hinsichtlich Fachkräftemangel im Allgemeinen und Pflegenotstand im Speziellen haben wir in den letzten beiden Kapiteln bereits betrachtet. Seit 2022 der russische Angriffskrieg auf die Ukraine mit seinen schrecklichen Folgen für die Zivilbevölkerung. Die daraus resultierende Energiekrise traf Deutschland ebenso wie die teils drastische Inflation, die so viele Menschen wie nie zuvor zu den Ausgabestellen der Tafeln führten. Und dazu erstarken in allen Teilen der Welt autoritäre Kräfte, ob nun als direkte Folge der Polykrise oder als zusätzliche wahrgenommene Bedrohung.

Die Verunsicherung in großen Teilen der Gesellschaft ist nachvollziehbar, ganz gleich, welche der hier nur holzschnittartig skizzierten Krisen nun als besonders erschütternd wahrgenommen wird. Ebenso ist nachvollziehbar, dass Krisen generell zu finanziellen und wirtschaftlichen Einschnitten bei den Menschen führen. Doch tatsächlich stimmt das nicht für alle. Es gibt einige wenige, dafür umso größere Profiteure der letzten Krisenjahre. Superreiche, die ihre Vermögen seit 2020 mehr als verdoppelt haben, während 60 Prozent der Weltbevölkerung ärmer wurden, wie ein Oxfam-Bericht zeigt.[9]

In der Wahrnehmung vieler Menschen fand auch bei uns eine gewaltige, politisch gewollte Ungleichbehandlung statt, die sich vereinfachend so ausdrücken lässt: Applaus für das Pflegepersonal hier – millionen- und milliardenschwere Rettungsschirme für Banken und Fluggesellschaften da; Abrutschen in die Armut für Soloselbstständige, Kleinunternehmer*innen und Niedriglohnempfänger*innen hier – Übergewinne und Boni für die Managementetagen von Großkonzernen da; schwindende Ressourcen und Kraftreserven hier – neue Rekordvermögen und größere Freiheiten da. Während sich bei den einen die bereits existierenden Schattenseiten der Ungleichheit – schlechtere Bildungsvoraussetzungen und -infrastruktur, prekäre Beschäftigungs- und beengte Wohnverhältnisse, schwerere Umweltbelastungen, Scham und Stigmatisierung, größere Stress- und Gesundheitsrisiken – wechselseitig zu noch mehr Benachteiligung hochschaukeln, entfernen sich die anderen weiter von der Mehrheitsgesellschaft.

In diesem Zusammenhang war bereits mehrfach von der Lohnspreizung beziehungsweise zunehmender Einkommensungleichheit die Rede. Trotz teilweise extrem hoher Managergehälter, die mit keiner Leistung zu rechtfertigen sind, ist die Einkommensungleichheit in Deutschland vergleichsweise gering. Der Gini-Koeffizient, ein statistisches Maß zur Angabe von Ungleichverteilungen, das sich immer zwischen den Werten 0 (vollkommene Gleichverteilung) und 1 (vollkommene Ungleichverteilung) bewegt, wird für die Einkommen in Deutschland mit ungefähr 0,3 angegeben.[10] Der vergleichsweise geringe Wert ist auch ein starkes Indiz dafür, dass bei der Einkommensungleichheit mit einer Anpassung von unten noch mehr erreicht werden könnte als mit einem Eindämmen der Spitzengehälter oben. Das ist kein Freibrief für noch höhere Gehälter und Boni, sondern ein nochmaliges Plädoyer für einen armutsfesten Mindestlohn!

Anders sieht es bei der Ungleichheit in Bezug auf die Vermögen aus. Hier liegt der auf SOEP-Daten basierende Gini-Koeffizient bei 0,83. Das macht Deutschland zu einer der ungleichsten Demokratien der Welt, nur knapp hinter den als wesentlich ungleicher geltenden USA mit 0,85 bis 0,87.[11] Laut dem 6. Armuts- und Reichtumsbericht der Bundesregierung besitzt die reichere Hälfte der deutschen Bevölkerung zusammengenommen 99,5 Prozent aller Vermögen, während sich die Menschen der ärmeren Hälfte die übrigen 0,5 Prozent teilen. Die reichsten 10 Prozent besitzen laut DIW allein schon 67,3 Prozent aller individuellen Vermögen.[12] Weitere Größenvergleiche veranschaulichen bis in die reichsten Familien hinein dieselbe Ungerechtigkeit: Das reichste Promille kommt zum Beispiel noch auf über ein Fünftel des Nettogesamtvermögens. Und diese Zahlen beziehungsweise die ungerechte Ungleichheit, die sie ausdrücken, dürften sogar noch zu niedrig angesetzt sein, denn bezüglich der Vermögen besteht eine enorme Wissenslücke: Das Netzwerk Steuergerechtigkeit schätzt das statistisch bisher nicht erfasste Vermögen auf 500 Milliarden Euro – allein diese versteckte Vermögensungleichheit wäre genug, um alle Berliner Immobilien aufzukaufen.[13]

Die Zusammenhänge und Wechselwirkungen zwischen sozialer Ungleichheit und politischer Teilhabe werden angesichts dieser unvorstellbar großen Summen noch erdrückender. Schlimm genug, dass Armut und Armutsgefährdung mit Scham, Stigmatisierung, Anerkennungsverweigerung, Einsamkeit und anderen Formen sozialer Ausgrenzung einhergeht. Schlimm genug auch, dass ungleiche Gesellschaften bei der Bildung schlechter abschneiden und die soziale Aufwärtsmobilität leidet.[14] Wenn dadurch das soziale Vertrauen schwindet, fehlt nicht nur eine wichtige Grundlage für das gelebte Miteinander und eine erfolgreiche Wirtschaft: Ungleichheit untergräbt auch das politische Vertrauen, weil die einen mittels Parteispenden und Lobbying die politische Agenda und Willensbildung beeinflussen können, während armutsbetroffene Menschen sich nicht gehört und gesehen fühlen. Das führt zu einer sich selbst verstärkenden Abwärtsspirale: Denn die ungleiche Beteiligung von Arm und Reich an den politischen Prozessen verringert die Anreize für Politiker*innen und Parteien, die Interessen benachteiligter Gruppen zu vertreten.

Wegschauen ist keine Lösung

Armutsbetroffenen Menschen Gehör zu verschaffen beziehungsweise, wie es Andreas Steppuhn in seinem Geleitwort formuliert, für mehr Sichtbarkeit in Politik und Gesellschaft zu sorgen, ist ein Anliegen dieses Buches und die tägliche politische Arbeit von Tafel Deutschland. Mehr noch: Wir müssen vom Reden ins Handeln kommen. Auch in der erwähnten TV-Sendung bei Maybrit Illner sagte Carsten Linnemann an mich gerichtet: »Wir müssen was für dieses Thema tun.« Das war Ende 2022, und er hat sich bis heute nicht bei uns gemeldet, sondern wettert seither vielmehr pauschal gegen Bürgergeldempfänger*innen und setzt in diesem Zusammenhang Gerechtigkeit mit härteren Sanktionen gegen Totalverweigerer gleich. Er nennt das »CDU pur« oder »Agenda 2030«.[15] Damit ist er nicht allein, weshalb ich ihn nicht zum alleinigen Sündenbock abstempeln, sondern nur sinnbildhaft für unser viel zu oft vergebliches Werben und Anmahnen anführen möchte.

Als Sinnbild könnte auch die Überdachung vor der Tafel in der Kasseler Nordstadt, einem Brennpunktviertel, stehen. Die soll dort neu installiert werden, damit die Tafel-Kund*innen vor Regen und Schnee, aber auch bei großer Hitze vor direkter Sonneneinstrahlung geschützt sind, wenn sie vor der Ausgabestelle anstehen müssen. Die Warteschlangen und mit ihnen die Wartezeiten sind lang geworden, erst durch Corona, dann durch die gestiegenen Lebensmittelpreise. Teilweise stehen die Menschen deutschlandweit zwei bis drei Stunden vor der Öffnung der Ausgaben an. Dank guter Kontakte, die die Tafeln vielerorts auf kommunaler und auch auf Länderebene haben, war es möglich, Unterstützung für eine Überdachung zu finden. Was diese Initiative in meinen Augen so sinnbildhaft macht, ist, dass hier konkret ein Symptom beseitigt wird, während die Ursache, nämlich die Armut in Deutschland, zu wenig bekämpft wird. Beides fordern wir, doch häufig ist es leichter, politische Unterstützung für kleinere, konkrete Projekte wie dieses zu bekommen – wenn es aber um die Ursachen für die langen Warteschlangen geht, sieht es anders aus.

Seit Jahren macht Tafel Deutschland die Politik darauf aufmerksam, wie überlastet die Tafeln sind. Allein dass so viele unserer Ausgabestellen Wartelisten aufsetzen und Aufnahmestopps verkünden mussten, ist Indiz für eine Verschärfung des Armutsproblems. Und Maßnahmen gehen häufig am Kern des Themas vorbei: Als zum Beispiel 2022 die Energiepreise explodierten, versuchte die Bundesregierung mit einem Tankrabatt für Entlastung zu sorgen – eine Entlastung, die den meisten unserer Kund*innen nichts brachte, da sie selten Autos besitzen, sondern nur als weiterer Beleg dafür aufgefasst werden musste, dass sie nicht gesehen und verstanden werden. Schnelle Symptombehandlungen mit der Gießkanne verfestigen am Ende nur die wahren Ursachen.

Und auch an die 60 000 Tafel-Aktiven wird eine Botschaft gesendet: *Ihr macht das schon.* Alle, die bei den mehr als 970 Tafeln in ganz Deutschland mit anpacken, tun dies aus der Überzeugung, einen wichtigen und sinnvollen Beitrag für unsere Gesellschaft zu leisten, und 95 Prozent tun dies ehrenamtlich. In akuten Krisen und Notsituationen, wie zuletzt mit Hunderttausenden von Geflüchteten aus der Ukraine, stand es völlig außer Frage, dass wir helfen. Wenn dieser enorme zusätzliche Aufwand jedoch wenig Reaktion vonseiten der Politik zur Folge hat, wenn stattdessen der Eindruck entsteht, dass sich die Politik auf dem Ehrenamt und dem grundsätzlichen sozialen Engagement der Bevölkerung ausruht, dann könnte auch hier weiteres Vertrauen zerstört werden. Erst recht, wenn daraus ein Dauerzustand wird. Wir haben in den mehr als dreißig Jahren unseres Bestehens zusammen mit anderen sozialen Organisationen schon zahlreiche Aufrufe gestartet, gemeinsam die Dinge voranzubringen. Zuletzt habe ich dazu am 17. Januar 2024 als Sachverständige in einem Fachgespräch des Unterausschusses »Bürgerschaftliches Engagement« im Bundestag Stellung bezogen und mehr Anerkennung und Wertschätzung für unsere Tafel-Aktiven und das Ehrenamt eingefordert.[16]

Ich frage mich, weshalb die Politik die Tafeln nicht mehr einbindet beziehungsweise nutzt. Viel direkter und zielgenauer als im Tafel-Umfeld ist Hilfe für Behördengänge, Bildungsunterstützung und Ernährungskompetenz kaum anzubieten, was in dem einmaligen Projekt »Lotse« mit Unterstützung des BMAS auch schon ausprobiert wurde, aber meiner Einschätzung nach noch viel flächendeckender als ein Interesse der Politik, die Menschen zu erreichen, ausgebaut werden könnte. Doch dieses Potenzial wird bisher noch zu wenig genutzt.

Vielleicht liegt es auch daran, dass wir nicht nur in ein Politikressort fallen. Die Entlastung von armutsbetroffenen Menschen mit geretteten Lebensmitteln – so einfach wie genial – bedeutet eine thematische Anknüpfung an das Bundesministerium für Ernährung und Landwirtschaft (Cem Özdemir, Bündnis 90/Die Grünen), das uns in unseren Digitalprojekten zur effizienteren und schnelleren Verteilung von Lebensmitteln bereits unterstützt. Unsere sozialen Themen zu Arbeit, Bürgergeld und Mindestlohn sind im Bundesministerium für Arbeit und Soziales von Hubertus Heil angesiedelt. Unsere Schirmherrin ist die Bundesministerin für Familie, Senioren, Frauen und Jugend Lisa Paus (Bündnis 90/Die Grünen), da wir eine der größten Ehrenamtsbewegungen in Deutschland sind. Wir sitzen an mehreren Tischen gleichzeitig, haben aber immer wieder das Gefühl, eher zwischen den Stühlen zu sitzen, zumal sich in der Armutsdebatte auch noch Fragen an das Bundesamt für Migration und Flüchtlinge stellen, das Bundesinnenministerin Nancy Faeser unterstellt ist. Bei der Lebensmittelverschwendung sind sich häufig alle einig – bei der Armutsbekämpfung ist es einfacher, die Überdachung der Warteschlange zu genehmigen.

Unsere vielen politischen Ansprechpartner*innen dürfen aber keine Ausrede sein wegzuschauen – sie ist vielmehr auch ein Vorteil, der über das Thema Armut hinaus große Teile der Gesellschaft miteinander verbindet. Nicht zuletzt deshalb ist der Bekanntheitsgrad der Tafeln so groß, weil spätestens beim Thema Lebensmittelverschwendung die ganze Bevölkerung angesprochen ist. Diesen Trumpf sollte keine Regierung leichtfertig aus der Hand geben. Und die Tafel ist nicht die einzige Organisation, die sich für mehr Sichtbarkeit von armutsgefährdeten Menschen einsetzt. Allen voran die großen

Wohlfahrtsverbände bringen die Themen Armut und Armutsbekämpfung beinahe täglich auf die politische Agenda. In der Nationalen Armutskonferenz (nak), die 1991 als deutsche Sektion des Europäischen Armutsnetzwerks EAPN (European Anti Poverty Network) gegründet wurde und in der auch die Tafel Deutschland Mitglied ist, haben sich verschiedenste Organisationen und Verbände zusammengeschlossen, die sich für eine aktive Politik der Armutsbekämpfung einsetzen. Darüber hinaus kommen auch Menschen mit Armutserfahrung beziehungsweise Selbsthilfeorganisationen zu Wort und bringen ihre Erfahrungen und Lösungsansätze im Kampf gegen Armut und soziale Ausgrenzung mit ein.[17]

Auch in Österreich gibt es beispielsweise bereits seit 1995 »Die Armutskonferenz«, ein nationales Netzwerk von über vierzig sozialen Organisationen sowie Bildungs- und Forschungseinrichtungen. Mit »Sichtbar werden«, einer Plattform des Netzwerkes, erhalten armutsbetroffene Menschen die Gelegenheit, selbst das Wort gegen Armut und soziale Ausgrenzung zu ergreifen.[18] Auch unter dem Hashtag *#IchBinArmutsbetroffen* machen sich seit Mai 2022 armutsbetroffene Menschen auf X selbst sicht- und hörbar. Der Mut, in aller Öffentlichkeit die eigene Armutsgeschichte zu erzählen, ist umso bewundernswerter, wenn man sich vergegenwärtigt, wie viel Stigmatisierung, Scham und Ausgrenzung arme Menschen erfahren.

Ebenfalls für mehr Sichtbarkeit sorgt das Team um die Politikwissenschaftlerin Martyna Berenika Linartas, das mit ungleichheit.info eine »Plattform für digitale künstlerische und kritische Inhalte« geschaffen hat und dort unter anderem die Wahlprogramme der sechs größten Parteien bei der letzten Bundestagswahl im Jahr 2021 analysierte: Während Ungleichheit bei der Linken, den Grünen und der SPD in unterschiedlichen Kontexten mehrfach Erwähnung fand, spielte sie in den Programmen von CDU/CSU, FDP und AfD keine Rolle. Bei diesen drei Parteien konstatiert ungleichheit.info jeweils: »Ungleichheit wird mit keinem Wort im Wahlprogramm erwähnt.«[19]

Bei der nächsten Bundestagswahl im Jahr 2025 darf Ungleichheit nicht von der Hälfte der Parteienlandschaft von vornherein unerwähnt bleiben. Es ist das entscheidende Thema für den sozialen Zusammenhalt unserer Gesellschaft. Armutsbetroffene Menschen stellen eine so große Bevölkerungsgruppe dar, quer durch alle Altersklassen, sie müssen politisch besser repräsentiert werden – und diejenigen, die am meisten von unserer Gesellschaft profitieren, müssen einen größeren Beitrag dazu leisten, soziale Ungleichheit (und ihre Folgekosten) zu verringern.

Eigentum verpflichtet[20] – Überreichtum erst recht

Soziale, kulturelle und politische Teilhabe darf nicht davon abhängen, ob man sie sich finanziell leisten kann. Es geht dabei auch nicht um Almosen für die Ärmsten. Armut und Ungleichheit wirken nicht nur auf der individuellen Ebene von der Geburt bis in den Tod benachteiligend, sie haben auch eine destabilisierende Wirkung auf unsere Gesellschaft und unsere Demokratie. Der für den gesellschaftlichen Zusammenhalt benötigte Ausgleich für benachteiligte Bevölkerungsgruppen liegt daher im Interesse aller.

Mindestlohn, Bürgergeld, Startchancen-Programm, Kindergrundsicherung – die Regierung hat sozial mehr auf den Weg gebracht, als angesichts der vielen auch über die Medien ausgetragenen Streitigkeiten innerhalb der Koalition, des vom Bundesverfassungsgericht einkassierten Haushaltsentwurfs und des teils heftigen Gegenwinds unterschiedlicher Interessengruppen zu erwarten gewesen wäre. Bei den meisten dieser Vorhaben stimmt aus meiner Sicht die grundsätzliche Richtung. Sie sind aber allesamt zu schlecht ausgestattet, um ihr Potenzial entfalten, geschweige denn eine soziale Zeitenwende einläuten zu können. Dafür brauchte es: Mut. Vor allem brauchte es mehr Mut, diejenigen in die Verantwortung zu nehmen, die von der weiterwachsenden Ungleichheit einseitig profitieren.

Armutsprävention ist in meinen Augen die beste Investition, die ein Staat in seine Zukunft tätigen kann. Das Argument, mit einer scharf gestellten Schuldenbremse für mehr Generationengerechtigkeit sorgen zu wollen, zielt ins Leere, weil dadurch Ungleichheit zementiert und weiter ausgebaut wird, wenn bei Sozialausgaben gekürzt wird: Die Folgekosten türmen sich höher auf, als es die erforderlichen Investitionen zur Reduzierung der Ungleichheit täten.

Doch wie soll mehr Chancengerechtigkeit für Kinder und ein armutsfester Mindestlohn, um nur zwei Forderungen zu wiederholen, bezahlt werden? Dies ausschließlich mit Krediten, also zusätzlichen Schulden, stemmen zu wollen, wäre in der Tat verantwortungslos. Das verlangt aber auch niemand. Ein naheliegender Ansatz für eine Regierung sind Steuern, und am naheliegendsten wäre es, bereits existierende Steuern von Anfang an gerechter zu erheben, als dies derzeit der Fall ist.

Auch Stefan Gosepath macht sich im Gespräch mit Carolin Emcke in ihrem Podcast »In aller Ruhe« für eine Entdämonisierung und einen Perspektivwechsel hin zu einer positiveren Bewertung von Steuern stark, deren Zahlung es nicht zu vermeiden, sondern gern zu leisten gilt, da mit ihnen wichtige Investitionen in ein gemeinschaftlich gutes Leben und Zusammenleben möglich werden.[21] In Deutschland wird Einkommen aus Erwerbsarbeit deutlich höher besteuert als Einkommen aus Vermögen. In keiner anderen westlichen Industrienation ist das so unverhältnismäßig zugunsten der Vermögenden geregelt.

Das Problem ist dabei weniger die Besteuerung der Arbeit – hier müssten niedrigere Einkommen mehr entlastet und dafür der Spitzensteuersatz mittels Progression wieder deutlich erhöht werden, damit größere Einkommen auch mit proportional höheren Abgaben verbunden sind. Noch unter Helmut Kohl lag der Spitzensteuersatz bei 56 Prozent, heute sind es maximal 45 Prozent. Das sollte wieder solidarischer gestaltet werden. Viel schwerwiegender ist jedoch die niedrige Besteuerung der Vermögen und Kapitalerträge: Wer auf ein Einkommen aus Erwerbsarbeit angewiesen ist, wer also täglich eine Arbeitsleistung erbringen muss, wird mit höheren Steuern und Abgaben belastet. Das steht im diametralen Gegensatz zum Leistungsnarrativ, das doch angeblich einer der zentralen Grundpfeiler ist, die in Deutschland ein gutes Auskommen und damit Leben versprechen und schon in der Schule ununterbrochen gelehrt werden.

Eine Vermögensteuer, wie sie seit 1997 nicht mehr erhoben wird, wäre eine Möglichkeit, eine effektivere Erbschaftsteuer eine andere. Dabei muss ausdrücklich betont werden, dass es nicht darum geht, den Großeltern das kleine Haus abzunehmen, wie so oft von Politiker*innen als Gegenargument bemüht. Wir sprechen hier über wirklich große Vermögen. In Deutschland gibt es nicht nur 7492 Milliarden beziehungsweise knapp 7,5 Billionen Euro an privatem Geldvermögen, hierzulande leben auch die viertmeisten Milliardäre weltweit.[22] Eine enorme Ungleichverteilung, die sich auch beim Erben und Schenken zeigt. Derzeit erben die meisten Menschen nichts oder nur wenig, nur etwa 25 bis 30 Prozent erhalten Beträge über 100 000 Euro, und in den meisten Fällen geschieht dies auch erst in einem höheren Alter. Anders als viele Menschen spontan denken, liegt das Alter von Erben in der Regel nämlich bei 65 Jahren aufwärts. Wer daraus schließen möchte, dass der gesellschaftliche Effekt der begünstigten Erben aufgrund ihres Alters zu vernachlässigen sei, liegt falsch: Empirisch betrachtet gehen mindestens 50 Prozent der wachsenden Vermögensungleichheit auf Erbschaften zurück.[23]

Bis zu 400 Milliarden Euro werden jährlich vererbt, das entspricht etwa 10 Prozent des Bruttoinlandsprodukts (BIP). Davon erhebt der Staat effektiv aber lediglich knapp 3 Prozent Steuern. Gerade bei den Superreichen fehlt dem Staat offenbar der Mut, mehr Solidarität einzufordern. Wieso? Erben verletzt nicht nur das Leistungsprinzip. Beim Vererben von Unternehmen wird oft auch noch die Machtposition des Unternehmers (seltener: der Unternehmerin) weitervererbt. Dadurch, dass große Erbschaften das Grundprinzip der Umverteilung umgehen, untergraben sie die soziale und demokratische Gleichheit. Darauf machen nicht nur aktuelle Wissenschaftler*innen wie der Philosoph Stefan Gosepath aufmerksam,[24] bereits 1893 prognostizierte der französische Soziologe Émile Durkheim in seinem Werk *Über soziale Arbeitsteilung*, dass Demokratie und Erbschaft auf Dauer nicht vereinbar seien.[25] Allein dass die sozioökonomische Herkunft immer noch den Lebensweg von Kindern in Deutschland stark bestimmt (siehe Kapitel 2), sollte Anlass genug sein, diese Stimmen ernst zu nehmen und politische Veränderungen herbeizuführen.

Eine spannende Idee für eine gerechtere Gestaltung könnte ein sogenanntes Grunderbe sein. Ein staatliches Grunderbe für alle Volljährigen, finanziert mit Steuern von Überreichen, ist laut DIW nicht nur machbar, es hätte sogar einen schnelleren und deutlich positiveren Effekt auf die bestehende Vermögensungleichheit als andere Maßnahmen zur Förderung der Vermögensbildung.[26] Die jungen Erwachsenen entscheiden selbst, ob sie das Geld in ihre Bildung investieren, als Anzahlung für Wohneigentum oder für die Gründung eines Unternehmens einsetzen. Das wäre für viele von ihnen eine neue Erfahrung von Befähigung, eine, die mit Selbstwirksamkeit, aber auch mit Verantwortung einhergeht und nicht zuletzt auch einen gewissen Grad an finanzieller Allgemeinbildung voraussetzt.

Diese sollte in sämtlichen EU-Ländern eine größere Rolle spielen, wie die Brüsseler Denkfabrik Bruegel im Februar 2024 forderte, weil Defizite auf diesem Gebiet wiederum das Armutsrisiko erhöhen,[27] und selbst mein dreizehnjähriger Sohn ist sich der Vernachlässigung des Themas in der schulischen Ausbildung bewusst und fordert ein Schulfach zum Umgang mit Geld. Das DIW hat die Idee des Grunderbes mit einem Betrag von bis zu 20 000 Euro pro Person durchgerechnet, ein Vorschlag der Jusos geht sogar von 60 000 Euro aus. Unabhängig von der letztlichen Ausgestaltung würde damit ein wichtiges Signal des Zutrauens und Ermöglichens an die ärmere Hälfte der Gesellschaft gesendet.

Und es wäre mehr als ein Signal. Die Regierung könnte viel Vertrauen zurückgewinnen, wenn sie Steuererhöhungen bei den Reichsten generell ganz direkt mit sozial sinnvollen Investitionen verknüpfte, die vielleicht auch den Unternehmer*innen unter den Reichen als Investition in die Zukunft zusagen, wenn klar ist, wohin ihre Steuern teilweise fließen. Die bisherige steuerliche Übervorteilung von Vermögenden trägt zum Vertrauensverlust in unseren Staat bei.

Der Co-Autor des *Jahrbuchs Steuergerechtigkeit 2024* und Koordinator des Netzwerks Steuergerechtigkeit Christoph Trautvetter bringt es auf den Punkt: »Dass wenige extrem profitable Großkonzerne, Superreiche und Erb*innen großer Vermögen niedrigere Steuern zahlen als die große Mehrheit der kleinen Unternehmen oder die arbeitende Mitte, ist ein Problem für die Demokratie. Damit wir gemeinsam die großen Herausforderungen unserer Zeit bewältigen können, müssen Superreiche und ihre Konzerne wieder mehr zur Gemeinschaftskasse beitragen. Wer glaubt, dass das utopisch ist, hat die Demokratie und unsere Zukunft schon aufgegeben.«[28]

Längst gibt es Menschen, die selbst das Glück hatten, in eine reiche Familie geboren worden zu sein, und das ähnlich sehen. Zu den prominentesten Befürworter*innen, Reiche und Superreiche wieder mehr zu besteuern, zählt Marlene Engelhorn, eine Nachfahrin des BASF-Gründers Friedrich Engelhorn. Sie ist Mitgründerin der Initiative taxmenow (etwa: »besteuert mich endlich«), die sich für eine faire und transparente Steuerpolitik einsetzt. Für Schlagzeilen sorgte die deutsch-österreichische Aktivistin außerdem im Frühjahr 2024 mit dem »Guten Rat für Rückverteilung«.[29] Dahinter verbirgt sich ein Bürgerrat aus fünfzig zufällig ausgewählten, aber für die österreichische Gesellschaft repräsentativen Menschen, die gemeinsam Ideen für den Umgang mit der Vermögensverteilung entwickeln und konkret über die Rückverteilung von 25 Millionen Euro aus Engelhorns Privatvermögen entscheiden sollten. Begleitet wurden sie dabei an sechs Wochenenden von März bis Juni 2024 von mehreren Expert*innen, die Entscheidung aber lag allein bei ihnen. Anders als »gewöhnliche« Philanthrop*innen, die selbst entscheiden wollen, wem und wo sie direkt oder über ihre Stiftungen helfen (auch weil sie es dem Staat oft nicht zutrauen), beanspruchte Marlene Engelhorn keine Mitspracherechte für sich.[30] Bemerkenswert ist auch die Wortwahl: Es geht ihr nicht um »Umverteilung«, wie es üblicherweise heißt, sondern darum, dass das Geld an die Gesellschaft *zurück*fließt, aus der heraus es entstanden ist. Allein das ist schon ein Perspektivwechsel, den ich mir für die Ungleichheitsdebatte im Allgemeinen und mehr Steuergerechtigkeit im Speziellen wünschen würde.

Bürgerschaftliches Engagement stärken

Um der sozialen Ungleichheit und einer Spaltung der Gesellschaft effektiv entgegenwirken zu können, braucht es mehr Steuergerechtigkeit. Es braucht aber auch noch etwas anderes, etwas ganz Grundsätzliches: Begegnung.

Es mag gute Gründe dafür geben, weshalb sich viele Bürger*innen in den vergangenen Jahrzehnten zunehmend von den großen Kirchen, von Gewerkschaften und den großen Volksparteien abgewendet haben. Allein die Mitgliederzahlen von CDU und SPD haben sich seit 1990 etwa halbiert.[31] Der Bedeutungsverlust vieler großer gesellschaftlicher Organisationen und ihrer Einrichtungen geht einher mit einem Verlust an Begegnungsräumen, an Orten, an denen Menschen aus unterschiedlichsten gesellschaftlichen Schichten zusammentreffen, auch wenn es sie natürlich noch gibt, diese wichtigen Räume der Begegnung, beispielsweise in Sportvereinen, in denen Menschen Einblicke in die Lebenswelten ihrer Mitmenschen gewinnen, miteinander diskutieren und, ja, auch streiten können. Streit gehört zu einer Demokratie; die Auseinandersetzung und das Ringen um den besseren Weg definiert sie geradezu. Einigkeit ist die Idee totalitärer Systeme und vermeintlich einfacher als der Umgang mit Dissonanzen zur eigenen Meinung. Eine demokratische Streitkultur ist in Deutschland, so scheint es, aber nicht besonders gut etabliert. Konflikte gelten als Zeichen der Schwäche. Die

Deutschen wünschen sich Einigkeit und schnellen Konsens, Streit, wie er auch die Ampelkoalition zeitweise kennzeichnet, gilt schnell als »Chaos« und als Zeichen mangelnder Kompetenz. Heute gehen immer mehr Menschen diesen Konfrontationen lieber aus dem Weg und bleiben in ihrer »Bubble«, dem gleichgesinnten Umfeld, also im Grunde analog zu ihrem Social-Media-Verhalten, ihren Hör- und Fernsehgewohnheiten, die nicht mehr in der verbindenden Tagesschau um 20 Uhr bestehen, sondern in einer Vielzahl unterschiedlichster Kanäle von oft nicht hinterfragten oder geprüften Produzenten beziehungsweise ausgebildeten Journalisten und einem Algorithmus, der die eigene Meinung bestätigt. Man bleibt unter sich.

Aus gesellschaftlicher Perspektive geht dabei etwas Wichtiges verloren, denn der soziale Aspekt von Vereinen, Kirchen, Parteien wird nicht einfach nur verlagert, er wird oft ersatzlos gestrichen. So verstärkt sich mehr oder weniger unbewusst die soziale Segregation, die striktere Trennung von Lebenswelten, es fehlt ein beiläufig erfolgtes Stiften von Gemeinschaftssinn, und vor allem fehlt auch die Möglichkeit einer (Wieder-)Annäherung. Wenn Orte und Gelegenheiten fehlen, auf demokratische Weise zu gemeinsam getragenen Kompromissen zu finden, wie soll dann gesellschaftlicher Zusammenhalt entstehen?

In krisengeschüttelten Zeiten wird das besonders deutlich. Anfang 2024 war nicht nur ein positiv zu bewertendes Wiedererstarken von Gewerkschaften zu beobachten,[32] es brach auch wiederholt eine Verrohung der Sitten hervor, die ein Miteinander oder auch nur ein Zueinanderfinden von vornherein ausschloss. Als beispielsweise Vizekanzler Robert Habeck (Bündnis 90/Die Grünen) am Ende seines privaten Urlaubs über den Jahreswechsel von aufgebrachten Landwirten daran gehindert wurde, in Schlüttsiel (Schleswig-Holstein) eine Fähre zu verlassen, oder als im oberschwäbischen Biberach der Politische Aschermittwoch der Grünen aus Sicherheitsgründen abgesagt werden musste, weil auch dort Proteste von Landwirten eskalierten, waren die Grenzen des Anstands überschritten. Es kam zu Pöbeleien, Handgemengen mit der Polizei, die Gewaltbereitschaft hatte mit legitimem Protest in einer Demokratie nichts mehr zu tun. Ob die Proteste der Landwirte nun von rechtsextremen Gruppen und Querdenkern unterwandert wurden oder nicht, ist fast nebensächlich. Wenn außer Pfeifkonzerten und »Hau ab!«-Sprechchören gar nicht weiter »kommuniziert« werden soll, dann wird der gemeinsame demokratische Boden bewusst verlassen.[33]

Leider sind derartige Entgleisungen keine Ausnahmefälle mehr, und es handelt sich dabei auch nicht um »Ausrutscher« im Eifer des Gefechts. Gerade auf kommunaler Ebene sind Drohungen, Übergriffe, ja Anschläge auf Ortsvorsteher*innen und Bürgermeister*innen sowie deren Familienmitglieder schon seit Längerem zu beobachten,[34] aber auch auf Feuerwehrleute, Polizist*innen, ja sogar Sanitäter*innen. »Das ist eine generelle Entwicklung von Entzivilisierung der Konfliktaustragung, die ich mit Sorge beobachte«, sagt der Soziologe Steffen Mau.[35] Von einer gespaltenen Gesellschaft möchte er noch nicht sprechen, aber er konstatiert eine Radikalisierung des rechten Randes, die »bis in die Mitte hinein« reiche.

Auch die Landtagswahlen in Sachsen, Thüringen und Brandenburg rund um den Erscheinungstermin dieses Buches werden ein Gradmesser dieses sozialen Auseinanderdriftens sein. 2019 lag die AfD in allen drei Ländern auf dem zweiten Platz mit 23,4 bis 27,5 Prozent der Stimmen. Prognosen zufolge liefert sie sich in dieser Legislaturperiode in Sachsen ein Kopf-an-Kopf-Rennen mit der CDU; in Thüringen und Brandenburg liegt sie bei der Sonntagsfrage im ersten Quartal 2024 weit vorne. In Thüringen, wo der eigene Verfassungsschutz den Landesverband der Partei als »gesichert rechtsextrem« einstuft, lag die AfD vor den Wahlen im Mai 2024 bei uneinholbar erscheinenden 29 Prozent.[36] Fast jede*r dritte Bürger*in des Bundeslandes wollte sich, so schien es, für eine Partei entscheiden, die sich immer weiter von den Werten unserer freiheitlich-demokratischen Grundordnung entfernt. Glücklicherweise trat dieses Ergebnis nicht wie vermutet ein. Jeder vierte Wähler stimmte zwar bei der Besetzung der Kreistage und Städträte für die Partei, jedoch nicht personenbezogen. Thüringen hat sich für die Demokratie entschieden.

Ein bis in die Mitte der Gesellschaft weitverbreiteter Vertrauensschwund in die demokratischen Volksvertreter*innen und ein damit einhergehender Rechtsruck ist in den ostdeutschen Bundesländern besonders stark ausgeprägt. Einfache Erklärungen dafür gibt es nicht, aber sicher spielt die Ungleichheit eine Rolle.

Der Dresdner Autor und Präsident der Deutschen Akademie für Sprache und Dichtung Ingo Schulze brachte das bis heute anhaltende Ausmaß dieser Ungleichheit zwischen sogenannten alten und neuen Bundesländern in einer Rede zur Verleihung des Dresdner Kunstpreises am 3. Juni 2021 zum Ausdruck.[37] Diese Ungleichheit ist vielgestaltig, sie drückt sich längst nicht nur in niedrigeren Einkommen und Rentenbescheiden aus. »Heute gibt es kein Land in Europa, in dem einer Bevölkerung so wenig an Grund und Boden, an Immobilien und an Betrieben gehört wie den Ostdeutschen im Osten Deutschlands, keine Bevölkerung, die dort, wo sie lebt, so wenige Führungsposten innehat wie die Ostdeutschen, sei es in den Betrieben, in den Medien, den Verwaltungen und Banken, beim Militär und der Polizei oder an den Gerichten und

Universitäten«, so Schulze. »Noch niederschmetternder ist nur: Es gibt keine Tendenz hin zur Angleichung. (…) Die Ungleichheit vererbt sich im wahrsten Sinne des Wortes fort.«

Das Problem der Ungleichverteilung wurde zunächst von der Bevölkerung hingenommen, aber als die Menschen ihre Sorgen formulierten, kam es nur zu Vertröstungen. Jetzt, so hat es den Anschein, rächt sich das Versäumnis, den Sorgen der Menschen nicht rechtzeitig begegnet zu sein. Nicht nur bei der erschreckend großen Minderheit, die AfD wählt, sitzt die Kränkung tief, stellt Ingo Schulze fest: »Dass sich der Unmut einer Minderheit, die sich um ihre Hoffnungen betrogen fühlt, gerade an den Ärmsten der Armen, an den Gefährdetsten der Gefährdeten entzündet, passt nur zu gut ins Bild: Man will nicht noch drittklassig werden, immerhin ist man doch Deutscher!«

Zu ähnlichen Erkenntnissen gelangt auch Jasper Neerdaels, der an der Universität Greifswald zu den Themen Populismus, Autoritarismus und soziale Ungleichheit forscht. Faktoren wie Vermögensungleichheit und Armut spielen bei der Wahlentscheidung eine Rolle, weil »sich Menschen für ihre Armut schämen und sich deswegen eher eine starke Gemeinschaft mit Gleichheit und Gruppenzusammenhalt unter einem starken Führer wünschen«.[38] Das Gefühl mangelnder Wertschätzung für ihren gesellschaftlichen Beitrag sei bei AfD-Wählern überproportional feststellbar – was zum Teil paradox ist, weil gerade Menschen, die auf den Sozialstaat angewiesen sind, laut Wahlprogramm besonders stark unter einer AfD-Politik leiden würden.[39] Der Forscher geht davon aus, dass die Zustimmung für die AfD wieder sinken würde, wenn das Gefälle zwischen Arm und Reich reduziert würde. Auch das ifo Institut stellt in seiner Studie einen direkten Zusammenhang zwischen Armutsgefährdung und mehr Zustimmung für rechtsextreme Positionen und Parteien fest.[40]

Die populistische Masche, die verletzlichsten Gruppen unserer Gesellschaft für alle Missstände verantwortlich zu machen, verfängt aber nicht nur im Osten Deutschlands. Auch die Radikalisierung der Proteste ist kein ausschließlich ostdeutsches Phänomen. Was mir deshalb Hoffnung machte, waren die zahlreichen Demonstrationen gegen rechts, die Anfang 2024 bundesweit initiiert wurden. Auch als Tafel haben wir daran teilgenommen und klar Stellung für Vielfalt und Teilhabe bezogen. Das hat bei Tafel Deutschland Tradition: Seit vielen Jahren sind wir Partner der »Internationalen Wochen gegen Rassismus« und zeigen Gesicht für eine gerechte Gesellschaft. Im März 2024 haben wir zudem unsere »Charta gegen Rassismus, Antisemitismus und Rechtsextremismus«[41] von 2015 aktualisiert, in der wir unsere interkulturelle Position und gelebte Willkommenskultur hervorheben und nicht zuletzt auch die Bedeutung von Austausch und Begegnung. Unsere Botschaft ist unmissverständlich: Tafeln unterstützen Menschen, die Hilfe benötigen – unabhängig von sozialer oder ethnischer Herkunft, Nationalität, Alter, Religion oder Weltanschauung, Geschlecht, sexueller Identität, Behinderung oder Beeinträchtigung.

Ganz gleich, wie lange sich die breite Mitte der Gesellschaft noch zu Demonstrationszügen durch unsere Städte versammelt, das Frühjahr 2024 war eine eindrucksvolle Rückversicherung, dass große Teile der Bevölkerung zwar still, aber aufmerksam sind und auf die Straßen gehen, wenn rote Linien überschritten werden. Was ich mir wünschen würde, wäre ein noch geschärfteres Bewusstsein dafür, wie eng soziale Ungleichheit und Demokratiegefährdung miteinander verknüpft sind. Ich würde es daher sehr begrüßen, wenn der Deutsche Bundestag nach dem Bürgerrat »Ernährung im Wandel« im Jahr 2023 einen Bürgerrat »Armutsbekämpfung« ins Leben riefe – nicht nur, um ein größeres Bewusstsein für das Thema zu schaffen, sondern auch, um armutsbetroffene Menschen selbst daran zu beteiligen.

Wenn wir aufrichtig an einer Bekämpfung von Armutsursachen interessiert sind, müssen wir an die dahinterliegenden Strukturen. Dies könnte ein divers und vielfältig zusammengesetzter Bürgerrat unterstützen, indem er Ideen entwickelt, die zur Überwindung statt zur Aufrechterhaltung der Ungerechtigkeit beitragen. Eine solche Gelegenheit könnte zu wunderbaren Begegnungen und wichtigen Impulsen direkt aus der Bevölkerung führen, sie wäre nichts weniger als ein Stück gelebte Demokratie. Laut einer Studie des *Economist* hat sich der weltweite Zustand der Demokratie im Jahr 2023 deutlich verschlechtert, Polarisierung und autoritäre Regime sind auf dem Vormarsch, auch in Deutschland stellt die gestiegene Unterstützung für die AfD die größte Herausforderung für die demokratische Kultur dar.[42] Bürgerräte als Form der dialogischen, beratenden Demokratie können ein Baustein von vielen sein, um dieser Entwicklung entgegenzuwirken. Viel mehr noch braucht es Menschen, die hinschauen, sich verbünden und gemeinsam dafür sorgen, dass niemand ausgeschlossen, übergangen und benachteiligt wird.

Schlusswort

Eine soziale Zeitenwende braucht eine mutige Gesellschaft

Wie groß und vielschichtig das Thema Armut in Deutschland ist, kann ein Debattenbuch wie dieses nur andeuten. So notwendig ausreichende finanzielle Mittel sind, es geht um sehr viel mehr als Geld und auch darum zu vermitteln, dass Armsein nicht nur »arm an Lebensmitteln« bedeutet und die Tafeln Armut vielschichtig definieren und dass soziale Ungleichheit nicht nur ein Problem für armutsbetroffene Menschen, sondern für die gesamte Gesellschaft ist.

Viele meiner Vorschläge und der Forderungen von Tafel Deutschland richten sich an die Politik, die für das System als Rahmensetzung verantwortlich ist. Ohne den nötigen politischen Willen lassen sich die zugrunde liegenden Strukturen nicht verbessern, dann bleibt es allenfalls bei der kurzfristigen Behandlung von Symptomen. Am Ende aber sind auch die Bürger*innen unseres Landes gefordert, denn Demokratie bedeutet nichts anderes als »Volksherrschaft« oder, wie es Abraham Lincoln 1863 formulierte, die »Regierung des Volkes, durch das Volk, für das Volk«.

Wir alle sind es, die unsere Volksvertreter*innen wählen, und wir alle sind es auch, die den politisch gesetzten Rahmen mit Leben füllen. Die für Armut und mangelnde soziale Teilhabe ein offeneres Ohr und Herz haben sollten. Und die den gegenteiligen Strömungen und politischen Willensbekundungen entgegentreten, bevor sich rechte Bewegungen daranmachen, den demokratischen Rahmen zu sabotieren. Dafür braucht es eine mutige Zivilgesellschaft. Alle vier Jahre ein Kreuzchen zu machen ist wichtig, aber nicht genug.

Menschen handeln viel weniger rational, als sie oft meinen. Wir sind soziale und emotionale Wesen, weshalb wir auch besonders stark auf eine emotionale Ansprache reagieren. Das wissen Populisten oft besser als andere für sich zu nutzen, auch in den Social-Media-Kanälen, die für die Werteorientierung, Zugehörigkeits- und Gemeinschaftsfragen eine immer wichtigere Rolle spielen. Eine der wesentlichen Grundvoraussetzungen für eine soziale Zeitenwende ist daher eine *konstruktive Streitkultur*. Eine, die an Lösungen orientiert ist und mit Respekt geführt wird. Die zur Versachlichung der Themen anhält und auf Fakten und Argumenten aufbaut. Ich hoffe, ich konnte in diesem Buch meinen Beitrag dazu liefern. Wir brauchen mehr Empathie. Was wir nicht brauchen, sind Stigmatisierung, Ausgrenzung, Spaltung oder gar Hass. Eine derartige, faktenfreie Emotionalisierung ist nicht nur moralisch anstößig, wir müssen ihr auch mit einer klaren Forderung entgegentreten: Wer sich gegen Vorschläge stellt, sollte konstruktive Gegenvorschläge einbringen, die das gemeinsame Ziel genauso gut, vielleicht sogar besser erreichen. Nur so finden wir Kompromisse, die von einer breiten Mehrheit getragen werden. Einfach nur seine Wut herauszubrüllen oder Menschen dazu anzustacheln hilft niemandem. Eine wache Gesellschaft zeigt den Intoleranten die Grenzen der Toleranz auf, sie gerät nicht in Panik, stumpft aber auch nicht ab.

Dafür müssen wir uns *ehrlich machen,* offen ansprechen, was uns belastet und stört, wo wir die drängendsten Probleme sehen. Aber wir müssen eben auch *ehrlich bleiben,* weder Wunder versprechen noch Wunder erwarten. Die zeitliche Dimension von Armut ist besonders schwerwiegend bei Kindern, wie wir in Kapitel 2 gesehen haben, denn sie können am allerwenigsten für ihre Situation und müssen die Konsequenzen oft ein Leben lang tragen. Eine langfristige, übergeordnete Zielsetzung darf daher auch kurzfristigen Maßnahmen nicht im Weg stehen: Je früher Hilfe ansetzt und Ungleichheit korrigiert wird, desto besser.

Daher liegt einer der Schwerpunkte meiner Forderungen auf den Themen Bildungsarmut und Chancengerechtigkeit. Dazu gehört eine bessere Vereinbarkeit von Familie und Beruf – die wiederum untrennbar mit der Forderung nach mehr Geschlechtergerechtigkeit verbunden ist.

Über den Kapiteln von der Kinderarmut bis zur Altersarmut hätte jeweils auch »Arm und weiblich« stehen können, denn bis ins Rentenalter hinein zieht sich eine ungerechte Ungleichbehandlung der Geschlechter: Die überwiegend von Frauen erledigte, unbezahlte Care-Arbeit (*Gender Care Gap*) und die immer noch eklatante Ungleichbezahlung im Beruf (*Gender Pay Gap*), die sich später auch in kleinere Renten übertragen, sind nur zwei dieser Armutsrisikofaktoren. Die Teilzeitfalle für Mütter und falsche steuerliche Anreize sind weitere. Wenn man bedenkt, dass Frauen in Deutschland erst seit 1918 wählen dürfen, in Österreich seit 1920 und in der Schweiz erst seit 1971, und wie lange es gedauert hat, bis sie ihren Beruf frei wählen oder ein Konto ohne die Erlaubnis ihres Ehemanns eröffnen durften, dann lässt das erahnen, wie mühsam und langwierig große gesellschaftliche Veränderungsprozesse sein können. Und doch zeigt gerade das Beispiel der Geschlechtergerechtigkeit, dass wir hoffnungsfroh sein können. Denn es ist so viel passiert! Mit Widerständen der bisherigen Ungleichheitsprofiteure muss aber auch in der Armutsdebatte weiterhin gerechnet werden. Der größte Trumpf der breiten Masse in dieser Hinsicht ist jedoch genau das: ihre Masse. Wenn sie zusammenhält und sich nicht nach unten abgrenzt und damit die Ärmsten unserer Gesellschaft weiter stigmatisiert, kann sie die Richtung vorgeben.

Die Ungleichbehandlung von Frauen zeigt aber auch, dass wir unsere Vorstellung von Familie und insbesondere unser Mutterbild hinterfragen sollten. Mit der traditionellen Auffassung einer Hausfrauenehe, wie sie beispielsweise von der AfD propagiert wird, werden wir den zukünftigen Anforderungen nicht gerecht, wir scheitern ja bereits an den heutigen viel zu oft. Solange es frei gewählt und nicht von äußeren Zwängen auferlegt wird, ist gegen das traditionelle Modell nichts einzuwenden, auch wenn es das Armutsrisiko der »Hausfrau« im Alter zementiert. Auch das partnerschaftliche Familienmodell, wie mein Mann und ich es praktizieren, stellt nicht die allein glücklich machende Variante dar, denn die Realität sieht längst sehr viel diverser und vielfältiger aus: Alleinerziehende, Patchworkfamilien, Homo-Ehen, Regenbogenfamilien sind nur einige Beispiele. Der Weg aus der (Kinder-)Armut muss mit jedem Familienmodell möglich sein beziehungsweise möglich gemacht werden.

Mit Ehrlichkeit geht aber auch das Eingeständnis einher, dass uns eine soziale Zeitenwende viel abverlangen wird. Wegzuschauen und weiterzumachen wie bisher wird das Problem der Ungleichheit und der daraus resultierenden Ausgrenzungen verschärfen. Wichtig ist daher eine klare und transparente Kommunikation. Im privaten Miteinander ebenso wie in der Politik und auch in den Medien, die hier nicht weniger in der Verantwortung stehen. Weniger Sonntagsreden, weniger Sensationsschlagzeilen, weniger Fake News. Dazu müssen wir alle wieder öfter raus aus unserer »Bubble« und auch im virtuellen Raum eine konstruktivere Streitkultur als Wesensmerkmal einer demokratischen Kultur etablieren. Allein dieser Aspekt, so wichtig er auch ist, würde hier den Rahmen sprengen – es würde aber grundsätzlich helfen, wenn wir im Analogen wie im Digitalen das Menschliche wieder ganz nach vorne stellten. Wie wir miteinander umgehen, wie wir arbeiten, wie wir wirtschaften sollte *allen* Menschen dienen, nicht nur wenigen. Die wahre Leistung eines Landes wird nicht mit dem Bruttoinlandsprodukt gemessen. Und deshalb sollte unser Augenmerk auch viel stärker auf das *Gemeinwohl* gerichtet sein, auf *Wertschätzung* statt auf Währungen, auf *Kooperation* statt auf Konkurrenz. Wir müssen die vorherrschende Verrechnungslogik durchbrechen, denn das Bruttoinlandsprodukt wächst schließlich auch, wenn wir Gefängnisse bauen, Wälder abholzen oder Lebensmittel kaufen und wegwerfen, obwohl sie noch gut sind.

Bei aller Kritik, die ich in diesem Buch formuliert habe, und trotz aller Fehlentwicklungen, auf die ich hingewiesen habe, bin ich dennoch zuversichtlich. Diese Zuversicht ziehe ich vor allem aus den Menschen. Die ist zwar einerseits mehr gefordert denn je für den gesellschaftlichen Zusammenhalt, andererseits bin ich überzeugt davon, dass auf sie Verlass ist. Die bundesweiten Demonstrationen gegen rechts, an denen Millionen von Menschen teilnahmen, haben das eindrucksvoll bewiesen. Ich ziehe Hoffnung und ein positives Grundgefühl daraus, Teil einer der größten Ehrenamtsbewegungen in Deutschland zu sein, die ich selbst als Hauptamtliche unterstützen darf. Bei den Tafeln beweisen es die 60000 Helfer*innen Tag für Tag. Tafeln spürten auch in den letzten Krisen eine weiterhin hohe Spendenbereitschaft und die steigende Zahl der Fördermitgliedschaften macht deutlich, dass es eine enorme Hilfsbereitschaft in unserer Bevölkerung gibt. Die breite Mitte ist nicht so laut wie die politischen Ränder – aber sie ist groß und stark und solidarisch genug, um eine echte soziale Zeitenwende anzuschieben.

Was ich dagegen oft vermisse, ist politischer Mut. Politiker*innen können ohne Mut aber keine Entscheidungen treffen, die wirklich an die Strukturen herangehen. Ich konnte hoffentlich deutlich machen, dass ich in erster Linie den Mut meine, ein überholtes Menschenbild abzustreifen. In Krisenzeiten – seien es nun Pandemien, Naturkatastrophen, Wirtschaftskrisen, Aufstände oder Kriege – haben sich individualistische Gesellschaften in der Regel als weniger resilient erwiesen als solidarische.[1] Es ergibt in sozialer, politischer und wirtschaftlicher Hinsicht mehr Sinn, sich solidarisch zu verhalten. Gleichzeitig gilt es jedoch, Solidarität auch einzufordern, denn sie ist keine Einbahnstraße. Sie ist vielmehr Voraussetzung, Erfolgsfaktor und Ergebnis in einem. Dies zu erkennen und den Mut aufzubringen, auch danach zu handeln, ist ein entscheidender Schritt in Richtung einer sozialen Zeitenwende – aber sicher nicht der letzte.

Dank

Der Untertitel dieses Buches ist auch ein gelebtes Ziel bei Tafel Deutschland. Vieles, was ich hier geschrieben habe, ist beeinflusst und bereichert durch die unzähligen und intensiven Gespräche, die ich in den letzten Jahren führen durfte: mit dem geschäftsführenden Vorstand und den Ländervertreter*innen, mit meinem Geschäftsführungskollegen Marco Koppe, mit dem Besonderen Aufsichtsorgan, mit dem gesamten Team der Geschäftsstelle der Tafel Deutschland und der Tafel-Akademie sowie den vielen, vielen Tafel-Aktiven. Bei allen, die mich mit ihrem Wissen, ihrer Zugewandtheit, ihrem Widerspruch und ihrer Klugheit immer wieder gefordert haben, möchte ich mich von ganzem Herzen bedanken.

Mein aufrichtiger Dank geht an Denise Schweida und Martin Kulik vom Droemer Knaur Verlag sowie an Steffen Geier – für euer Vertrauen, eure wertvollen Hinweise und Expertise während des gesamten Prozesses.

Danken möchte ich darüber hinaus Prof. Dr. Marcel Fratzscher für sein Vorwort und Andreas Steppuhn für sein Geleitwort.

Ich danke auch Anna Verres und Paula Arndt, die das Manuskript gelesen und mir wertvolles Feedback gegeben haben. Euer Engagement, eure kritischen Augen und ehrlichen Meinungen haben dieses Buch besser gemacht.

Mein größter Dank gilt meiner Familie: meinem Mann Ole, meinen drei wunderbaren Kindern und meinen Eltern. Ohne eure vielen Stunden des Unterstützens und euren Glauben an mich wäre dieses Buch nicht möglich gewesen.

Anmerkungen

Motto

1 Alfabet (Auszug), aus: Bertolt Brecht, Werke. Große kommentierte Berliner und Frankfurter Ausgabe, Band 14: Gedichte 4. © Bertolt-Brecht-Erben / Suhrkamp Verlag 1988.

Einleitung
Die Tragödie der Armut

1 Vereinte Nationen: »Agenda 2030. Ziele für nachhaltige Entwicklung«, online unter: https://unric.org/de/17ziele.
2 Siehe z. B. mein Interview mit Hannes Leitlein von der *Zeit*: »Sollen wir die Menschen hungern lassen, damit etwas passiert?«, 17. Juni 2022, https://www.zeit.de/sinn/2022-06/tafel-deutschland-lebensmittel-beduerftige-armut/komplettansicht.
3 Der Paritätische: »Armut deutlich größer als angenommen: Paritätischer legt überarbeitete Neuauflage seines Armutsberichts 2022 vor«, Pressemitteilung, 10. März 2023, https://www.der-paritaetische.de/alle-meldungen/armut-deutlich-groesser-als-angenommen-paritaetischer-legt-ueberarbeitete-neuauflage-seines-armutsberichts-2022-vor.
4 Siehe https://www.tafel.de/presse/zahlen-fakten.
5 Wirtschafts- und Sozialwissenschaftliches Institut: »Fast die Hälfte der Erwerbspersonen macht sich große Sorgen um sozialen Zusammenhalt der Gesellschaft«, Pressemitteilung des vom 14.9.2023. https://www.boeckler.de/de/pressemitteilungen-2675-fast-die-haelfte-der-erwerbspersonen-macht-sich-grosse-sorgen-52045.htm

Kapitel 1
Arm in einem (immer noch) reichen Land – immer mehr mit immer weniger

1 Vera Gohla, Martin Hennicke: »Ungleiches Deutschland. Sozioökonomischer Disparitätenbericht 2023«, FES diskurs, Friedrich-Ebert-Stiftung, Berlin 2023.

2 Der Paritätische Gesamtverband: »Zwischen Pandemie und Inflation. Paritätischer Armutsbericht 2022«, aktualisierte 2. Auflage, Berlin 2023, ab S. 17.

3 Ebenda, S. 19.

4 »Lebenslagen in Deutschland: Der 2. Armuts- und Reichtumsbericht der Bundesregierung«, Bonn 2005, S. 6.

5 Siehe dpa-Meldung 231204-99-179684/2 vom 4.12.2023, z. B. auf *Zeit Online:* https://www.zeit.de/news/2023-12/04/armut-und-ungleichheit-europarat-mahnt-deutschland.

6 https://taz.de/Wahlbeteiligung-bei-Armen/!5794810/

7 Georg Cremer: *Armut in Deutschland. Wer ist arm? Was läuft schief? Wie können wir handeln?*, München 2016, S. 101 ff.

8 Siehe Marcel Fratzscher: *Geld oder Leben. Wie unser irrationales Verhältnis zum Geld die Gesellschaft spaltet,* Berlin 2022, S. 58.

9 Christoph Butterwegge: *Die zerrissene Republik. Wirtschaftliche, soziale und politische Ungleichheit in Deutschland,* Weinheim 2020.

10 Ingrid Robeyns: *Limitarismus. Warum Reichtum begrenzt werden muss,* Frankfurt am Main 2024, S. 10.

11 »Experte: Wahrnehmung von Einkommen ›verzerrt‹«, Nachrichten, 20.6.2023, online unter: https://www.zdf.de/nachrichten/ratgeber/geld-vermoegen-einkommen-wahrnehmung-studie-100.html.

12 Vgl. Thomas Piketty: *Natur, Kultur und Ungleichheit. Eine historische und vergleichende Betrachtung,* München 2023, S. 53.

13 Einen interessanten Überblick bietet auch die Bürgerbewegung Finanzwende e. V. unter: https://www.finanzwende.de/themen/finanzlobbyismus.

Kapitel 2
Arm und (allein-)erziehend – Kinderarmut und Chancengerechtigkeit

1 Hans Bertram: »Ein Versprechen an die Jugend. UNICEF-Bericht zur Lage der Kinder in Deutschland 2023«, eine Analyse für das Deutsche Komitee für UNICEF e. V., September 2023, S. 85.

2 Siehe Marcel Fratzscher: »Verhandeln Arbeiterkinder schlechter ihr Gehalt?«, in der Kolumne »Verteilungsfragen« auf *Zeit Online*, 29. 9. 2023, online unter: https://www.zeit.de/wirtschaft/2023-09/class-pay-gap-arbeiterkinder-akademiker-einkommen.

3 Siehe Aladin El-Mafaalani: *Mythos Bildung. Die ungerechte Gesellschaft, ihr Bildungssystem und seine Zukunft*, Köln 2021, S. 69.

4 Ludger Wößmann, Florian Schoner, Vera Freundl, Franziska Pfaehler: »Der ifo-›Ein Herz für Kinder‹-Chancenmonitor: Wie (un-)gerecht sind die Bildungschancen von Kindern aus verschiedenen Familien in Deutschland verteilt?«, ifo Institut, München 2023.

5 »Soziologe Aladin El-Mafaalani erklärt, wie das deutsche Schulsystem besser werden kann«, *Stern*-Interview mit Catrin Boldebuck, 5. 12. 2023, online unter: https://www.stern.de/gesellschaft/pisa-studie--wie-das-deutsche-schulsystem-besser-werden-kann-34259376.html.

6 Z. B. Anna Mayr: *Die Elenden. Warum unsere Gesellschaft Arbeitslose verachtet und sie dennoch braucht*, Berlin 2020.

7 Bundesministerium für Bildung und Forschung: »Startchancen-Programm«, 22. 9. 2023, online unter: https://www.bmbf.de/bmbf/de/bildung/startchancen/startchancen-programm.html.

8 Siehe den Kommentar von Eser Aktay: »Keine Revolution in der Schule«, *Zeit Online*, 2. 2. 2024, online unter: https://www.zeit.de/gesellschaft/schule/2024-02/startchancen-programm-bildungs gerechtigkeit-schule-kritik.

9 »Soziologe Aladin El-Mafaalani erklärt, wie das deutsche Schulsystem besser werden kann«, *Stern*-Interview mit Catrin Boldebuck, a. a. O.

10 »Kinderarmut inmitten von Wohlstand. Eine Studie des UNICEF-Forschungsinstituts Innocenti«, UNICEF Büro Berlin, Dezember 2023.

11 Antje Funcke und Sarah Menne: »Kinderarmut und Kindergrundsicherung: Daten und Fakten«, Bertelsmann Stiftung, Juli 2023, S. 4.

12 »Kindergrundsicherung: Breites Bündnis kritisiert Untätigkeit von Bundesarbeitsminister Heil im Kampf gegen Kinderarmut«, Tafel

Deutschland, 31. 5. 2023, online unter: https://www.tafel.de/presse/pressemitteilungen/pressemitteilungen-2023/kindergrundsicherung-kampf-gegen-kinderarmut.

13 Vgl. Lisa Mayerhofer: »Kritik an Kindergrundsicherung: Armutsforscher fordert Abschaffung von Kinderfreibetrag«, *Frankfurter Rundschau,* 12. 9. 2023, online unter: https://www.fr.de/wirtschaft/kinderfreibetrag-kritik-an-kindergrundsicherung-armutsforscher-butterwegge-abschaffung-von-92508791.html.

14 »AWO-Stellungnahme zum Referentenentwurf zur Kindergrundsicherung«, 7. 9. 2023, online unter: https://awo.org/awo-stellungnahme-zum-referentenentwurf-zur-kindergrundsicherung.

15 Deutscher Bundestag: »Karlsruhe: Umwidmung von Corona-Mitteln in Klimafonds nichtig«, https://www.bundestag.de/dokumente/textarchiv/2023/kw46-verfassungsgericht-haushalt-2021-977776.

16 »Friedrich Merz will bei Kindergrundsicherung und Bürgergeld sparen«, *Zeit Online,* 22. 11. 2023, online unter: https://www.zeit.de/politik/deutschland/2023-11/bundeshaushalt-friedrich-merz-kindergrundsicherung-buergergeld-schuldenbremse.

17 »Noch mehr Geld für Eltern führt in den wenigsten Fällen zu mehr Erfolg«, Gastbeitrag von Markus Herbrand in der *Wirtschaftswoche,* 5. 3. 2023, online unter: https://www.wiwo.de/politik/deutschland/streit-um-kindergrundsicherung-noch-mehr-geld-fuer-eltern-fuehrt-in-den-wenigsten-faellen-zu-mehr-erfolg/29017080.html.

18 Antje Funcke und Sarah Menne: »Kinderarmut und Kindergrundsicherung: Daten und Fakten«, Bertelsmann Stiftung, Juli 2023, S. 6 f.

19 Siehe auch: Sabine Andresen und Danijela Galic: »Kinder. Armut. Familie. Alltagsbewältigung und Wege zu wirksamer Unterstützung«, Bertelsmann Stiftung, Gütersloh 2015; oder Aladin El-Mafaalani: *Mythos Bildung,* a. a. O.

20 Ludger Wößmann, Florian Schoner, Vera Freundl, Franziska Pfaehler: »Der ifo-›Ein Herz für Kinder‹-Chancenmonitor: Wie (un-)gerecht sind die Bildungschancen von Kindern aus verschiedenen Familien in Deutschland verteilt?«, ifo Institut, München 2023.

21 Diakonie Deutschland: »Gutachten zur Kindergrundsicherung: Wer bei den Kindern spart, zahlt später drauf«, 18. 8. 2023, online unter: https://www.diakonie.de/informieren/infothek/2023/august/gutachten-zur-kindergrundsicherung-wer-bei-den-kindern-spart-zahlt-spaeter-drauf.

22 Frauke Suhr: »Elternzeit immer noch ungleich verteilt«, Statista, 3.4.2023, online unter: https://de.statista.com/infografik/24835/anteil-der-vaeter-in-deutschland-die-elterngeld-beziehen.
23 Bundesministerium für Familie, Senioren, Frauen und Jugend: »Gender Care Gap – ein Indikator für die Gleichstellung«, 28.3.2024, online unter: https://www.bmfsfj.de/bmfsfj/themen/gleichstellung/gender-care-gap/indikator-fuer-die-gleichstellung/gender-care-gap-ein-indikator-fuer-die-gleichstellung-137294.
24 »Dare to Share – Deutschlands Weg zur Partnerschaftlichkeit in Familie und Beruf«, OECD, 20.2.2017, online unter: https://www.oecd.org/berlin/publikationen/dare-to-share.htm.
25 Deutscher Kitaleitungskongress: » DKLK-Studie 2023. Themenschwerpunkt: Personalmangel in Kitas im Fokus«, online unter: https://deutscher-kitaleitungskongress.de/dklk-studien-ergebnisse-2023-sind-online.

Kapitel 3
Arm trotz, wegen und ohne Arbeit – zwischen Niedriglohn und Bürgergeld

1 Online noch zu finden bei YouTube unter https://www.youtube.com/watch?v=x VSTPwyHbDs.
2 Siehe Frank Specht: »Wenn sich Arbeiten nicht mehr lohnt – Wie das Bürgergeld das Lohnabstandsgebot verletzt«, *Handelsblatt*, 5.11.2022, online unter: https://www.handelsblatt.com/politik/deutschland/sozialstaat-reform-wenn-sich-arbeiten-nicht-mehr-lohnt-wie-das-buergergeld-das-lohnabstandsgebot-verletzt/28783048.html (zuletzt überprüft am 20.2.2024).
3 Mark Schieritz: »Lohnt sich Arbeit?«, *Zeit Online*, 20.9.2023, online unter: https://www.zeit.de/2023/40/sozialleistungen-arbeit-steuern-buergergeld.
4 Mark Schieritz: »Lohnt sich Arbeit?«, a.a.O.
5 »Arbeit lohnt sich mehr als Bürgergeld«, Tagesschau, 17.1.2024, online unter: https://www.tagesschau.de/wirtschaft/konjunktur/ifo-arbeit-lohnt-einkommen-sozialleistungen-100.html.
6 Siehe z. B. »›Der Begriff der Arbeit wird gerade von rechts besetzt‹«, Interview von Robert Pausch mit dem Soziologen Linus Westheuser, *Zeit Online*, 1.2.2024, online unter: https://www.zeit.de/kul-

tur/2024-01/arbeitskampf-debatte-verteilungskonflikt-rechts-spd/komplettansicht.

7 Katharina Schuler: »Lindners schäbiges Manöver«, *Zeit Online*, 21. 8. 2023, online unter: https://www.zeit.de/politik/deutschland/2023-08/kindergrundsicherung-christian-lindner-kinderarmut-migration.

8 Steffen Mau, Thomas Lux und Linus Westheuser: *Triggerpunkte. Konsens und Konflikt in der Gegenwartsgesellschaft*, Berlin 2023.

9 Siehe auch Anton Jäger: *Hyperpolitik. Extreme Politisierung ohne politische Folgen*, Berlin 2023.

10 Siehe Marcel Fratzscher: »Fünf Mythen zu Kinderarmut und Kindergrundsicherung«, in der Kolumne »Verteilungsfragen« auf *Zeit Online*, 25. 8. 2023, online unter: https://www.zeit.de/wirtschaft/2023-08/kinderarmut-kindergrundsicherung-christian-lindner-migration-soziale-ungleichheit.

11 Siehe Marcel Fratzscher: »Verhandeln Arbeiterkinder schlechter ihr Gehalt?«, in der Kolumne »Verteilungsfragen« auf *Zeit Online*, 29. 9. 2023, online unter: https://www.zeit.de/wirtschaft/2023-09/class-pay-gap-arbeiterkinder-akademiker-einkommen.

12 Die Zahlen stammen aus der bereits genannten aktualisierten 2. Auflage des Paritätischen Armutsberichts 2022 »Zwischen Pandemie und Inflation«, a. a. O., S. 14.

13 Siehe Anette Dowideit: *Die Angezählten. Wenn wir von unserer Arbeit nicht mehr leben können*, Frankfurt am Main 2019, S. 222.

14 Georg Cremer: *Armut in Deutschland. Wer ist arm? Was läuft schief? Wie können wir handeln?*, München 2016, S. 78.

15 Christoph Butterwegge: *Die zerrissene Republik. Wirtschaftliche, soziale und politische Ungleichheit in Deutschland*, Weinheim 2020, S. 272.

16 Guido Westerwelle: »Hartz IV und die Frage, wer das alles zahlt: Vergesst die Mitte nicht!«, *Die Welt*, 11. 2. 2010, online unter: https://www.welt.de/welt_print/debatte/article6343333/Vergesst-die-Mitte-nicht.html.

17 Siehe Claus Schäfer: »Warum die herkömmliche Grundsicherung nicht reicht«, in: Florian Blank, Claus Schäfer und Dorothee Spannagel (Hg.): *Grundsicherung weiterdenken*, Forschung aus der Hans-Böckler-Stiftung – Band 198, Bielefeld 2022, S. 17–33.

18 UN-Ausschuss für wirtschaftliche, soziale und kulturelle Rechte: »Abschließende Bemerkungen im Rahmen des Prüfverfahrens zum

völkerrechtlich verbindlichen UN-Sozialpakt gegenüber Deutschland«, Oktober 2018.

19 Siehe z. B. Oliver Klasen und Martin Tofern: »Was das Bürgergeld von Hartz IV unterscheidet«, *Süddeutsche Zeitung*, 13. 10. 2022, online unter: https://www.sueddeutsche.de/politik/buergergeld-hartz-iv-bundestag-heil-1.5674072.

20 Siehe Tobias Schulze: »Passt zur Linie der Ampel«, *taz*, online unter: https://taz.de/Einschnitte-beim-Buergergeld/!5979534.

21 Siehe z. B. David Gutensohn: »Hubertus Heil: Der Minister schafft seine eigene Reform ab«, *Zeit Online*, 29. 12. 2023, online unter: https://www.zeit.de/arbeit/2023-12/buergergeld-hubertus-heil-arbeitsminister-job-verweigerer-hartz-iv.

22 Markus M. Grabka: »Niedriglohnsektor in Deutschland schrumpft seit 2017«, DIW Wochenbericht 5/2024, S. 67–76, online unter: https://www.diw.de/de/diw_01.c.891034.de/publikationen/wochenberichte/2024_05_1/niedriglohnsektor_in_deutschland_schrumpft_seit_2017.html.

23 Siehe Marcel Fratzscher: »Die Besserverdiener verdienen noch mehr«, in der Kolumne »Verteilungsfragen« auf *Zeit Online*, 2. 2. 2024, online unter: https://www.zeit.de/wirtschaft/2024-01/lohnentwicklung-mindestlohn-armut-inflation/komplettansicht.

24 Siehe z. B. Gerhard Bäcker: »Erhöhung der Erwerbsbeteiligung, Vermeidung von prekärer Beschäftigung«, Bundeszentrale für politische Bildung, 11. 1. 2021, online unter: https://www.bpb.de/themen/soziale-lage/verteilung-von-armut-reichtum/325373/erhoehung-der-erwerbsbeteiligung-vermeidung-von-prekaerer-beschaeftigung.

25 Ebenda.

26 Wie sich das seit 1. 4. bzw. 1. 8. 2024 gültige »Gesetz zur Stärkung der Aus- und Weiterbildungsförderung« in der Praxis auswirkt, insbesondere auch die Ausbildungsgarantie, war beim Schreiben dieses Buches noch nicht absehbar.

27 Alexandra Fedorets und Mattis Beckmannshagen: »Mindestlohn: Nicht nur die Höhe ist entscheidend«, DIW aktuell Nr. 61, 2021, online unter: https://www.diw.de/de/diw_01.c.816772.de/publikationen/diw_aktuell/2021_0061/mindestlohn__nicht_nur_die_hoehe_ist_entscheidend.html.

28 Siehe Johannes Seebauer: »Der Sprung beim Mindestlohn: Chance und Risiko zugleich«, DIW Wochenbericht 10/2022, S. 168,

online unter: https://www.diw.de/sixcms/detail.php?id=diw_01.c.836940.de.

29 Siehe z. B. »Fast jedem Dritten fehlen Rücklagen für unerwartete Ausgaben«, *Spiegel Online*, 5. 10. 2022, online unter: https://www.spiegel.de/wirtschaft/soziales/finanznot-in-deutschland-fast-jedem-dritten-fehlen-ruecklagen-fuer-unerwartete-ausgaben-a-36aadda4-2eff-47ce-b9a5-0d836b517e99.

30 Siehe Isabelle Daniel: »Nur noch jeder zweite Deutsche kann sparen«, *Zeit Online*, 24. 10. 2022, online unter: https://www.zeit.de/wirtschaft/2022-10/energiekrise-sparmoeglichkeiten-mittelschicht-iw-koeln-sinus.

31 »Anzahl der überschuldeten Privatpersonen in Deutschland von 2004 bis 2023«, Statista, 2. 1. 2024, online unter: https://de.statista.com/statistik/daten/studie/166338/umfrage/anzahl-der-schuldner-in-deutschland-seit-2004.

32 Siehe hierzu auch »›Würden alle gleich erben, hätten wir kein Problem‹ – Stefan Gosepath über ungleiche Lebenschancen«, aus der Podcast-Reihe »In aller Ruhe« von Carolin Emcke, *Süddeutsche Zeitung*, 8. September 2023, online unter: https://www.sueddeutsche.de/meinung/podcast-in-aller-ruhe-carolin-emcke-stefan-gosepath-erben-erbschaft-1.6206996.

33 Siehe Philip Plickert: »Woher die Reichen ihr Vermögen haben«, *Frankfurter Allgemeine Zeitung*, 19. 10. 2016, online unter: https://www.faz.net/aktuell/wirtschaft/arm-und-reich/wohlstand-woher-die-reichen-ihr-vermoegen-haben-14488920.html.

34 Im Koalitionsvertrag der Ampelregierung wurde die Stärkung der Tarifbindung als Ziel festgehalten. Das sogenannte Tariftreuegesetz sollte Anfang 2024 in Kraft treten, liegt bislang aber nur als Entwurf vor. Siehe https://www.bmwk.de/Redaktion/DE/Dossier/oeffentliche-auftraege-und-vergabe.html.

35 »Frauen leisten jährlich 72 Milliarden Stunden unbezahlte Sorgearbeit«, *Zeit Online*, 28. 2. 2024, online unter: https://www.zeit.de/gesellschaft/familie/2024-02/studie-frauen-care-arbeit-grossteil.

36 Siehe Katja Gelinsky und Heike Göbel: »›Minijobs sollte man abschaffen‹«, *Frankfurter Allgemeine Zeitung*, 30. 1. 2024, online unter: https://www.faz.net/aktuell/wirtschaft/praesident-des-sozialgerichts-minijobs-sollte-man-abschaffen-19482707.html.

37 Siehe »Prognose geht von steigendem Anteil der Schwarzarbeit aus«,

Zeit Online, 30. 1. 2024, online unter: https://www.zeit.de/wirtschaft/2024-01/schwarzarbeit-deutschland-prognose.

38 Siehe »›Der Begriff der Arbeit wird gerade von rechts besetzt‹«, Interview von Robert Pausch mit dem Soziologen Linus Westheuser, a. a. O.

39 »Anna Mayr: ›Armut ist für viele Menschen unvorstellbar‹«, Interview mit Lena Fiedler, *Berliner Zeitung,* 13. 9. 2020, online unter: https://www.berliner-zeitung.de/kultur-vergnuegen/anna-mayr-buch-interview-die-elenden-arbeitslosigkeit-hartz-iv-hartz-vier-debatte-armut-ist-fuer-viele-menschen-unvorstellbar-li.103458.

40 »Bündnis ›Soziales Wohnen‹ fordert Bau von Wohnungen für Menschen mit kleinem Einkommen«, Deutschlandfunk, 16. 1. 2024, online unter: https://www.deutschlandfunk.de/buendnis-soziales-wohnen-fordert-bau-von-wohnungen-fuer-menschen-mit-kleinem-einkommen-100.html.

41 »Mehr bezahlbare und klimagerechte Wohnungen schaffen«, Die Bundesregierung, 17. 2. 2022, online unter: https://www.bundesregierung.de/breg-de/aktuelles/wohnungsbau-bundesregierung-2006224.

42 »0,6 % mehr neue Wohnungen im Jahr 2022«, Pressemitteilung Nr. 199 vom 23. 5. 2023, online unter: https://www.destatis.de/DE/Presse/Pressemitteilungen/2023/05/PD23_199_31121.html.

43 Siehe Antonia Mannweiler: »Wie es mit den Immobilienpreisen weitergehen könnte«, ARD-Finanzredaktion, 24. 2. 2024, online unter: https://www.tagesschau.de/wirtschaft/immobilienmarkt-preise-zukunft-entwicklung-100.html.

44 »Studie sieht wachsende Segregation«, *Tagesspiegel,* 8. 12. 2023, online unter: https://www.tagesspiegel.de/gesellschaft/studie-sieht-wachsende-segregation-ruhrgebiet-und-ostdeutsche-stadte-besonders-von-armut-betroffen-10901404.html.

45 »BAG Wohnungslosenhilfe stellt aktuelle Hochrechnungsergebnisse vor«, Pressemitteilung vom 7. 11. 2023, online unter: https://www.bagw.de/de/neues//default-164e4d750506ad4a04703330687b3e2b.

46 Siehe z. B. »Rendite mit der Miete«, Finanzwende e. V., 8. 11. 2023, online unter: https://www.finanzwende.de/ueber-uns/aktuelles/rendite-mit-der-miete.

47 Sabine Nuss: »Kein Recht auf Rendite, aber ein Grundrecht auf Wohnen«, *Blätter für deutsche und internationale Politik* 11/2019,

S. 115–120, online unter: https://www.blaetter.de/ausgabe/2019/november/kein-recht-auf-rendite-aber-ein-grundrecht-auf-wohnen.

48 Siehe z. B. Eberhard Wein: »Hitzige Debatte über die richtigen Mittel gegen steigende Preise«, *Stuttgarter Nachrichten*, 12. 10. 2022, online unter: https://www.stuttgarter-nachrichten.de/inhalt.markus-lanz-zur-gaspreisbremse-jetzt-zu-sparen-waere-ein-katastrophe.325c7280-50c8-40ab-918e-abdfdfef235e.html.

49 https://www.boeckler.de/de/pressemitteilungen-2675-datencheck-entkraeftet-maer-vom-aufgeblaehten-deutschen-staat-57403.htm

Kapitel 4
Arm und alt – Demografie, Menschenwürde und Einsamkeit

1 Die Zahlen stammen aus der bereits genannten aktualisierten 2. Auflage des Paritätischen Armutsberichts 2022 »Zwischen Pandemie und Inflation«, a. a. O., S. 10.

2 »Alternde Gesellschaft«, Bundesministerium für Arbeit und Soziales, 25. 4. 2023, online unter: https://www.bmas.de/DE/Soziales/Rente-und-Altersvorsorge/Fakten-zur-Rente/Alternde-Gesellschaft/alternde-gesellschaft.html.

3 »Alt werden in Zukunft – Woher kommt das Geld?«, hr-Doku, 28. 12. 2023, online unter: https://www.ardmediathek.de/video/dokus-und-reportagen/alt-werden-in-zukunft-woher-kommt-das-geld/hr-fernsehen/OGQ4NmZjYzAtYWQ2Mi00ZmI0LThkYmYtYjNlNzhjOTRiMTQ4.

4 »Zwischen Pandemie und Inflation«, a. a. O., S. 10.

5 Ferdinand Knauß: »›Ruhestand der Babyboomer gefährdet den Wohlstand‹«, *Wirtschaftswoche*, 15. 11. 2018, online unter: https://www.wiwo.de/politik/deutschland/alternde-gesellschaft-ruhestand-der-babyboomer-gefaehrdet-den-wohlstand/23638290.html.

6 »Alternde Gesellschaft«, Bundesministerium für Arbeit und Soziales, a. a. O.

7 Übersicht des Bundesministeriums für Arbeit und Soziales: »Rente und Altersvorsorge«, online unter: https://www.bmas.de/DE/Soziales/Rente-und-Altersvorsorge/rente-und-altersvorsorge.html.

8 Der Paritätische: »Mut zur Korrektur: ein alterssicherungspolitischer Auftrag«, 5. 9. 2017, online unter: https://www.der-paritaetische.de/

alle-meldungen/mut-zur-korrektur-ein-alterssicherungspolitischer-auftrag.

9 Christoph Butterwegge: *Die zerrissene Republik*, a. a. O., S. 280.

10 Michael Brächer: »Warum viele Riester-Rentner 99 Jahre alt werden müssten«, *Der Spiegel*, 24. 1. 2024, online unter: https://www.spiegel.de/wirtschaft/service/warum-viele-riester-rentner-99-jahre-alt-werden-muessten-a-700ed42d-6786-4179-9dc9-4aa8df2e09cc.

11 »Warum die Riester-Rente in den Ruhestand geschickt werden sollte«, Finanzwende e. V., 22. 11. 2022, online unter: https://www.finanzwende.de/themen/verbraucherschutz/riester-rente.

12 Bundesministerium für Arbeit und Soziales: »Statistik zur privaten Altersvorsorge (Riester-Rente)«, online unter: https://www.bmas.de/DE/Service/Statistiken-Open-Data/Statistik-zu-Riester-Vertraegen/statistik-zusaetzliche-altersvorsorge.html.

13 Bundesministerium für Arbeit und Soziales: »Grundsicherung im Alter und bei Erwerbsminderung«, 8. 1. 2024, online unter: https://www.bmas.de/DE/Soziales/Sozialhilfe/Grundsicherung-im-Alter-und-bei-Erwerbsminderung/grundsicherung-im-alter-und-bei-erwerbsminderung-art.html#a8.

14 Sarah Beham: »Grundsicherung im Alter: Wer sie bekommt und wie hoch sie ist«, Bayerischer Rundfunk, 21. 7. 2023, online unter: https://www.br.de/nachrichten/deutschland-welt/grundsicherung-im-alter-das-muss-man-zur-sozialleistung-wissen,TkMdLV4.

15 Hermann Buslei, Johannes Geyer, Peter Haan und Michelle Harnisch: »Starke Nichtinanspruchnahme von Grundsicherung deutet auf hohe verdeckte Altersarmut«, DIW Wochenbericht 49/2019, online unter: https://www.diw.de/de/diw_01.c.699959.de/publikationen/wochenberichte/2019_49_2/bis_zu_60_prozent_aller_berechtigten_nehmen_grundsicherung_nicht_in_anspruch__interview.html

16 Siehe Der Paritätische: »Mut zur Korrektur: ein alterssicherungspolitischer Auftrag«, a. a. O., S. 19.

17 »So hoch sind die Renten in Deutschland«, heute, 23. 7. 2023, online unter: https://www.zdf.de/nachrichten/wirtschaft/rente-hoehe-anstieg-deutschland-rentenatlas-100.html.

18 »Durchschnittlicher Zahlbetrag der gesetzlichen Altersrenten in Deutschland von 1992 bis 2022 (in Euro/Monat) nach Geschlecht«, Statista, 3. 1. 2024, online unter: https://de.statista.com/statistik/daten/studie/445123/umfrage/monatlicher-zahlbetrag-der-altersrenten-in-deutschland-nach-geschlecht.

19 Siehe Verteilungsmonitor: »Armutsgrenzen nach Haushaltstypen«, Hans-Böckler-Stiftung, online unter: https://www.wsi.de/de/armut-14596-armutsgrenzen-nach-haushaltsgroesse-15197.htm.

20 Annelie Buntenbach, Markus Hofmann und Ingo Schäfer: »Arbeiten bis zum Tod oder Warum die Rente mit 70 keine Option ist«, in dies. (Hg.): *Rente mit 70. Ein Schwarzbuch,* Berlin 2017, S. 7.

21 Die Bundesregierung: »Arbeiten und Rente – Die Flexirente«, 8. 8. 2023, online unter: https://www.bundesregierung.de/breg-de/themen/arbeit-und-soziales/rund-um-die-rente/flexirente-2195570.

22 Ebenda.

23 Vereinte Dienstleistungsgewerkschaft ver.di: »Erste Zahlen zur Grundrente«, 14. 3. 2023, online unter: https://arbeitsmarkt-und-sozialpolitik.verdi.de/ueber-uns/nachrichten/++co++fee44e4c-ad5d-11ed-966e-001a4a160100.

24 Axel Börsch-Supan und Nicolas Goll: »Ziele verfehlt: Eine Analyse der neuen Grundrente«, ifo Schnelldienst, 2021, 74, Nr. 06, S. 34–39, online unter: https://www.ifo.de/publikationen/2021/aufsatz-zeitschrift/ziele-verfehlt-eine-analyse-der-neuen-grundrente.

25 Siehe Lisa Mayerhofer: »Pension vs. Rente: So groß sind die Unterschiede zwischen Beamten und Angestellten«, *Münchner Merkur,* 2. 2. 2023, online unter: https://www.merkur.de/wirtschaft/pension-rente-beamte-angestellte-ruhestand-krankenversicherung-vergleich-geld-92059753.html.

26 Siehe Julia Frediani und Christina Liebeck: »Rentenwert in Ost und West ab dem 1. Juli erstmals gleich«, Sozialverband VdK Deutschland, 29. 6. 2023, online unter: https://www.vdk.de/aktuelles/aktuelle-meldungen/artikel/rentenwert-in-ost-und-west-ab-dem-1-juli-erstmals-gleich/#c1455.

27 Siehe z. B. Tanja Koch: »Aktienrente und Rentenniveau: Was plant die Bundesregierung?«, Bayerischer Rundfunk, 4. 3. 2024, online unter: https://www.br.de/nachrichten/deutschland-welt/aktienrente-und-rentenniveau-was-plant-die-bundesregierung, U63f6nP.

28 https://www.bmas.de/DE/Service/Presse/Pressemitteilungen/2024/kabinett-beschliesst-rentenpaket-ii.html

29 Siehe z. B. Johannes Geyer, Peter Haan und Alexander Ludwig: »Mindestrente: Absicherung gegen Altersarmut und notwendiger Baustein für weitere Reformen«, aktuell Nr. 72, 31. 8. 2021, online unter: https://www.diw.de/de/diw_01.c.824031.de/publikationen/

diw_aktuell/2021_0072/mindestrente__absicherung_gegen_altersarmut_und_notwendiger_baustein_fuer_weitere_reformen.html.

30 »Sensation Rentenausbau: Schweizer bekommen 13. Rentenzahlung«, *Süddeutsche Zeitung*, 3.3.2024, online unter: https://www.sueddeutsche.de/wirtschaft/rente-sensation-rentenausbau-schweizer-bekommen-13-rentenzahlung-dpa.urn-newsml-dpa-com-20090101-240303-99-201586.

31 Siehe Promotionskolleg »Die Politische Ökonomie der Ungleichheit« am Institut für Sozioökonomie der Universität Duisburg-Essen, online unter: https://www.uni-due.de/soziooekonomie/promotionskolleg.

32 Vgl. Kurt Salentin: *Armut, Scham und Stressbewältigung. Die Verarbeitung ökonomischer Belastungen im unteren Einkommensbereich*, Wiesbaden 2002.

33 Michael Breitenbach, Elisabeth Kapferer und Clemens Sedmak: »Die ungesunde Beziehung zwischen Stress und Armut«, in: *Stress und Armut. Eine interdisziplinäre Untersuchung von Stress in Zellen, Individuen und Gesellschaft*, Cham 2023, S. 139–166.

34 Der Hinweis auf James Vaupels These sowie die folgenden Daten des RKI und der Leopoldina stammen aus dem lesenswerten Dossier von Henning Sußebach: »Geboren in Deutschland Lebenserwartung: 81,2 Jahre. Geboren in Deutschland Lebenserwartung: 75,8 Jahre«, *Die Zeit*, 29.10.2020.

35 Christoph Butterwegge: *Die zerrissene Republik*, a.a.O., S. 243 ff.

36 Henning Sußebach: »Geboren in Deutschland Lebenserwartung: 81,2 Jahre. Geboren in Deutschland Lebenserwartung: 75,8 Jahre«, a.a.O.

37 Nähere Infos unter: https://www.tafel.de/themen/projekte/tafel-isst-gesund und https://blog.tafel.de/2022/11/ernaehrungskompetenz-in-den-tafeln.

38 »Paritätischer und BUND: Bundesregierung muss gutes und gesundes Essen für alle sicherstellen«, Pressemeldung vom 19.1.2023, online unter: https://www.der-paritaetische.de/alle-meldungen/paritaetischer-und-bund-bundesregierung-muss-gutes-und-gesundes-essen-fuer-alle-sicherstellen.

39 Siehe z.B. Jens Becker: »Scham und Beschämung im deutschen Sozialstaat«, in: Stefan Selke und Katja Maar (Hg.): *Transformation der Tafeln in Deutschland. Aktuelle Diskussionsbeiträge aus Theorie und Praxis der Tafelbewegung*, Wiesbaden 2011, S. 151–168.

40 Siehe Jana Friedrichsen und Renke Schmacker: »Die Angst vor Stigmatisierung hindert Menschen daran, Transferleistungen in Anspruch zu nehmen«, Wochenbericht 26/2019, S. 455–461, online unter: https://www.diw.de/de/diw_01.c.632799.de/publikationen/wochenberichte/2019_26/die_angst_vor_stigmatisierung_hindert_menschen_daran_transferleistungen_in_anspruch_zu_nehmen.html.

41 »Die Pflege im Heim wird immer teurer«, 18. 7.2023, online unter: https://www.zdf.de/nachrichten/politik/pflege-kosten-heim-zuzahlungen-100.html.

42 Siehe Antje Richter-Kornweitz: »Gesundheitliche Ungleichheit im Alter – ein Armutszeugnis«, in: Christoph Butterwegge, Gerd Bosbach und Matthias W. Birkwald (Hg.): *Armut im Alter. Probleme und Perspektiven der sozialen Sicherung*, Frankfurt am Main/New York 2012, S. 153.

43 Siehe Anette Dowideit: *Die Angezählten*, a. a. O.

44 Siehe »›Es gibt keinen Fachkräftemangel‹«, Interview von Insa Wrede, Deutsche Welle, 13. 2. 2023, online unter: https://www.dw.com/de/es-gibt-keinen-fachkr%C3%A4ftemangel/a-64633517.

45 Siehe Daniel Haim, Katharina Mader und Jana Schultheiß: »Beklatschte Systemrelevanz. Eine feministische Perspektive auf die kritische Infrastruktur der Daseinsvorsorge«, *Kurswechsel* Heft 4/2021, S. 7–17, sowie Rania Antonopoulos, Kijong Kim, Thomas Masterson und Ajit Zacharias (2014): »Investing in Care in the Midst of a Crisis: A Strategy for Effective and Equitable Job Creation in the United States«, in: Rania Antonopoulos (Hg.): *Gender Perspectives and Gender Impacts of the Global Economic Crisis*. New York 2014, S. 49–72.

46 Siehe Jerome De Henau und Susan Himmelweit: »Stimulating OECD economies post-Covid by investing in care«, IKD Working Paper No. 85/2020, online unter: https://www.open.ac.uk/ikd/sites/www.open.ac.uk.ikd/files/files/working-papers/COVID%20care-led%20recovery_IKD_WP85_2020_06_12%20%28003%29.pdf.

Kapitel 5
Arm mit Migrationsgeschichte – zwischen (Nicht-) Willkommenskultur und Fachkräftemangel

1 Statistisches Bundesamt: »1,1 Millionen Zuzüge von Menschen aus der Ukraine im Jahr 2022«, Pressemitteilung Nr. N010 vom 16. 2. 2023, online unter: https://www.destatis.de/DE/Presse/Pressemitteilungen/2023/02/PD23_N010_12411.html.

2 Bruno Urmersbach: »Anzahl der registrierten Flüchtlinge aus der Ukraine in den Mitgliedstaaten der Europäischen Union«, Statista, 4. 3. 2024, online unter: https://de.statista.com/statistik/daten/studie/1356654/umfrage/anzahl-ukrainischer-fluechtlinge-in-den-eu-staaten.

3 Jakob Bauer, Paul Blickle, Philip Faigle, Valentin Peter, Julius Tröger, Vanessa Vu und Benja Zehr: »Die Millionen, die kamen«, *Zeit Online*, 22. 9. 2023, online unter: https://www.zeit.de/gesellschaft/2023-05/migration-gefluechtete-einwanderungsland-wanderungsstatistik-gastarbeiter.

4 »Merkel: ›Deutschland ist ein Einwanderungsland‹«, *Frankfurter Allgemeine Zeitung*, 1. 6. 2015, online unter: https://www.faz.net/aktuell/politik/ausland/angela-merkel-sieht-deutschland-als-einwanderungsland-13623846.html.

5 IOM: *World Migration Report 2022*, online unter: https://worldmigrationreport.iom.int/wmr-2022-interactive.

6 Die Zahlen stammen aus der bereits genannten aktualisierten 2. Auflage des Paritätischen Armutsberichts 2022 »Zwischen Pandemie und Inflation«, a. a. O., S. 14–16.

7 Anja Petschel: »Kinder mit Migrationshintergrund«, Bundeszentrale für politische Bildung, 10. 3. 2021, online unter: https://www.bpb.de/kurz-knapp/zahlen-und-fakten/datenreport-2021/bevoelkerung-und-demografie/329526/kinder-mit-migrationshintergrund.

8 »Armutsgefährdungsquoten von Migranten«, Bundeszentrale für politische Bildung, 28. 11. 2020, online unter: https://www.bpb.de/kurz-knapp/zahlen-und-fakten/soziale-situation-in-deutschland/61788/armutsgefaehrdungsquoten-von-migranten.

9 Siehe z. B. Isabel Fannrich-Lautenschläger: »Ausgrenzung durch Arbeit«, Deutschlandfunk, 20. 1. 2022, online unter: https://www.deutschlandfunk.de/prekaere-arbeit-fleischindustrie-online-handel-mindestlohn-100.html.

10 Siehe »›Das ist die größte Herausforderung dieses Jahrhunderts‹«,

Interview von Philipp Daum mit dem Migrationsforscher Maurice Crul, *Zeit Online*, 15. 1. 2023, online unter: https://www.zeit.de/gesellschaft/2023-01/migration-minderheiten-niederlande-maurice-crul-interview.

11 Siehe Dunja Ramadan: »Wenn Integration gelingt, wächst das Konfliktpotenzial«, *Süddeutsche Zeitung*, 3. 9. 2018, online unter: https://www.sueddeutsche.de/kultur/aladin-el-mafaalani-das-integrationsparadox-buchkritik-1.4113608.

12 Siehe Frauke Böger: »Merz und der ›Sozialtourismus‹«, *Spiegel Online*, 27. 9. 2022, online unter: https://www.spiegel.de/kultur/friedrich-merz-und-der-sozialtourismus-was-ist-denn-jetzt-schon-wieder-meinung-a-dfaee716-3005-4ef8-91f6-c89b8b67bffc.

13 »Merz: Sozialleistungen ziehen viele Zuwanderer erst an«, *Süddeutsche Zeitung*, 4. 10. 2022, online unter: https://www.sueddeutsche.de/politik/migration-merz-sozialleistungen-ziehen-viele-zuwanderer-erst-an-dpa.urn-newsml-dpa-com-20090101-221004-99-01611.

14 »Merz nennt Kritik an Zahnarzt-Statement ›Schnappatmung‹«, *Spiegel Online*, 30. 9. 2023, online unter: https://www.spiegel.de/politik/deutschland/friedrich-merz-kritik-an-zahnarzt-aussage-ist-schnappatmung-a-1f08ed20-40c4-41cd-8cf4-e1c7f15ab46a.

15 Siehe Katharina Schuler: »Lindners schäbiges Manöver«, a. a. O.

16 Siehe Carim Soliman: »Regierung will bei der Integration sparen«, *Süddeutsche Zeitung*, 20. 8. 2023, online unter: https://www.sueddeutsche.de/politik/gefluechtete-asyl-einwanderer-bundesregierung-ampel-budgetkuerzung-1.6145857?reduced=true.

17 »Bereitschaft zur Aufnahme von Geflüchteten ist laut Studie gesunken«, *Zeit Online*, 5. 3. 2024, online unter: https://www.zeit.de/politik/deutschland/2024-03/willkommenskultur-studie-zuwanderung-migration-fluechtlinge.

18 Ulrike Wieland: »Willkommenskultur in Krisenzeiten. Wahrnehmungen und Einstellungen der Bevölkerung zu Migration und Integration in Deutschland«, herausgegeben von der Bertelsmann Stiftung, 5. 3. 2024, online unter: https://www.bertelsmann-stiftung.de/de/publikationen/publikation/did/willkommenskultur-in-krisenzeiten.

19 »Mehr Skepsis bei Zuwanderung«, Deutschlandfunk Kultur, 6. 3. 2024, online unter: https://www.deutschlandfunkkultur.de/migration-zuwanderung-skepsis-bertelsmann-studie-100.html.

20 Die Bundesregierung: »Humanität und Ordnung«, 21. 12. 2023, online unter: https://www.bundesregierung.de/breg-de/themen/migration-und-integration/migrationspolitik-2023-2228406.

21 Siehe Tobias Lau: »Integration und Migration: Unverzichtbare Einwanderung«, *Deutsches Ärzteblatt* 20/2022, online unter: https://www.aerzteblatt.de/archiv/225214/Integration-und-Migration-Unverzichtbare-Einwanderung.

22 Siehe Jakob Bauer et al.: »Die Millionen, die kamen«, a. a. O.

23 Die Bundesregierung: »Humanität und Ordnung«, a. a. O.

24 »Anteil der ausländischen Bevölkerung an der Gesamtbevölkerung in Deutschland von 1991 bis 2022«, Statista, Juni 2023, online unter: https://de.statista.com/statistik/daten/studie/14271/umfrage/deutschland-anteil-auslaender-an-bevoelkerung.

25 Siehe Ludger Pries: »Transnationalisierung sozialer Ungleichheit und gerechte Migration«, in: Steffen Mau und Nadine M. Schöneck (Hg.): *(Un-)Gerechte (Un-)Gleichheiten*, Berlin 2015, S. 178.

26 Bundesministerium für Arbeit und Soziales: »Moderne Einwanderungspolitik und Reduzierung der Abwanderung«, online unter: https://www.bmas.de/DE/Arbeit/Fachkraeftesicherung/Fachkraefte zuwanderung/Moderne-Einwanderungspolitik-und-Reduzierung-der-Abwanderung/moderne-einwanderungspolitik-und-reduzierung-der-abwanderung.html.

27 Bundesministerium für Arbeit und Soziales: »Job-Turbo zur Arbeitsmarktintegration von Geflüchteten«, online unter: https://www.bmas.de/DE/Arbeit/Migration-und-Arbeit/Flucht-und-Aysl/Turbo-zur-Arbeitsmarktintegration-von-Gefluechteten/turbo-zur-arbeitsmarktintegration-von-gefluechteten.html.

28 Siehe Manfred Götzke: »Wie Geflüchtete in Deutschland leben und arbeiten«, Deutschlandfunk, 4. 3. 2024, online unter: https://www.deutschlandfunk.de/krieg-in-der-ukraine-wie-gefluechtete-in-deutschland-leben-und-arbeiten-dlf-b3405064-100.html.

29 »Länder fordern Bund zur Prüfung von Asylverfahren in Drittstaaten auf«, *Zeit Online*, 6. 3. 2024, online unter: https://www.zeit.de/politik/deutschland/2024-03/ministerpraesidentenkonferenz-migration-laender-bundeskanzler-olaf-scholz.

30 Siehe Stephan Detjen, Gudula Geuther, Katharina Hamberger, Vladimir Balzer, Tobias Krone, Katharina Thoms und Moritz Metz: »Was ist aus der Willkommenskultur geworden?«, Der Politik podcast #358, Deutschlandfunk, 7. 3. 2024, online unter:

https://www.deutschlandfunk.de/der-politikpodcast-live-in-augsburg-migration-was-ist-aus-der-willkommenskultur-geworden-dlf-270c6826-100.html.

31 »›Eine Arbeitspflicht könnte sogar kontraproduktiv sein‹«, *Zeit*-Interview von Tina Groll, 7. 3. 2024, online unter: https://www.zeit.de/wirtschaft/2024-03/asylbewerber-arbeitspflicht-detlef-scheele-bundesagentur-fuer-arbeit-migration.

32 »Mehr als 60.000 ausländische Ärzte in Deutschland«, *Zeit Online,* 3. 3. 2024, online unter: https://www.zeit.de/gesundheit/2024-03/aerztemangel-anzahl-auslaendischer-aerzte-auf-rekordniveau.

33 Siehe auch Tobias Lau: »Integration und Migration: Unverzichtbare Einwanderung«, a. a. O.

34 Siehe »›Es gibt keinen Fachkräftemangel‹«, a. a. O.

Kapitel 6
Arm und außen vor – soziale Ungleichheit und Demokratiegefährdung

1 Wirtschafts- und Sozialwissenschaftliches Institut: »Fast die Hälfte der Erwerbspersonen macht sich große Sorgen um sozialen Zusammenhalt der Gesellschaft«, Hans-Böckler-Stiftung, 13. 9. 2023, online unter: https://www.boeckler.de/de/pressemitteilungen-2675-fast-die-haelfte-der-erwerbspersonen-macht-sich-grosse-sorgen-52045.htm.

2 Siehe Vivien Leue: »Wirtschaftlich gestresst, politisch unzufrieden?«, Deutschlandfunk, 21. 2. 2024, online unter: https://www.deutschlandfunk.de/mitte-der-gesellschaft-wirtschaftlich-gestresst-politisch-unzufrieden-dlf-c0926e20-100.html.

3 Oliver Nachtwey: *Die Abstiegsgesellschaft. Über das Aufbegehren in der regressiven Moderne,* Berlin 2016.

4 Siehe »›Der Begriff der Arbeit wird gerade von rechts besetzt‹«, Interview von Robert Pausch mit dem Soziologen Linus Westheuser, a. a. O.

5 Siehe z. B. Nadine M. Schöneck, Steffen Mau und Jürgen Schupp: »Gefühlte Unsicherheit: Deprivationsängste und Abstiegssorgen der Bevölkerung in Deutschland«, SOEPpapers 428/2011, online unter: https://www.diw.de/de/diw_01.c.780304.de/s_7045.html.

6 »Abstiegsängste nützen Rechten«, *Böckler Impuls* 13/2017, S. 7, online

unter: https://www.boeckler.de/de/boeckler-impuls-abstiegsaengste-nuetzen-rechten-3796.htm.

7 Siehe Andreas Zick, Beate Küpper und Nico Mokros (Hg.): *Die distanzierte Mitte. Rechtsextreme und demokratiegefährdende Einstellungen in Deutschland 2022/23*, herausgegeben für die Friedrich-Ebert-Stiftung von Franziska Schröter, Bonn 2023.

8 Siehe »›Der Begriff der Arbeit wird gerade von rechts besetzt‹«, Interview von Robert Pausch mit dem Soziologen Linus Westheuser, a. a. O.

9 Oxfam: »Inequality Inc.«, Bericht zur sozialen Ungleichheit 2024, 15. 1. 2024, online unter: https://www.oxfam.de/ueber-uns/publikationen/bericht-soziale-ungleichheit-2024.

10 »Deutschland: Entwicklung der Einkommensungleichheit auf Basis des Gini-Index im Zeitraum 2010 bis 2022«, Statista, Juni 2023, online unter: https://de.statista.com/statistik/daten/studie/1184266/umfrage/einkommensungleichheit-in-deutschland-nach-dem-gini-index.

11 Siehe »›Würden alle gleich erben, hätten wir kein Problem‹ – Stefan Gosepath über ungleiche Lebenschancen«, aus der Podcast-Reihe »In aller Ruhe« von Carolin Emcke, a. a. O.

12 Siehe Christoph Butterwegge: »Armut und soziale Ungleichheit in einem reichen Land«, Dresdner Reden 2023, gehalten am 12. 3. 2023 im Staatsschauspiel Dresden, online unter: https://www.staatsschauspiel-dresden.de/spielplan/archive/d/dresdner-reden-2023.

13 Netzwerk Steuergerechtigkeit: »Die Analyse der deutschen Milliardenvermögen«, online unter: https://www.netzwerk-steuergerechtigkeit.de/milliardenvermoegen.

14 Siehe Promotionskolleg »Die Politische Ökonomie der Ungleichheit« am Institut für Sozioökonomie der Universität Duisburg-Essen, a. a. O.

15 Siehe z. B. »›Wir sind der kranke Mann der Welt‹ – CDU-Generalsekretär fordert ›Agenda 2030‹«, *Die Welt*, 18. 8. 2023, online unter: https://www.welt.de/politik/deutschland/article246969570/CDU-Generalsekretaer-fordert-Agenda-2030-Wir-sind-der-kranke-Mann-der-Welt.html, oder Robert Roßmann: »Kein Geld für ›Totalverweigerer‹«, *Süddeutsche Zeitung*, 18. 3. 2024, online unter: https://www.sueddeutsche.de/politik/cdu-buergergeld-linnemann-sozialstaat-konzept-1.6466070.

16 Tafel Blog: »Sirkka Jendis: ›Politik darf Ehrenamt nicht ausnutzen‹«,

18. 1. 2024, online unter: https://blog.tafel.de/2024/01/sirkka-jendis-politik-darf-ehrenamt-nicht-ausnutzen.

17 https://www.nationale-armutskonferenz.de/ueber-uns/

18 Mehr zu »Sichtbar werden«, der Plattform von Menschen mit Armutserfahrung, unter: https://www.sichtbar-werden.at.

19 Siehe https://ungleichheit.info/deutschland, unter »Positionen politischer Parteien«.

20 Artikel 14, Absatz 2 des Grundgesetzes lautet vollständig: »Eigentum verpflichtet. Sein Gebrauch soll zugleich dem Wohle der Allgemeinheit dienen.«

21 »›Würden alle gleich erben, hätten wir kein Problem‹ – Stefan Gosepath über ungleiche Lebenschancen«, aus der Podcast-Reihe »In aller Ruhe« von Carolin Emcke, a. a. O.

22 Siehe »Ente des Jahres: Deutsche immer reicher«, Plusminus, 6. 12. 2023, online unter: https://www.ardmediathek.de/video/plusminus/ente-des-jahres-deutsche-immer-reicher/das-erste/Y3JpZDovL2Rhc2Vyc3RlLmRlL3BsdXNtaW51cy81MWU1ZWIzNy0yMDgwLTRmYzktOWQ4MC02OGQ3OWI0ZTA2Zjk.

23 Siehe »›Würden alle gleich erben, hätten wir kein Problem‹ – Stefan Gosepath über ungleiche Lebenschancen«, aus der Podcast-Reihe »In aller Ruhe« von Carolin Emcke, a. a. O.

24 Ebenda.

25 Émile Durkheim: *De la division du travail social,* deutsche Ausgabe: *Über soziale Arbeitsteilung. Studie über die Organisation höherer Gesellschaften,* Frankfurt am Main 1996.

26 Stefan Bach: »Grunderbe und Vermögensteuern können die Vermögensungleichheit verringern«, DIW Wochenbericht 50/2021, S. 807–815, online unter: https://www.diw.de/de/diw_01.c.831678.de/publikationen/wochenberichte/2021_50_1/grunderbe_und_vermoegensteuern_koennen_die_vermoegensungleichheit_verringern.html.

27 Siehe z. B. »EU-Länder sollten laut Denkfabrik mehr für ihre Bürger tun«, Deutschlandfunk, 23. 2. 2024, online unter: https://www.deutschlandfunk.de/eu-laender-sollten-laut-denkfabrik-mehr-fuer-ihre-buerger-tun-100.html.

28 Netzwerk Steuergerechtigkeit: »Jahrbuch Steuergerechtigkeit 2024:75 Milliarden € Sichtbarkeit hier? UmSTEUERungspotenzial!«, online unter: https://www.netzwerk-steuergerechtigkeit.de/jahrbuch2024.

29 Mehr zum »Guten Rat für Rückverteilung« unter: https://guterrat.info.

30 Im Juni 2024 wurde bekannt, dass die insgesamt 25 Millionen Euro an 77 Organisationen aus den Bereichen Klima und Umwelt, Gesundheit, Soziales sowie Integration und Bildung fließen sollen.

31 Siehe z. B. »Entwicklung der Mitgliederzahlen der politischen Parteien in Deutschland in den Jahren 1990 bis 2021«, Statista, Oktober 2022, online unter: https://de.statista.com/statistik/daten/studie/1140195/umfrage/entwicklung-der-mitgliederzahlen-der-politischen-parteien-in-deutschland.

32 Claudia Wehrle: »Warum Gewerkschaften wieder großen Zulauf haben«, tagesschau.de, 31. 1. 2024, online unter: https://www.tagesschau.de/wirtschaft/gewerkschaft-mitglieder-zuwachszahl-trend-100.html.

33 Siehe z. B. auch »Pfeifkonzert und ›Hau ab!‹-Sprechchöre bei Habeck-Besuch in Nürnberg«, SZ *Online*, 16. 2. 2024, online unter: https://www.sueddeutsche.de/panorama/pfeifkonzert-und-hau-ab-sprechchoere-bei-habeck-besuch-in-nuernberg-1.6365359.

34 Lisa Seemann, Andreas Spinrath und Julius Baumeister: »Angriffe auf Kommunalpolitiker: Demokratie in Gefahr?«, ARD-Monitor, 25. 1. 2024, online unter: https://www1.wdr.de/daserste/monitor/sendungen/angriffe-auf-Kommunalpolitiker-demokratie-in-gefahr-100.html.

35 »›Bis in die Mitte hinein‹«, domradio.de, online unter: https://www.domradio.de/artikel/soziologe-mau-beklagt-radikalisierung-am-rechten-rand.

36 »Welche Partei würden Sie wählen, wenn am kommenden Sonntag Landtagswahl in Thüringen wäre?«, Statista, 26.5.2024, online unter: https://de.statista.com/statistik/daten/studie/1814/umfrage/parteipraeferenz-bei-landtagswahl-in-thueringen-september/

37 In Auszügen als Gastbeitrag von Ingo Schulze: »Man wird nicht als Ostler geboren«, *Süddeutsche Zeitung*, 7. 6. 2021, online unter: https://www.sueddeutsche.de/kultur/ostdeutschland-ungleichheit-ingo-schulze-dresden-pegida-1.5314587, oder als pdf-Datei auf der Homepage des Autors: https://ingoschulze.com/files/pdf/Dresden%20wieder%20sehen%20%E2%80%93%20Dankrede%20zur%20Verleihung%20des%20Dresdner%20Kunstpreises%20von%20Ingo%20Schulze%20am%203.%20Juni%202021.pdf.

38 Siehe Katharina Degrassi: »Warum wählen so viele arme Menschen

AfD, Dr. Neerdaels?«, *Ostsee-Zeitung*, 2. 3. 2024, online unter: https://www.ostsee-zeitung.de/mecklenburg-vorpommern/greifswalder-forscher-zum-erfolg-von-populisten-warum-so-viele-menschen-afd-waehlen-NIY74QV545H6XLSSXI6SVYJP4Q.html.

39 Siehe auch Eva Huber: »Warum Menschen die AfD wählen – und was sie davon hätten«, br24.de, 27. 8. 2023, online unter: https://www.br.de/nachrichten/deutschland-welt/warum-menschen-die-afd-waehlen-und-was-sie-davon-haetten,To43vXz.

40 »Mehr Armutsgefährdung führt zu mehr Stimmen für Rechtsextreme«, Pressemitteilung des ifo Instituts, 13. 3. 2024, online unter: https://www.ifo.de/pressemitteilung/2024-03-13/mehr-armutsgefaehrdung-fuehrt-zu-mehr-stimmen-fuer-rechtsextreme.

41 Siehe »Vielfalt und Teilhabe: Tafeln gegen Rassismus«, Tafel Deutschland, online unter: https://www.tafel.de/themen/integration.

42 Siehe z. B. »Demokratie-Index: Länder werden autoritärer«, heute.de, 14. 2. 2024, online unter: https://www.zdf.de/nachrichten/politik/ausland/demokratie-rueckzug-studie-economist-deutschland-100.html.

Schlusswort
Warum eine soziale Zeitenwende eine mutige Gesellschaft braucht

1 Siehe auch Marcel Fratzscher: »Ode an die Solidarität«, DIW Berlin, 3. 1. 2023, online unter: https://www.diw.de/de/diw_01.c.862562.de/nachrichten/ode_an_die_solidaritaet.html.

Literaturempfehlungen

Die Armutskonferenz (Hg.), Appel, Margit (Hg.), Fabris, Verena (Hg.), Knecht, Alban (Hg.), Moser, Michaela (Hg.), Rybaczek-Schwarz, Robert (Hg.), Schenk, Martin (Hg.), Stadlober, Stefanie (Hg.): *Stimmen gegen Armut*, Books on Demand, 2021.

Barankow, Maria, und Baron, Christian (Hg.): *Klasse und Kampf*, Berlin 2021.

Baron, Christian: *Ein Mann seiner Klasse*, Berlin 2020.

Bischoff, Joachim, und Müller, Bernhard: *Berliner Republik: eine Klassengesellschaft*, Hamburg 2019.

Blank, Florian, Schäfer, Claus, und Spannagel, Dorothee (Hg.): *Grundsicherung weiterdenken*, Forschung aus der Hans-Böckler-Stiftung – Band 198, Bielefeld 2022.

Brühl, Jochen: *Volle Tonne, leere Teller. Was sich ändern muss. Gespräche über Armut, Verschwendung, Gerechtigkeit und notwendiges Engagement*, Aßlar 2019.

Butterwegge, Christoph: *Die zerrissene Republik. Wirtschaftliche, soziale und politische Ungleichheit in Deutschland*, Weinheim 2020.

Butterwegge, Christoph: *Armut*, 5., aktualisierte und erweiterte Ausgabe, Köln 2021.

Cremer, Georg: *Armut in Deutschland. Wer ist arm? Was läuft schief? Wie können wir handeln?* München 2016

Criado-Perez, Caroline: *Unsichtbare Frauen. Wie eine von Daten beherrschte Welt die Hälfte der Bevölkerung ignoriert*, München 2020.

El Ouassil, Samira, und Karig, Friedemann: *Erzählende Affen. Mythen, Lügen, Utopien. Wie Geschichten unsere Leben bestimmen*, Berlin 2023.

El-Mafaalani, Aladin: *Das Integrationsparadox. Warum gelungene Integration zu mehr Konflikten führt*, Köln 2018.

El-Mafaalani, Aladin: *Mythos Bildung. Die ungerechte Gesellschaft, ihr Bildungssystem und seine Zukunft*, Köln 2021.

Fratzscher, Marcel: *Geld oder Leben. Wie unser irrationales Verhältnis zum Geld die Gesellschaft spaltet*, Berlin 2022.

Friedrichs, Julia: *Working Class. Warum wir Arbeit brauchen, von der wir leben können*, Berlin 2021.

Göpel, Maja: *Unsere Welt neu denken. Eine Einladung*, Berlin 2020.

Koch, Andreas: *Armut? Frag doch einfach! Klare Antworten aus erster Hand*, München 2022.

Lessenich, Stephan: *Grenzen der Demokratie. Teilhabe als Verteilungsproblem*, Ditzingen 2019.

Lessenich, Stephan: *Neben uns die Sintflut. Wie wir auf Kosten anderer leben*, aktualisierte und überarbeitete Taschenbuchausgabe, München 2018.

Mau, Steffen, und Schöneck, Nadine M. (Hg.): *(Un-)Gerechte (Un-) Gleichheiten*, Berlin 2015.

Mau, Steffen, Lux, Thomas, und Westheuser, Linus: *Triggerpunkte. Konsens und Konflikt in der Gegenwartsgesellschaft*, Berlin 2023.

Mayr, Anna: *Die Elenden. Warum unsere Gesellschaft Arbeitslose verachtet und sie dennoch braucht*, Berlin 2020.

Milanović, Branko: *Die ungleiche Welt. Migration, das eine Prozent und die Zukunft der Mittelschicht*, Berlin 2016.

Piketty, Thomas: *Eine kurze Geschichte der Gleichheit*, München 2022.

Robeyns, Ingrid: *Limitarismus. Warum Reichtum begrenzt werden muss*, Frankfurt am Main 2024.

Saez, Emmanuel und Zucman, Gabriel: *Der Triumph der Ungerechtigkeit. Steuern und Ungleichheit im 21. Jahrhundert*, Berlin 2020.

Sandel, Michael J.: *Vom Ende des Gemeinwohls. Wie die Leistungsgesellschaft unsere Demokratien zerreißt*, Frankfurt am Main 2020.

Steinhaus, Helena, und Cornelsen, Claudia: *Es braucht nicht viel. Wie wir unseren Sozialstaat demokratisch, fair & armutsfest machen*, Frankfurt am Main 2023.

Thiel, Jeremias: *Kein Pausenbrot, keine Kindheit, keine Chance. Wie*

sich Armut in Deutschland anfühlt und was sich ändern muss, München 2020.
Ziegler, Jean: *Wie kommt der Hunger in die Welt? Antworten auf die Fragen meines Sohnes,* München 2024.
Zipperer, Alexandra: *Tafeln wie Gott in Deutschland. Aufbruch in eine Parallelwelt,* Marpingen 2023.

Maren Urner

Radikal emotional

Wie Gefühle Politik machen

Politik ist immer emotional –
und das ist auch gut so!

Ob Debatten über die Klimakrise, Identitätspolitik oder das Weltgeschehen: Je lauter die Forderung nach Rationalität, desto emotional aufgeladener sind die Diskussionen – und das verhindert konstruktive Lösungen. Die Neurowissenschaftlerin und Bestsellerautorin Maren Urner lädt in ihrem neuen Buch dazu ein, dieses Dilemma an der Wurzel anzupacken, um besser mit Gefühlen umzugehen. Denn Politik ist nichts anderes als ein Aushandlungsprozess über unterschiedliche Gefühle. Basierend auf jüngsten wissenschaftlichen Erkenntnissen analysiert sie, wie Gefühle in der Politik funktionieren und gibt Werkzeuge für einen besseren Umgang mit ihnen an die Hand und ins Hirn. Denn nur, wer emotional dazu bereit ist, kann die großen Fragen unserer Krisenzeit beantworten.

»Ich möchte das, was Maren Urner in diesem Buch schreibt, an jeder Ecke in die Welt rufen. Sie hilft uns, uns selbst zu verstehen. Und das ist der Schlüssel dazu, unsere Politik aktiv besser zu machen.« *Marina Weisband*

Arne Semsrott

Machtübernahme

Was passiert, wenn Rechtsextremisten regieren
Eine Anleitung zum Widerstand

Das Ende der Demokratie?

Es sind beunruhigende Zeiten: Antidemokratische Positionen gewinnen immer stärker an Zustimmung, die Umfragewerte der AfD steigen. Eine rechte Machtübernahme in naher Zukunft ist möglich. Arne Semsrott zeigt, was passieren kann, wenn Rechtsextremisten an die Regierung kommen: vom Präventivgewahrsam für AfD-Gegner über Massenabschiebungen bis zu einem Schwangerschafts-Zentralregister. Und er liefert konkrete Strategien dafür, wie sich die demokratische Gesellschaft effektiv zur Wehr setzen kann. Dabei macht er klar:
Die Zeit des Handelns ist jetzt.

»Arne Semsrott zeigt in diesem leider furchtbar nötigen Buch, was von rechts auf uns zu kommen könnte und was man dagegen unternehmen kann. Große Leseempfehlung.«
Marc-Uwe Kling

»Obligatorische Lektüre für alle, die an einer wehrhaften Demokratie interessiert sind.« *Samira El Ouassil*

DROEMER